그래서, 메타버스가 도대체 뭔데?

그래서, 메타버스가 도대체 뭔데?

Prologue
프롤로그

저는 15년 이상 투자를 하면서 지금껏 살아남은 사람입니다. 부동산과 주식 투자, 그리고 지금은 현금흐름을 다양화하는 대부분 영역에 도전하고 있습니다.

제 투자의 근간에는 로버트 기요사키(부자 아빠 가난한 아빠 저자)와 나심 탈렙(블랙스완 저자)이 있습니다. 두 거인의 얘기를 아날로그 가상세계인 책을 통해 접했고, 많은 아이디어를 얻어 실행에 옮길 수 있었습니다.

메타버스를 본격적으로 얘기하기 전에, 오래전부터 인간의 연결과 소통의 수단은 대면이 절대적이지 않았음을 알려드리고 싶었습니다. 이 책을 통해 여러분이 메타버스가 어떤 기반 위에서 만들어졌으며 어디를 향해 가는지 정도는 인지하고, 각자 강점 영역에서 구체화, 내재화시킨 후 삶에서 이득을 취할 수 있도록 도움을 드리고자 합니다.

저는 2021년 회사에서 담당 사업에 제페토를 활용하고자 했지만, 여건이 허락하지 않아 유튜브로 대체한 경험이 있습니다. 유튜브나 줌으로 진행 가능한 사업이라면 급속히 메타버스를 활용하게 되지 않을까 생각했었고, 아니나 다를까 2021년 하반기 이후 많은 기업의 사업이나 사내 행사조차도 메타버스로 진행하는 사례가 늘어나는 것을 볼 수 있었습니다.

이후 개인적으로 제페토와 게더타운에서 투자 토론 스터디를 시도하면서 메타버스 내 콘텐츠 확대가 절실함을 깨닫게 되었습니다. 콘텐츠의 다양한 확장이 일정 임계점에 이르러서야 메타버스를 활용하는 연령층이 다양해질 것입니다. 그리고 10대와 20대로 편중된 메타버스 활용 세대가 물러서지 않고 지속적으로 메타버스를 활용한다면, 비용 절감 효과로 인해 전 세대로 확산될 가능성이 높다고 생각합니다.

　10대와 20대, 즉 MZ세대는 물러서지 않을 것입니다. 왜일까요? 현실 세상 자산가격의 급격한 상승은 MZ세대들에겐 넘을 수 없는 허들로 다가왔습니다. 이에 반해 메타버스로의 이주는 이른바 '고인물' 그룹이 리셋되는 효과를 가져와, 기득권이 없는 상태에서도 모두가 동일한 출발을 할 수 있으리라는 생각이 작용할 것이기 때문입니다.

　이미 MZ세대는 핀테크, NFT, 가상화폐, 프롭테크 영역에서 그들의 영향력을 충분히 보여주었습니다. 가까운 예로, 지금은 은행 업무를 비대면으로 보는 것이 더 자연스럽고, 핀테크 활용은 전 세대로까지 확산되었습니다.

　아직은 메타버스 디바이스가 스마트폰 외에는 글래스, 글럽 등 다소 접근하기 힘든 시점이긴 하나, 아이폰으로 대변되는 '게임체인저'가 등장한 후 달라지는 일상생활과 일자리 행태를 보게 될 것을 확신하고 있습니다.

　MZ세대의 특성 중 하나인 조기은퇴(파이어족) 경향과 맞물려 경제적 이득이 확실한 메타버스 플랫폼은 살아남을 것입니다.

궁극적으로 현실 물건과의 교환이 가능한 가상화폐는 메타버스 세상과 현실 세상을 강력하게 연결할 것입니다. 하지만 아직은 비트코인으로 대표되는 가상화폐는 현실 교환가치가 높지 않다는 점과 일론 머스크가 테슬라의 결제 화폐로 쓰겠다는 말에 일명 '떡상'하고, 이를 취소하면 '떡락'하는 예에서 보듯, 지역 분권적 암호화폐가 아닌 테슬라 집중식 암호화폐의 성향을 보입니다.

그럼에도 스타벅스의 하워드 슐츠가 말한 대로, 스타벅스가 핀테크 기업으로 확실히 나아가기 위해 필히 가상화폐를 발행해야 하는 것처럼, 인간의 필수재와 교환가치가 있는 가상화폐가 또 어떤 세상을 열어갈지 역시 책 내용을 참고해서 생각해봤으면 합니다.

저는 사내 경제 스터디 동호회를 통해 퍼스널 브랜딩이 MZ세대의 동기부여에 적절함을 알아챘습니다. MZ세대의 퍼스널 브랜딩과 콘텐츠 생산이 본격화된다면 메타버스 세상에 아직 부족한 콘텐츠가 점점 다양해질 것입니다. 결국 콘텐츠 소비자이면서 동시에 생산자로서의 삶이 메타버스 세상의 방향성이 될 것이라고 생각하게 되었습니다.

개인의 삶 자체가 콘텐츠가 되면서, 콘텐츠 크리에이터의 길을 걷지 않을 수 없는 세상이 도래했습니다. 이른바 르네상스형 스토리텔링에 강한 사람들이 득세하고, 경제적·공간적 자유를 누리는 세상이 될 것입니다.

이는 여러분이 책 내용 중 '지적 재산권(IP)에 대한 인식 제고'와 'IP에 대한 로열티를 지속적으로 받을 수 있는 메커니즘의 탄생'을 주의 깊게 보아야 하는 이유이기도 합니다.

이 책에서는 많은 메타버스 관련 도서에서 언급한 탑다운식 메타버스 설명 중에서 꼭 알아야 할 부분들만 최대한 간략하게 서술했습니다. 대신 귀납적으로 다양한 메타버스 적용 사례를 간략하게 짚고, 메타버스에 대한 감을 잡는 데 초점을 맞추었습니다.

그리고 메타버스를 적용한 기업에 대한 사례와 분석을 산업의 방향성을 모니터링하는 차원에서 다루었지만, 기업에 메타버스를 어떻게 적용해야 하는지에 대한 부분은 다루지 않았습니다. 불어오는 메타버스 바람 속에서 개인에게는 어떤 마인드가 필요하고, 어떻게 이득을 취할 수 있는지를 다뤘습니다.

메타버스 돌풍에도 자그마한 배를 지키기 위해서 꼭 필요한 지적 재산권(IP) 보호를 위한 기술적 제고, 또 개인 콘텐츠 생산 부흥기, MZ세대 특성과 연관된 퍼스널 브랜딩에 대한 수요, 회사형 인간의 쇠퇴와 파이어족 관련 내용까지 연결하여 풀어보았습니다.

여태껏 지구 생태계 공백기에는 다양한 종들이 출현하고 일정 시간이 지난 후 자연 선택에 따라 몇몇 지배종이 지속성을 가졌습니다. 메타버스 생태계 역시 이런 시점에 있습니다. 이 시점에 개인들은 어떻게 적응하고 살아남으며, 나아가 이득까지 취할 수 있을지 감을 잡고, 어떤 부분에서 보상이 있는지, 혹은 좋은 투자를 할 수 있는지에 대해 집중해 다루어 보도록 하겠습니다.

지금부터 메타버스의 돌풍에 올라타봅시다.

Contents

목차

1장

그래서,

메타버스가 도대체 뭔데?

01

메타와 엔비디아

페이스북이 메타로 변신

메타(페이스북) 주커버그의 사업 세계관은 3년 전쯤 가상화폐 **리브라(디엠)***로 확장되었었습니다. 이를 통해 전 세계 통용이 가능한 탈중앙화 가상화폐의 메인 호스트 역할을 야심차게 준비했지만, 기득권(미 연준, 달러 기축 기반 화폐 중앙화 지지자들)의 반발로 혹독하게 비판받고 지금은 수면 아래로 감춰둔 상태입니다.

하지만 주커버그가 메타버스의 핵심을 파악하고, 메타버스 지속가능성의 필수조건 중 하나가 '투여한 노력(리소스)에 대한 이득(리워드)'이라는 것을 확신하였다면, 리브라 프로젝트의 좌초에도 불구하고 메타버스 속에 월드를 만들고 메타(페이스북)에서 생산되는 모든 아이디어와 기술, 콘텐츠를 녹이려고 할 것입니다.

또한 흡입력과 재미있는 콘텐츠(스토리텔링)를 다양하게 마련하고 메타버스 플랫폼에서 활용되는 사용자 툴도 다양하게 시도하는 것의 종착역은 메타버스 속에서 받은 보상을 현실에서도 교환가치가 있도록 생태계를 디자인하는 것일 테고, 가상화폐 디엠(탈중앙화)과 조인하여 새로운 디지털 통화 생태계를 꿈꿀 수도 있습니다.

현재 메타는 메타버스 시대를 대비해 스마트폰 이후의 개인 디바이스에 집중하고 있습니다. 우스갯소리로 메타버스 세상의 애플을 꿈꾸고 있다고 할 정도입니다. 2020년 AR/VR 디바이스와 소프트웨어 개발을 전담하는 '리얼리티 랩(Reality Labs)'을 출범시켰고, 시장점유율 70%로 압도적인 확장현실(XR) 디바이스인 '오큘러스'와 VR 기반 '호라이즌 워크룸', '홈', '월드' 등으로 경쟁사들을 자극하고, 메타버스 시장을 꽃피우는 데 주도적인 역할을 하고 있습니다.

리브라(디엠)

2019년 6월 페이스북(메타)이 공식 발표한 가상화폐입니다. 가상화폐를 투자대상이 아닌 교환 가치를 지닌 무엇으로 본다면, 시간의 문제일 뿐, 이미 널리 이용되고 있는 인터넷 쇼핑에만 사용된 다고 하더라도 진면목이 나올 것입니다. 마침 가상화폐를 이런 방향으로 확장하려 했던 것이 페이 스북(메타) 주커버그의 리브라 프로젝트입니다. '칼리브라'를 설립하여 로드맵까지 제시했지만 미 국 국회의 강력한 저항에 막혀 잠정 보류된 상태입니다. 이후 디엠으로 명칭을 바꾸고, 사명도 메 타로 바꾸었습니다.

2019년 도쿄 컨퍼런스에서 주커버그는 리브라 메인넷은 오픈 플랫폼이고, 개발자들이 리브라 플 랫폼상에서 다양한 개발을 하며 수많은 작업들이 이뤄지는 대형 생태계가 될 것이라고 강조했습 니다. 리브라는 초기에는 협회 구성원들에 의해 운영되지만, 시간이 지남에 따라 스스로 운영되며 별도의 허가가 불필요한 블록체인 가상화폐가 될 것이라고 설명했습니다.

하지만 리브라 로드맵을 만들고 생태계까지 조성을 했음에도 불구하고, 까마귀 날자 배떨어지듯 이 이후 페이스북은 반독점법 위반, 내부 고발자 등의 시련을 겪게 됩니다. 덕분에 주커버그는 미국 국회 청문회 단골 손님일 정도였습니다. 이는 다른 시각으로 본다면 새 시대의 화폐 주도권 확보에 대한 견제일 가능성도 있습니다.

이미지가 부정적으로 바뀌고 있던 페이스북의 사명을 과감하게 '메타'로 개명한 것은 메타버스 세 계의 주도권을 잡고자 하는 것도 있지만, 이제 더이상 법적으로 시달리지 않고자 하는 소망도 반영 된 것으로 보고 있습니다.

엔비디아는 지지 않는 게임을 시작했다

2021년 4월 **엔비디아*** CEO 젠슨 황은 'GTC(GPU 테크 콘퍼런스) 2021'
에서 검은 가죽점퍼를 입고 자신의 부엌에서 자사의 최신 서비스를 발표했습
니다. 놀랍게도, 발표 14초 동안 젠슨 황의 아바타가 대역한 것을 엔비디아
가 공개하기까지 그 누구도 의심하지 못했습니다.

이를 통해 엔비디아는 메타버스 기반 기술을 제공하는 하드웨어, 소프트웨
어 기업으로 비전을 확실히 했습니다.

엔비디아는 '옴니버스(Omniverse)'를 가상공간에서 서비스하며 3D 그래
픽을 만드는 툴의 통합 연결 솔루션을 제공하고 있습니다. 옴니버스는 가상
세계를 제작하는 유명 3D 제작 툴들이 한곳에 모이는 오픈 플랫폼으로 마
야, 언리얼엔진, 블렌더 등 서로 다른 3D 제작 툴을 사용하는 개발자들이 실
시간으로 협업하고 시뮬레이션할 수 있도록 구성되어 있습니다.

옴니버스와 같이 공개된 '엔비디아 모듈러스'는 현실세계의 물리법칙이 그
대로 적용됩니다. 가상현실을 최대한 현실과 같은 환경으로 만들고, AI를 비
롯한 대부분의 분야에서 일정 수준 학습시킨 이후 서비스를 실제 생활에 적
용시키겠다는 생각입니다.

🔺 엔비디아 모듈러스
출처 • 엔비디아 공식 유튜브

예를 들면 자율주행 차량이 현실세계에서 완전한 자율주행 기능을 익히려면 많은 시행착오와 시간·비용이 소요되는데, 옴니버스를 통한다면 시간과 비용이 급격하게 절감되고 시제품 완성도도 높아진다는 것입니다.

애런 레이커즈 웰스파고 애널리스트는 "엔비디아의 옴니버스는 산업, 제조, 디자인, 엔지니어링, 자율주행, 로보틱스 등 다양한 분야에 메타버스를 적용하는 데 '핵심 조력자'가 될 것"이라고 평가했는데, 이런 구독형 서비스인 옴니버스를 구동하기 위한 필수적인 반도체가 '엔비디아 그래픽처리장치(GPU)'입니다. 엔비디아는 하드웨어, 특히 반도체 영역에서도 주도권을 놓지 않을 것입니다.

또한 인공지능과 관련해서도 '옴니버스 아바타'라는 가상의 세계를 만들어 놓고 그 안에서 인공지능의 독자적인 학습을 가능하게 하고 있습니다.

이처럼 엔비디아는 확장현실(XR) 기기용 GPU, XR 그래픽 향상 기술 '클라우드XR', AI 기반 메타버스 협업 플랫폼 '옴니버스' 등 메타버스에 필요한 하드웨어(HW) 반도체와 상용 소프트웨어(SW), 공유 제작 플랫폼 등을 두루 보유하고 있습니다.

또한 엔비디아 DGX 시스템을 통해 SW와 HW를 망라한 서비스 플랫폼을 만들었고, AI 풀스택 솔루션도 제공하고 있습니다. 2021년에는 도미노 피자의 피자 사진을 6장 올리면 도미노 피자 1판을 무료로 받을 수 있는 슈퍼볼 이벤트를 통해 그 진가를 확인한 바 있습니다.

화룡점정이라고 해야 할까요? 2022년 초, 엔비디아는 개인 사용자에게는 옴니버스를 무료로 이용하도록 하겠다고 공표했습니다. 에픽게임즈가 언리얼 엔진을 개인 사용자에게 무료로 활용하게 한 것과 같이 메타버스 플랫폼, 콘텐츠를 만드는 생태계를 선점하겠다는 의도입니다.

제가 현재까지 엔비디아를 보고 느낀 것은, '미국 서부 개척시대에 여관이 청바지, 곡괭이, 음식, 숙소를 망라하여 서비스했던 바로 그 역할을 엔비디아가 메타버스 세상에서 해보겠다'는 의지입니다. 쉽게 말하면, 망하기 힘든 영역에서 앵커링(닻내리기) 후 포지셔닝을 하고 있는 것입니다. 엔비디아는 메타버스 시장이 커지면 커질수록, 누가 승자가 되든 간에 수혜를 입을 것입니다.

엔비디아

엔비디아는 '이거, 앞으로는 CPU보다 그래픽카드가 연산을 직접 하는 방향이 유리할 것 같은데?'라는 생각을 바탕으로 개발을 진행한 끝에 GPU(그래픽 프로세싱 유닛)라는 개념과 반도체를 만들었습니다.

현재 인공지능에 필요한 머신 러닝(AI가 스스로 학습을 진행하여 수준을 향상시키는 것)이나 가상화폐 채굴에는 CPU보다 GPU가 (처리 구조상) 훨씬 더 유리하다는 것이 확인되면서 그래픽카드 가격이 하늘 높은 줄 모르고 치솟고 있는데, 사실 그래픽카드 메인 칩에 처리 장치라는 이름을 붙인 것밖에 없습니다.

지난 2016년 손정의 회장이 이끄는 소프트뱅크가 당시 기준 33조 5천억 원에 ARM을 인수했다가 2020년 천문학적 적자를 입게 된 일이 있습니다. 소프트뱅크는 유동성 문제 해결을 위해, 엔비디아는 저전력, 저발열이라는 요즘 시대에 각광받는 AP(CPU) 확보를 위해 ARM 인수를 추진했었습니다.

과거에는 인텔이 주도한 형식이 주류인 윈도우 기반 PC에서 대부분 작업을 해왔지만 이제는 스마트폰과 태블릿PC로도 작업이 가능해진 상황인데요. 그런 스마트폰이나 태블릿은 ARM의 형식 하에 동작합니다.

애플이나 퀄컴 역시 자체 개발을 해도 그 근본 체계는 ARM의 체계를 따라갑니다. 그러므로 애플의 IOS든 구글의 안드로이드든 ARM의 형식 하에 동작하는 것은 같습니다.

즉, 엔비디아가 마음만 먹으면 엔비디아 AP(ARM의 기술력) + 엔비디아 GPU라는 플랫폼 형태로 산업 전반을 끌고 갈 수도 있는 겁니다. 이런 기반에서 엔비디아는 메타버스 플랫폼을 만들어 경쟁하는 것이 아닌 메타버스 플랫폼을 만드는 플랫폼으로 옴니버스를 발표한 것입니다.

그러나 발표 후 구글, MS, 퀄컴부터 먼저 반대입장을 표명했고, 애플, 삼성전자 등을 비롯해 세계 스마트폰의 두뇌인 AP의 95%가 ARM 설계도를 활용하고 있는 상황이라, 민감하게 반응하고 있었습니다.

한마디로 주변 이해관계에 있는 기업과 국가들이 쌍심지를 켜고 반대하는 형국이라, 2022년 끝내 엔비디아의 ARM 인수는 무산이 되었습니다.

반면 2022년 CES에서 CPU뿐 아니라 GPU도 선보였던 인텔은 ARM 인수를 바로 타진하고 있습니다. 반도체 분야에서도 경계 없는 무한 경쟁이 진행되고 있습니다.

02

'메타버스'란 이런 거죠

메타버스란 용어만 한번 뜯어보자

인간의 언어로 표현하기 힘든 메타버스

'메타버스(Metaverse)'란 말이 처음 등장한 것은, 미국의 공상과학 소설가인 닐 스티븐슨이 1992년 출간한 소설 「스노우 크래쉬」에서부터입니다. 소설 속 주인공인 '히로'가 아바타를 통해 사회·경제적 활동을 영위하고 적들을 물리치는 가상세계의 이름이 바로 메타버스입니다.

이런 메타버스라는 용어는 2020년 말부터 다시 등장해서 그 화제성은 시간이 지나도 수그러들지 않고, 오히려 관련 기술들과 함께 더욱 날개를 펼치고 있습니다.

그에 반해 메타버스가 인터넷 기반 위의 게임과 소셜 확장에 불과하며, 굳이 메타버스라는 이름을 붙이는 것은 말장난에 불과하다는 얘기도 나오고 있습니다.

저는 이런 현상들은 메타버스에 대한 용어 정의가 너무나 상이한 관점에서 접근하는 데 따른 불통의 결과가 아닐까 생각합니다.

20세기 최고 철학자인 **비트겐슈타인***이 그의 전기 철학에서 일갈했던 한 가지가, '인간의 언어로 표현될 수 없는 것들을 언어로 소통하며 해결하려는 헛된 노력때문에 여러 문제들이 파생된다'는 것이었습니다. 아무래도 아직 메타버스라는 용어의 정의가 제대로 자리잡지 않아 인간 언어의 한계에 직면하지 않았나 싶습니다.

주관적인 SSUL ─────────────────────────────

비트겐슈타인

20세기 최고의 철학자로서, 일반화된 철학적이고 추상적인 인문학 문제를 다루지 않았습니다.

그의 철학은 전기 철학과 후기 철학으로 나누는데, 전기 철학에서는 '인간은 인간의 언어에 담을 수 없는 문제를 철학적으로 해결하려 하는 데서 문제가 생긴다'는 인식을 명확히 드러냈습니다.

비트겐슈타인의 철학적 관점을 맥킨지 같은 컨설팅 업체들이 차용하여 방법론 툴을 만들고 방법론에 꼭 포함되는 용어의 정의(Definition) 등의 포맷을 정립했다는 생각도 듭니다.

비트겐슈타인의 스승은 '행복의 정복'으로 유명한 버트런트 러셀이었습니다. 이후 자신보다 뛰어난 비트겐슈타인을 인정하긴 했지만, 너무나 직설적인 비트겐슈타인의 비판으로 둘의 사이는 돌이킬 수 없이 악화되었습니다.

'열린 사회와 그 적들'로 유명한 칼 포퍼에게 헛소리하지 말라며 부지깽이를 들이댄 일화는 비트겐슈타인의 성격을 보여주는 유명한 일화입니다.

참고로, 투자계의 살아있는 전설인 퀀텀펀드 조지 소로소는 칼 포퍼의 사상을 받아들이고 이를 자신의 투자 세계관에 녹였고, 현재 오픈소사이어티 재단을 만들어 칼 포퍼를 여전히 추앙하고 있습니다.

'메타버스(Metaverse)'라는 용어에서 '메타'를 그냥 단순히 '초월'로 해석하기보단 '메타인지'에서의 '메타'와 같은 어감으로 보면 이해가 더 빠를 것입니다. '메타'란, 조망 혹은 객관적인 접근이 가능한 상위 유니버스라는 의미를 가집니다. 이후 여러 분야에서 생겨날 메타버스(Metaverse) 플랫폼, 즉 멀티버스(Multiverse, **다중우주론***, 다양한 메타버스 플랫폼들)의 기반 개념이 될 것입니다.

이 현상은 물리적 제약을 벗어나 가상세계에서 인간과 사회에 필요한 기능을 확장하는 것이라 말할 수 있습니다. 따라서 가상과 현실이 융합됐다거나, 현실세계가 연장된 가상세계 등은 그간 현실에서만 가능했던 일이 가상세계에서도 가능해졌다는 것을 가리키는 것으로, '메타버스'는 이러한 속성을 보이는 대부분의 영역을 뭉뚱그려 용어화한 경향이 있습니다.

메타버스는 마치 인터넷이 발현되어 오늘날에 이른 것과 같은 방식으로 진화할 것입니다. 인터넷은 당연히 존재하는 기반 기술이며 웹1.0, 웹2.0, 웹3.0 같은 인터넷 기반 서비스 발전을 말하는 것이 자연스럽듯이, 메타버스 역시 기반 기술의 통칭으로 로블록스, 포트나이트, 제페토 등을 메타버스 플랫폼1.0 등으로 명명한다면 비교가 될 것 같습니다.

사실 어떤 대상의 용어 정의가 모호하다면 일단 그와 비슷한 역사적 사건을 찾아보거나, 그 대상이 가져올 영향력을 따져서 움직이는 것이 제일 현명한 방법일 것입니다.

다중우주론(Multiverse)

우주에 끝이 있을까. 우리가 탐구할 수 있는 우주의 끝으로 가면 무엇이 있을까. 우주가 끝날까. 혹은 공간이 사라질까.

몇몇 사람들은 다른 생각을 했습니다. 마치 언덕을 넘으면 또다른 언덕이 나오는 사막처럼, 우주도 경계를 넘으면 또다른 우주가 나올지도 모른다고 생각한 것입니다. 다중우주론은, 이렇게 현재 우리가 살고 있는 우주 외에 또다른 우주가 존재한다는 이론입니다.

다중우주 아이디어의 분류(과학동아 발췌)

다중우주 아이디어는 한두 가지가 아니다. 이들을 체계적으로 분류할 방법은 없을까?

가장 널리 알려진 분류법은 막스 테그마크(Max Tegmark, 1967~) 미국 MIT 물리학과 교수가 2003년 1월 「평행우주」라는 논문에서 제안한 제4단계 분류법이다.

1단계는 관측범위 밖에 우주가 여전히 존재하며, 하나하나가 관측범위 내에서 독립된 우주를 구성한다는 주장이다. 물리법칙은 우리 우주와 동일하며, 우주가 무한이거나 충분히 크다면 이 우주들 속에 우리의 도플갱어도 발견할 수 있다.

2단계는 인플레이션 우주론과 관계가 있으며, 우리 우주와 물리법칙이 전혀 다른 새로운 우주다.

3단계는 양자역학에 나오는 다세계 해석이다. 세계는 지금 이 순간도 양자역학적 결정에 따라 무수히 많은 서로 다른 우주로 갈라지고 있다. 그 안에 사는 우리는 그저 하나의 우주만을 보고 있을 뿐이다.

4단계는 시뮬레이션 우주다. 정보에 의해 구축된 우주는 상상 가능한 모든 형태를 띨 수 있으며, 이들이 독립된 다중우주를 구성한다.

출처 • 「다중우주론」, 윤신영. 과학동아

양자역학 – 슈뢰딩거의 고양이

양자역학 개념 중 관측이 되어야 존재가 확정된다는 개념 역시 메타버스에서 더욱 적극적으로 채택될 것입니다. 게임에서는 이미 과도한 데이터 사용을 효율화하기 위해서 화면에 나오지 않는 영역은 디스플레이하지 않습니다.

게이머가 해당 방향을 보려고 할 때라야(관측) 데이터를 다운해서 디자인된 화면을 보여줍니다. 이는 양자역학의, '관측하지 않으면 대상의 상태는 확정할 수 없고 보이지 않는다'라는 부분과 일맥상통합니다. 양자역학 상식 수준에서 다소 재미있는, '슈뢰딩거의 고양이' 사고실험을 소개합니다.

실험은 간단하다. 밀폐된 상자에 고양이 한 마리를 가둔다. 상자 안에는 방사성 물질이 든 핵이 있고, 이 핵이 붕괴되면 방사선을 탐지하는 기계가 자동으로 독이 든 유리병을 깨뜨리게 된다. 결국 방사선 핵이 붕괴되면 고양이가 죽고 반대로 붕괴가 일어나지 않으면 고양이는 살 수 있다.

대부분의 사람은 슈뢰딩거의 고양이는 의심할 여지 없이 죽는다고 생각한다. 하지만 상황은 그렇게 간단하지 않다. 상자를 열어보기 전까지 고양이는 죽거나 사는 상태이지, '죽음'에 이른 상태는 아니다. 이것은 바로 '삶과 죽음의 중첩상태'로 양자 세계의 특이한 기능이기도 하다. 이 실험으로 슈뢰딩거는 인류 최고의 지혜를 대표하는 과학자들을 조롱하기 시작했다. 고양이 몸에서 거시세계의 인과율은 무너져내려 확률파만이 남게 되었다. 확률적으로 이 고양이는 죽어있기도 하고 살아 있기도 한 것이다.

슈뢰딩거는 '양자이론 해석에 따르면 이 고양이는 죽거나 살거나 혹은 중첩 상태, 즉 죽으면서 살아 있는 상태이다. 상자를 열어 고양이의 상태를 보고 나서야 생사를 가른다는건 말도 안 되는 소리'라고 말했다. 이런 역설을 들은 코펜하겐 학파는 매우 예민한 반응을 보였다.

슈뢰딩거가 말하는 '살아있지만 죽은 고양이'를 어떻게 처리해야 하는 것일까? 코펜하겐 학파는 고양이를 관측할 때 고양이를 구성하는 입자의 파동함수가 무너져 모든 입자가 보이는 것처럼 나타난다. 이때 관측을 멈추면, 이 입자들의 파동함수는 다시 슈뢰딩거 방정식을 따르며 흩어지기 시작한다고 주장하였다.

비록 코펜하겐 학파의 해석은 여러가지 허점을 드러냈지만, 어쨌든 실험 결과는 옳은 것으로 결론이 났다. 물리학자는 실용주의적 사고를 하게 되었고, 코펜하겐의 해석을 받아들이게 되었다.

결국 고양이는 슈뢰딩거의 반대편에 서게 되었는데 이때 사람들은 슈뢰딩거를 비웃듯 이런 말을 덧붙였다.

"슈뢰딩거는 슈뢰딩거의 고양이를 모른다."

출처 · 「공식의 아름다움」, 미디어숲, 2021

비슷한 역사적 사건을 살펴보자

2021년 말 메타버스의 생성과 확대를 보면서 1990년대 중후반 인터넷이 확산될 무렵이 강하게 오버랩됩니다. 인터넷이 막 대두될 무렵에는 이후 대부분의 서비스가 인터넷 기반이 될지는 아무도 몰랐습니다.

그 무렵 넷스케이프, 익스플로러, 크롬 등 인터넷 브라우저와 야후, 라이코스, 엠파스, 구글 등 검색 포털들이 치열하게 다툼을 벌였고, 현재 이 생존 게임에서 승리한 회사들이 승자독식을 하고 있습니다.
이중 구글(크롬)은 오히려 후발주자였습니다. 그러나 지금은 글로벌 인터넷 영역의 주도적 기업으로 자리매김하고 있습니다.

페이스북은 메타버스 지향 회사로 완전히 방향을 틀었고, '메타'라고 사명까지 바꾸면서 페이스북 역시 메타버스 속 여러 세계, 혹은 서비스 중 하나라고 정의를 내렸습니다. '메타'가 '라이코스'가 될지 '구글'이 될지 좀더 지켜봐야겠습니다.

그리고 여러 영역에서 내로라하는 기업들이 앞다투어 메타버스 플랫폼 경쟁에 뛰어들고 있습니다.

구체적인 메타버스 적용 사례

　메타버스라는 용어를 아직 쓰지 않았을 뿐 테슬라는 이미 자율주행 전기차 개발을 위한 거울세계, 즉 디지털 트윈을 구현하고 자율주행을 끊임없이 시뮬레이션하고 있습니다.

다음 그림은 테슬라의 자율주행 로직을 설명한 영상 자료의 한장면입니다. 왼쪽이 실제 세상, 오른쪽이 디지털 트윈 시뮬레이션입니다. 실제와 시뮬레이션의 구분이 거의 되지 않을 정도로 발전된 모습을 보여주고 있습니다.

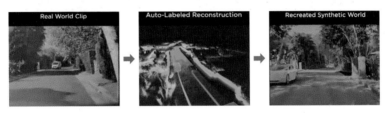

🔺 실제 세상(왼쪽)과 디지털 트윈 시뮬레이션(오른쪽)

　에픽 게임즈는 2014년에 '언리얼 엔진(3D 제작 플랫폼)'을 월 19달러에 공개했다가, 2015년에는 아예 전면 무료를 선언했습니다. 다만 개발자들이 이 엔진을 사용해 게임을 만들 경우 무료 게임은 무료로 사용할 수 있지만, 유료 게임은 로열티를 내는, 러닝개런티 같은 정책을 시행하고 있습니다.

　국내에서는 '리니지 2'와 '배틀그라운드' 등의 게임이 언리얼 엔진으로 만들어졌고, 최근 '매트릭스 어웨이큰스'가 에픽게임즈 언리얼 엔진 5로 만들어졌습니다.

영상 캡처를 보시면 알겠지만, 이제 실사와 구분이 힘들 만큼의 완성도를
보여주고 있습니다.

⬆ 실제와 유사한 완성도

03
메타버스와 가상현실의 차이점은 무엇인가

메타버스 영역 나눠보기

미래가속연구재단(ASF)에서 제공하는 메타버스 로드맵에는 보편적으로 통용되는 메타버스의 4가지 유형이 제시되어 있습니다. 그 4개 유형은 '증강현실, 라이프로깅, 거울세계, 가상세계'입니다. 이해를 돕기 위해 4개로 나누었지만, 정형화하여 상상을 제한할 필요는 없다는 생각입니다.

주목할 점은, 가상현실 역시 메타버스의 한 분야로 포함되고 있다는 것입니다. 지금부터 간단하게 메타버스의 4가지 유형을 한번 살펴보겠습니다.

안심Touch

현실세계 위에 가상정보를 증강

외부적 · 환경적 정보

증강현실 → 라이프로깅
거울세계 ← 가상세계

내부적 · 개인적 정보

가상환경에 현실세계를 시뮬레이션

☖ 메타버스의 4가지 유형

메타버스는 이 4개 유형을 기반으로 형성됩니다. 각 유형은 독자적으로 발전했으나, 상호 배타적이 아니라, 연계적으로 사용자 경험을 강화시키는 방향으로 발전하고 있습니다.

이들이 융복합되고 서로 넘나들며 구현하는 세상이 바로 메타버스입니다.

증강현실(Augmented Reality, AR)

현실에 CG나 시청각적 장치를 입혀 가상세계와 상호작용하도록 합니다. 현실에서 구현하기 힘든 세계관을 가상세계와 연결시키고, 이를 사용자들이 경험하게 만듭니다. '포켓몬 고'가 대표적인 사례입니다.

라이프로깅(Life-logging)

사용자가 현실에서 살아가는 모습을 텍스트 · 이미지 · 영상 형태로 가상공간에 저장하는 행위를 가리킵니다. 사실 라이프로깅을 메타버스 영역에 포함시키는 순간, 인터넷 탄생 이후 우리 모두는 메타버스에 다리 한쪽을 걸치고 살아왔다는 얘기가 됩니다.

SNS나 브이로그처럼 일상적 경험과 정보를 기록하거나, 웨어러블 디바이스로 신체 데이터를 저장하는 일도 라이프로깅에 속합니다. 대부분 트위터, 페이스북, 인스타그램, 블로그, 유튜브 등의 SNS를 접해보셨을 테니 이 영역은 잘 이해하리라 생각합니다.

가상세계(Virtual Worlds)

현실과 전혀 다른 세계관과 공간을 갖춘 가상의 세계를 가리킵니다. 개인은 완전히 가상으로 구현된 이 세계에서 생활할 수 있습니다. 로블록스, 제페토, 마인크래프트, 포트나이트 등 온라인 게임과 영화 〈레디플레이어 원〉 등이 그 사례입니다.

VR(Virtual Reality)이 가상세계(Virtual Worlds)와 혼용되곤 하지만, 엄밀히 말해 VR은 가상세계를 충실히 구현하는 기술적 수단입니다. 실제로 가상 환경에 존재하는 듯한 느낌을 받게 하는 것을 목적으로 만들어진 글래스, 헤드 마운트 디스플레이나 웨어러블 디바이스 등이 이에 속합니다.

거울세계(Mirror Worlds) - 디지털 트윈

현실세계를 가상으로 재현한 것입니다. 보통 디지털 트윈이라고 명명합니다. 대표적인 사례가 구글 지도입니다. 구글이 지도 서비스를 공개적으로 제공한 초창기 때 사람들은 구글이 왜 그렇게 많은 비용을 투자해서 지도를 만들고 그것을 무료로 공개하는지 갸우뚱했었습니다. 돈을 벌 수 있는 방법도 별로 없다고 생각했지요.

그러나 '메타버스에서 주도권을 잡아야 한다'라는 맥락에서 보면 거울세계 메타버스가 활성화되면서, 구글은 이제 메타버스의 한 분야를 거머쥐고 웃고 있는 상황일 것입니다.

엔비디아 역시 영리하게도 메타버스 생태계에서 주도권을 잡기 위해 무엇이 필요한지 잘 알고 있습니다.

엔비디아의 AI '모듈러스'는 현실 세상의 삼라만상을 변수화하여 가상세계로 이식하려 하고 있습니다. 모듈러스가 활성화된다면, 리스크가 있는 실험이나 시뮬레이션 대부분은 엔비디아 모듈러스에서 프로토타입을 돌려볼 것 같습니다. 메타버스 거울세계 영역에서 구글 맵, 엔비디아 모듈러스는 선점 효과를 넘어 독점 효과마저 보이고 있습니다.

'배민'과 '직방' 서비스 역시 거울세계에 포함시킬 수 있습니다. 아무래도 다른 메타버스 영역과는 너무 상이하기 때문에 다른 세 영역(AR, VR, Life-Logging)을 제외하고 남은 거울세계 영역에 포함한 듯합니다.

그러나 굳이 4가지 영역에만 메타버스를 제한한다면, 또 다른 미지의 영역을 모른 채로 놓칠 수 있으니 생각은 자유롭게 하는 게 좋습니다.

여기까지 설명해드린 개념이 다소 헷갈릴 수 있을 겁니다. 그래서 친근한 말로 이해를 도우려 합니다.

최재홍 교수님에 따르면, '헛것이 보이는' AR(증강현실), '헛것만 보이는' VR(가상현실), '현실의 가상화, 즉 현실과 가상이 같은 것'이 거울세계(디지털 트윈)입니다.

사실 이 구분은 메타버스를 처음 접하는 분들이 이해할 수 있도록 만들어진 4가지 모형에 불과합니다. 메타버스는 단순화한 모형으로 충분히 설명될 정도가 아닌, 인간 활동의 모든 관계를 녹여갈 복잡계 성격이 짙습니다.

다만 복잡계의 성격을 띠는 무엇을 알아가는 초기 단계에는 이를 단순화한 모형이 소통에 도움이 됨은 명백한 사실입니다.

메타버스 시대가
가리키는 방향

인터넷 다음이 메타버스? 응 아니야

단순히 인터넷 다음 버전으로 메타버스를 논하는 것은 좀 어불성설이라고 생각합니다. 앞서 말한 것처럼, 인터넷은 이제 전기(전력)와 같은 필수 인프라로 간주해야 합니다. 전기에 대해 아무도 '전기(전력) 이후 세상', '전기3.0'과 같은 방식으로 접근하지 않습니다. 전기(전력)는 마치 공기처럼 당연히 공급된다는 것을 전제로 하고 있기 때문입니다.

인터넷 또한 '웹1.0', '웹2.0', '웹3.0' 등 인터넷 기반 위에 펼쳐지는 서비스 차원이 접근이 필요하지, '인터넷 다음 세상'과 같은 식으로 접근하면 너무나 포괄적이고 정의하기 힘든 무엇이 되지 않을까 싶습니다.

공기, 전기, 인터넷은 기반 인프라로 두고, 나아가 어떤 서비스들이 인간의 삶을 혁신적으로 바꿀 수 있는지에 대한 접근이 필요합니다.

비트겐슈타인이 언급했던 인간 언어의 한계로 훗날 메타버스라는 용어가 대체될 수는 있어도, 메타버스 자체는 몇 가지 특성 때문에 지속하여 확대될 것으로 판단됩니다.

메타버스 세상의 핵심은 '타인과 함께 가상공간에서 자유롭게 스토리를 만들고 경험을 할 수 있다는' 데 있습니다. 메타버스의 다른 모든 것들은 이 핵심 가치의 파생 개념입니다.

망할 걱정 없이 놀면서 경험치를 쌓아보자

'보이스 비 엠비셔스!'를 설파만 하는 사람을 흔히들 꼰대라고 합니다. 정작 '엠비셔스' 해야 할 '보이'들에겐 의미없는 외침입니다. 이 젊은이들에게 밑져야 본전, 혹은 망해도 상관없는 필드를 실질적으로 깔아주고, 각자가 주인공이 될 수 있다는 야망을 품게 하는 세계가 바로 메타버스입니다.

제가 생각하는 메타버스의 지속성을 담보하는 필수조건은 다음과 같습니다.

나(Me)
월드(공간·맵)
자유로운 경험
노력을 쏟는 만큼의 보상(경제적 이득)
플레이투언(P2E), 디지털 지적 재산권 강화

현재 여러 분야, 회사들이 메타버스 플랫폼을 선보이고 있습니다. 다양하고 창의적인 관점에서 풍부한 콘텐츠가 생산되고, 합당한 보상이 주어지는가에 따라 성패가 좌우될 것입니다.

특성, 필수조건 등의 점들이 모이면 선이 되고, 우리는 그 선이 가리키는 곳에서 메타버스의 방향성을 예측할 수 있습니다.
이제 개인이 다양한 분야를 융합하여 독창적이고 재미있는 콘텐츠를 만들 수 있는 능력이 빛을 발하는 시대가 올 것입니다.

예를 들어 네이버 서비스 '제페토'의 경우, 무수하게 많은 맵(월드)을 보유합니다. 할로윈, 놀이동산, 크리스마스 등의 테마로 관련 기업 혹은 개인들이 맵을 만들 수 있고, 이를 통한 여러 경제적인 행위도 가능합니다.
또한 빌드잇, 스튜디오 등 코딩 없이도 개발을 할 수 있도록 툴을 제공하고 지속적으로 고도화하고 있습니다. 그 중에서도 메타버스적 핵심은 역시 연결·트래픽 그리고 체류시간(개인 경험)입니다.

김상균 교수는 그의 저서 「메타버스」에서 '인간이 놀이와 재미를 추구하는 한, 더 다양한 메타버스가 끊임없이 등장하고 그 영역을 넓혀갈 것'이라고 했습니다.

네덜란드의 철학자 요한 하위징아는 그의 저서 「호모 루덴스」에서 '놀이는 문화의 한 요소가 아니라, 문화 그 자체가 놀이의 성격을 가지고 있다'고 강조했습니다. 이처럼 놀이 자체가 문화였던 인류에게 재미있는 경험, 즉 놀이를 핵심 속성으로 제공하는 메타버스는 일장춘몽으로 끝나지는 않을 것입니다.

지금까지는 기업경영 · 교육분야에서의 메타버스는 디지털 게임과 시뮬레이션을 기반으로 한 방식이 주목을 받았지만 코로나 19 팬데믹과 맞물려 메타버스는 이제 현실 도피적인, 잠깐 들르는 가상공간이 아니라 또 다른 하나의 독립적인 세계가 되어가고 있습니다.

2장

우리 생활 속의

메타버스

01 생활 속 메타버스

메아리치는 메타버스

구글은 한 해 동안 가장 많은 주목을 받은 검색어를 선정하는 '2021 국내 및 글로벌 검색어 종합 순위'를 발표했습니다. 검색어 종합 순위는 단순 검색 빈도가 아니라 전년 대비 검색 증가량, 사회적 영향 등의 지표를 참고해 구글이 선정하는 의미있는 순위입니다.

그중 한국 검색어 종합 1위는, 이용자들이 직접 게임을 만들고 경제활동도 할 수 있는 메타버스 플랫폼인 '로블록스'가 차지해 메타버스 열풍을 보여주었습니다. 이를 증명하듯, 로블록스의 하루 사용자 수는 2021년 3분기에 4,700만 명을 돌파했습니다.

글로벌 시장조사사업체 이머진리서치는 2020년 476억 9,000만 달러(약 56조 6,080억 원)였던 메타버스 시장 규모가 2028년에는 8,289억 5,000만 달러(약 983조 9,640억 원)에 달할 것으로 내다보았습니다.

컨설팅기업 프라이스워터하우스쿠퍼스(PwC)가 추산한 메타버스의 시장 규모는 2030년에 1조 5,429억 달러(약 1,764조 원)에 이릅니다. 블룸버그는 메타버스 시장은 연평균 13.1% 성장할 것이고, 2024년에는 7,833억 달러(약 948조 원) 규모에 이를 것이라고 전망하기도 했습니다.

메타버스는 용어의 낯선 느낌에 비해 전혀 새로운 기술은 아닙니다. 다음 장에서 자세히 소개를 하겠지만, 기존에 널리 알려진 기술들에 코로나 19 팬데믹으로 인해 '비대면 디지털 영역'이 대두되면서 나타난 스핀오프적 신규 산업에 대한 통칭입니다.

정리하자면, 따로 떨어져 있던 개개의 개념과 기술이 연결되면서 시너지가 나온 결과물들을 한데 묶어 '메타버스'라고 칭하기 시작한 겁니다.

비대면 기간이 길어지자 나타난 현상 중 하나는 현실과 가상의 경계가 모호해진 것입니다.

과거에는 가상세계와 현실세계의 경계가 너무나 분명했습니다. 가상세계의 어떤 것도 현실세계에 영향을 미치지 않았고, 반대의 경우도 마찬가지였습니다. 오히려 가상세계는 현실 도피적인 공간의 성격도 있었습니다.

하지만 지금은 가상과 현실의 경계가 모호해지고 서로 영향을 주고받을 수 있는 수준에까지 이르게 되었고, 이를 위한 개념을 재정립하고 있는 시점이기도 합니다.

메타버스가 시대적 화두로 대두되기 시작하자, 그동안 알게 모르게 지속되어 왔던 비즈니스 영역의 디지털 트랜스포메이션(디지털 전환)도 메타버스가 집어삼키기 시작했습니다.

이런 용어의 전환이 그냥 이루어지는 것은 아닙니다. 용어를 바꾸니 주목을 받고, 그게 바로 이득(보상)으로 연결되기 때문에 이루어지는 것입니다. 특히 기업의 주식에 긍정적 영향을 끼치고 있습니다.

그동안 품질이 다소 떨어졌던 여러 영역의 기술들은 각각 파편적이고 독립적으로 성장하고 있었습니다. 그런데 '스티브 잡스식 인간', 즉 '세상에 없던 것을 발명하기보다는 기존에 있던 기술을 연결하여 새로운 가치를 만들어내는 사람'을 중심으로 둔 기술 연결을 산업 전반적으로 시도했고, 이는 또 다른 거대 신규 산업을 탄생시켰습니다.

마침 미래 비전이 필요했던 여러 기술들이 메타버스를 표방하고, 메타버스가 그 기반 기술로 자리매김하면서 생기가 돌고 있는 상황입니다. 더불어 반도체 · 5G 통신 · 클라우드 · XR 디바이스 · NFT · 블록체인 등의 기술이 한꺼번에 주목을 받고 있습니다.

이제 메타버스가 뭔지 잘 모르겠다고 애써 외면하기에는, 가까운 현실이 된 지금 대부분의 사람들이 메타버스에 관심을 갖고 적극적으로 받아들이고 있는 실정입니다.

이런 것도 메타버스로 하는 줄 몰랐지?

메타버스는 글로벌하게 여러 곳에서 회자되고 있고, 그러한 현상은 당연히 한국에서도 마찬가지입니다. 1장에서는 메타버스의 다소 추상적인 정의를 알아보았는데요. 이번에는 우리 생활 속에서 메타버스가 어떻게 녹아들어 활용되고 있는지 다양하게 스케치해보겠습니다.

보통 추상적이고 개념의 정립이 확실치 않은 무언가에 접근할 때는, 귀납적 사례 중심으로 접근하는 것이 도움이 됩니다. 물론 이런 귀납법으로 메타버스 전체를 이해할 수는 없습니다만, 메타버스에 대한 감을 익히는 데는 도움이 됩니다.

방탄소년단(이하 BTS) 등 콘텐츠 생산자들은 이미 메타버스를 적극적으로 활용하고 있습니다.
BTS는 신곡 '다이너마이트' 안무 영상을 공개할 때 방송도 동영상 플랫폼도 아닌, '포트나이트'라는 게임 속 가상공간을 택했습니다. 가상무대에 참석한 이용자들은 함께 춤을 추거나 감상을 공유하며 행사를 즐겼습니다. 오히려 물리적 공간이 아니기 때문에 참석인원의 제한 따위는 없는 가상공간에서 다양한 퍼포먼스를 연출할 수 있었습니다.

2019년 DJ 마시멜로는 포트나이트에서 콘서트를 열었고, 이때 최다 동시 접속자는 1,070만 명으로 기록됐습니다.

2020년 인기 가수 트래비스 스콧 역시 포트나이트 콘서트로 관람객 1,230만 명을 모았습니다.

이처럼, 포트나이트를 통해 신곡을 발표하거나 콘서트를 개최하는 세계적인 가수들이 점점 늘어나고 있습니다. 실제로 사람들이 많이 모인 콘서트장에서 발생할 수 있는 위험 요소가 전혀 없다는 점에서, 관객의 호응만 있다면 가상공간 콘서트는 점점 늘어날 것입니다.

새로 출시하는 자동차의 신제품도 메타버스 AR로 발표하는 사례가 늘고 있습니다. 촬영은 스튜디오 안에서 하지만, 불타는 장면과 지진 장면까지 연출하고, 이를 위해 앞서 얘기했던 엔비디아의 옴니버스 플랫폼이 활용되기도 합니다. 이런 초실감 기술을 동원한 메타버스 광고 제작은 광고 제작 비용을 거의 반으로 절감시켜 줍니다.

또 NFT 디지털 아트를 거래하는 가상 갤러리가 급격히 늘어나고 있고, 유료 디지털 아트 거래 플랫폼으로 자리를 굳혀가고 있습니다. 비플의 NFT 작품 「매일 : 첫 5,000일」은 4만 2,329 이더리움(약 785억 원)으로 거래되었습니다.
하지만 아직까지는 NFT 기반 디지털 아트는 예술계 전반에서 인정을 받고 있지는 못합니다.

머신러닝, 정밀 촬영 등 정보기술(IT)을 활용한 비대면 퍼스널 패션 또한 구매 전 착용이 불가능한 온라인 패션 시장의 한계를 3D 서비스로 뛰어넘으려 하고 있습니다.

신발 사이즈 추천 스타트업에서는 소비자가 앱을 다운로드 한 뒤 스마트폰 카메라로 발을 촬영하면 발 길이, 발 볼, 발등 높이를 분석하고, 이를 신발 데이터와 비교해 정확한 사이즈를 추천해주는 서비스를 제공하고 있습니다. 이를 패션 전반으로 확대하면, 자신과 신체 사이즈가 같은 아바타를 이용하여 비대면으로 옷의 핏을 볼 수 있는 환경이 조성될 수도 있습니다.

패션용 원단과 부자재를 파는 가상의 쇼핑몰도 등장했습니다. 가상 쇼핑몰에서는 초실감 기술로 구현한 동대문 원단, 보송보송한 털실, 갖가지 부자재, 지퍼, 단추, 벨트 고리 등 1,500개 이상의 가상 물품을 판매하고 있습니다. 바이어는 실물 견본을 받아보는 대신, 디지털 샘플로 3D 영상 의상을 제작해볼 수 있습니다.

색조 화장을 위한 '퍼스널 컬러'를 비대면 인공지능(AI)으로 분석해주는 서비스도 MZ세대 사이에서 큰 인기입니다.
셀프카메라로 찍은 얼굴을 AI가 분석해 개인 맞춤형 색상을 알려주고, 제품도 추천해줍니다. AR기술을 활용해 다양한 색상의 색조 화장품을 가상으로 적용해볼 수도 있습니다. 이런 가상 메이크업 서비스에서 또 다른 커뮤니티가 형성되고 있습니다.

몇몇 가구 회사는 가상 플랫폼에 자신들의 가상 아이템을 납품하고, 소비자는 가상의 가구를 메타버스 안에서 이리저리 배치해본 다음, 마음에 들면 실제 제품을 주문하는 방식도 보여주고 있습니다.

골프대회 TV 중계나 스크린 골프 역시 메타버스 기법을 도입하고 있습니다. 가상의 3D 코스에 볼의 궤적과 낙하지점, 비거리, 샷의 분포 같은 데이터까지 보여주고, 개인 데이터를 활용하여 더욱 최적화된 스윙 등을 피드백하고 있습니다.

대부분의 국가에서 선거에는 부정 선거 의혹이 제기되어 왔습니다. 그런데 블록체인 기술은 부정 투표 의혹을 원천적으로 차단할 수 있습니다. 때문에 향후 대부분의 선거가 블록체인 기반 디지털 투표로 변경될 가능성이 높습니다.

죽기 전까지 우리를 따라다니는 것이 세금이지요?
블록체인 기반 NFT기술을 적용하여 부동산, 주식 소유권에 세금 정책에 따라 바뀌는 복잡한 세금 정보를 거래에 따른 이력과 더불어 입력함으로써, 취득세와 양도세 등을 투명하고 정확하게 납부하도록 할 수 있습니다.
특히 부동산 거래 관련 세금을 부동산 거래 NFT에 부가 정보로 등록하면, 세무 전문가도 계산이 힘들만큼 정책이 복잡하게 바뀌어도 자동으로 세금 계산이 가능하도록 할 수 있습니다.

블록체인 기술을 적용한 제약 물류 시스템도 등장했습니다.
사실 의약품 유통의 불투명성은 여러 가지 사회적 문제를 야기할 수 있습니다. 따라서 의약품 생산, 물류, 유통 전 과정의 데이터를 블록체인에 기록하여, 데이터의 위 · 변조를 차단하고 실시간으로 관련 내용을 확인할 수 있다는 것은 연관 산업에 적지 않은 파급을 줄 것입니다.

의약품뿐만 아니라 다른 민감한 물건의 생산 일자와 유통기한, 온도 등의 정보를 주기적으로 블록체인에 기록해 제조와 유통 과정의 투명성을 높이고, 운송 경로와 사용 기관, 수량 정보도 실시간으로 조회할 수 있습니다.

제품 입고부터 출고까지 과정에서 데이터가 변경되어도 추적이 가능하고, 이는 민감성 물건의 결함이나 온도 이탈 등의 문제가 생길 경우 원인을 빠르게 파악하고 대응할 수 있게 해줍니다.

언론사 또한 변화를 꾀하고 있습니다.

블록체인 기술이 미디어 시장에 빠르게 스며들어, NFT 인증이 적용된 글이나 동영상은 그 자체로 지적 재산권을 인정받을 수 있기 때문에 궁극적으로 콘텐츠 공급자와 수요자의 경계가 사라질 것입니다.

2022년 해돋이 생중계는 메타버스 플랫폼 '이프랜드'의 '정동진랜드'에서 진행되었습니다. 해돋이 장면은 정동진랜드 안의 실사 화면으로 감상이 가능했습니다.

2022년 '제36회 골든디스크 어워즈'는 케이팝 시상식 최초로 메타버스 플랫폼 '세컨블록'에서 팬 이벤트를 실시했습니다.

대기실 투어 컨셉으로, 팬이 정해진 시간에 세컨블록 내 마련된 해당 아티스트의 대기실 블록에 입장하여 아티스트와 실시간 화상 채팅을 하는 방식입니다.

참여 아티스트는 엔하이픈, 전소미, 스테이씨 총 3팀이었고, 팬들은 실제로 무대를 준비하는 아티스트의 모습을 직접 확인하고 응원의 메시지도 전할 수 있었습니다.

온라인 커뮤니티 활동을 하며 쌓은 친분은 현실 생활에서 쌓은 친분 이상으로 친밀감을 형성하기도 합니다.

메타버스 플랫폼에서 활동하는 시간이 늘어나고 각자 개성 있는 캐릭터에 감정이입을 하면서 성향과 관심사가 비슷한 사람들의 유대감이 높아지고, 심지어는 이를 기반으로 커플로 발전하는 사례까지 늘고 있습니다.

아직 뚜렷한 움직임은 없지만, 대부분의 매칭앱과 결혼정보회사도 머지않아 '메타버스로 헤쳐모여!' 하지 않을까 싶습니다.

또한, 메타버스 플랫폼에서 NFT 아이템 등에 익숙해진 소비자가 늘어날수록 이를 중심으로 생태계를 구축하려는 소매 서비스 업체가 증가할 것은 자명합니다.

02

나도 이미 메타버스를?

나도 모르게 가상세계에서 살고 있었다

여기 게임을 좋아하는 청소년이 있습니다.

비대면으로 수업을 듣고 남는 시간에는 좋아하는 게임, 특히 MMO RPG에 접속해 친구들과 가상세계에서 무리를 지어 즐깁니다. 게임의 지속을 위해 식사 시간에는 배달 어플로 배달음식을 시켜 먹습니다.

또 게임 노하우 등을 공유하는 온라인 카페 활동도 하고 있습니다. 오늘은 게임 중 웃긴 에피소드 몇 개와 '짤'을 만들어 게시판에 공유했습니다. 수업이 끝나면 트위치에서 비슷한 콘텐츠를 좋아하는 아이들과 시간 가는 줄 모르고 수다를 떨거나 방송시청을 합니다.

안심Touch

이 청소년처럼 대부분의 청소년에겐 직접 친구들을 만날 시간이 그렇게 많지 않고, 이것마저 점점 비대면·디지털 세상에 연결되어있는 시간으로 바뀌고 있을 것입니다.

과연 청소년만 그럴까요?

여기 40대 직장인이 있습니다. 아침 일찍 회의가 있는데, 현재 회사의 방역 정책으로 주 3일 재택근무를 하고 있습니다. 줌으로 접속하여 중요한 사안에 대한 회의를 진행합니다.

그 후 어제 쿠팡에서 주문한 식재료를 정리하고, 간단하게 점심을 차려 먹습니다. 이후 유튜브로 진행되는 교육 2시간을 시청한 후, 확정된 업무 사항들을 정리하여 팀원들과 이메일로 공유합니다. 그리고 실시간으로 챙겨야 하는 것들은 팀 단체 채팅방을 통해 공유하고 피드백을 받습니다.

퇴근 시간 무렵 슬슬 골프 오픈채팅방에 들어가서, 사람들이 무슨 얘기들을 했는지 쭉 올려보다가 부킹 일정을 확인하고 오늘의 동영상 등을 시청합니다.

사회에서 중추적인 역할을 하는 요즘 40대 직장인의 하루를 간단하게 스케치해봤습니다. 어떤가요?

메타버스의 4가지 영역에서 거의 벗어나지 않고 하루 일과를 마무리한 것을 알 수 있습니다. 심지어 실제로 직장에 출근하더라도 이젠 줌과 이메일, 카톡과 스마트폰을 통해 업무를 진행하는 시간이 늘어나고 있습니다.

디지털 전환이 가속화된다면 실제 현실 세상에서 보내는 시간의 비중이 점차 줄어들게 됩니다. 결국 잠에서 깬 후부터 잠자기 직전까지의 모든 생활이 다양한 메타버스 플랫폼에서 가능한 시대가 될 것입니다.

일과 여가 생활 대부분이 디지털 가상 세상으로 연결되고, 어느 순간 메타버스 세상에서 더 많은 시간을 보내고 있는 나 자신을 발견하게 될 것입니다.

따져보면, 직접 사람들을 만나는 미팅과 전화 통화를 제외하면 대부분 업무와 사적인 문제 등도 디지털 가상 세상에서 처리하고 있음을 알게 됩니다. 특히 카카오톡을 비롯한 SNS 등을 하지 않을 수 없는 세상이라, 스스로 자각하지 못하더라도 어딘가에서는 '라이프로깅'을 하고 있는 셈입니다.
이는 놀랍게도, 이미 우리 모두가 메타버스 돌풍에 진작에 탑승하고 있었다는 말이 됩니다.

영화 속 메타버스, OTT, AI 스피커, 스트리밍 게임

영화는 이미 오래전에 메타버스를 그렸다

영화 〈매트릭스〉, 〈13층〉과 〈인셉션〉, 〈레디 플레이어 원〉, 〈아바타〉 등
에서는 오래 전부터 가상과 현실의 경계가 모호해지는 미래를 그려왔습니다.
여기에 일론 머스크가 다소 인문학적으로 얘기했던, "우리는 현재 시뮬레이
션 안에 있을 확률이 99.9%"라고 한 것을 연관시켜보면, 우리가 사는 가상
세계는 다층적·개별적이고, 규모나 숫자를 알 수 없을 정도의 멀티버스가
합쳐진 세계가 되는 셈입니다.

또한 머스크는 "현재 가상(VR) 기술이 지속적으로 조금씩만 개선되더라도
언젠가는 우리가 만든 가상세계 안에서도 아바타가 만드는 또 다른 가상세계
가 생겨날 수밖에 없다"는 말을 합니다.
우리가 만든 가상세계 안에서도 다층적인 가상세계가 생겨날 것이고, 그렇다
면 현재 우리가 실제라고 생각하는 세계가 가상세계가 아님을 증명할 방법이
없다는 약간은 헛소리 같은 이야기입니다.

그런데 이런 다소 황당한 생각은, 미시 세계인 양자역학에서 도드라지게
나타나고 있습니다.
이전 장에서 봤던 슈뢰딩거의 고양이는 '불확정성의 원리', '확률로 존재할
뿐인 개체'를 상징하는 용어입니다. 관측하기 전에는 살았는지 죽었는지 알
수 없다는 생각에 기반하고 있고, 이는 게임 속 관측과 비슷한 메커니즘임을
알 수 있습니다.

사실 우주도 마찬가지입니다. 우리는 우주를 개념적으로 실재한다고 간주할 뿐, 그 실체를 느낄 수 있는 존재가 아닙니다.

사진으로나 볼 수 있는 안드로메다 은하는 250만 광년 거리가 떨어져 있습니다. 우리 같은 미미한 존재에겐 의미가 없는 거리입니다. 달이나 화성 정도의 우주공간도 수십 년이 더 흘러야 겨우 실재한다고 느낄 수 있는 여행지가 될 것입니다.

이 말의 핵심은 우리가 실재한다고 믿는 세계조차 잘 짜인 가상세계일 수도 있으며, 그렇다면 '메타버스'로 이름 붙여진 가상세계로의 전환에 극심한 거부감을 느낄 이유는 없다는 것입니다.

특히 코로나 19 팬데믹으로 인해 가상세계의 관문과 같은 디지털 콘텐츠의 소비가 폭발적으로 늘어난 상황에는 더 그렇습니다.

OTT가 열어젖힌 구독서비스

비대면 시국에서 가장 급상승한 사례는, 비디오 대여점으로 시작하여 세계적인 OTT가 된 '넷플릭스'입니다. 넷플릭스는 비디오 대여, 영상 파일 다운로드의 시대와 완전히 다른 스트리밍 유료 구독 서비스를 활짝 열어젖혔습니다.

일정 금액을 내고 재화나 서비스를 이용하는 서비스인 구독서비스는, 현재 식품부터 일상용품, 심지어는 빨래, 청소 등 생활 전반적인 서비스까지 거의 모든 영역으로 확산되고 있습니다. 디지털 콘텐츠 역시 구독 서비스가 확산되는 시점의 한가운데 있습니다.

몇 년 전만 하더라도 질 좋은 영상 콘텐츠를 값싸게 소비하는 방법은 불법 파일 공유 사이트였습니다. 그러나 현재 영상 콘텐츠 대부분은 넷플릭스·아마존·쿠팡·유튜브의 월정액 유료 구독서비스로 제공됩니다. 지적 재산권에 대한 인식 제고, 영상을 끊김 없이 좋은 화질로 전달할 수 있는 기술의 발전이 우리를 더욱 편하게 만들어준 것입니다.

2022년 현재 디즈니의 마블 시리즈가 흥행에 참패하고 있습니다. 이러한 상황을 타개하기 위해 채펙 CEO는 임직원에게 메타버스를 미래 먹거리로 제시했습니다.

스토리텔러, 창작자, 기획자, 기술자 등 리더를 모아 메타버스가 디지털 혁명의 물결을 일으킬 것이며, 디즈니 스토리텔링 역사에서 중요한 지점에 와 있다고 일갈했습니다. 그는 메타버스를 통해 디즈니의 작은 왕국(지적 재산, IP)들을 유연하게 연결할 것이고, 앞으로 OTT 서비스인 디즈니 플러스뿐만 아니라 디즈니 메타버스를 만드는 데 힘을 쏟을 것이라고 밝혔습니다.

OTT를 통한 키즈 콘텐츠도 지속적으로 성장하고 있습니다.

어린이들은 성인보다 유행에 덜 민감하다는 특징이 있습니다. 때문에 어린이를 타깃으로 한 콘텐츠의 유통기한은 길고, 굿즈와 콘텐츠 등으로의 수익 창출이 용이합니다.

키즈 콘텐츠를 잡으면 자연스럽게 부모들이 OTT 콘텐츠로 빠져들게 되는 수순입니다.

이리 오너라~

많은 분들이 한두번은 '시리야, 오늘 날씨 어때?'라며 귀엽고 작은 통조림 모양 스피커에 말을 걸어본 적이 있을 겁니다.

이처럼 가상과 현실을 연결하는 역할을 해줄 과도기적 디바이스는 AI스피커가 될 것입니다.

또한 모바일 앱으로 매장 주문 및 결제가 가능하도록 한 스타벅스의 사이렌 오더 서비스 역시 비슷한 기능을 하고 있습니다.

이렇듯 흡입력 있는 콘텐츠뿐 아니라 삶에서 비서 역할을 하는 디지털 기기와 앱 역시도 가상세계의 관문 역할로 한몫하고 있습니다.

여기서 조금 더 나아가서 AI 스피커에 모빌리티(이동가능성)를 결합하고, 스타벅스 결제에 스벅코인을 결합하면 어떻게 될까요? 이 부분은 4장에서 다시 자세히 언급하겠습니다.

게임도 음악처럼

게임은 메타버스를 가장 구체적으로 나타내 주는 영역입니다. 네트워크 통신의 발전으로 게임은 이제 디바이스에 종속되거나, 설치를 해야만 접속할 수 있는 개념을 넘어서고 있습니다.

OTT와 마찬가지로, 스트리밍 게임에 가장 중요한 것은 사용자를 유인할 수 있는 익숙한 게임 콘텐츠와 신규 게임 콘텐츠를 지속적으로 제공하는 것입니다.

최종적으로 메타버스 시대에는 온라인상으로 게임뿐만 아니라, 업무·쇼핑 등 모든 활동이 가능할 것입니다.

결국, 한 명의 사용자가 얼마나 더 많이 체류하면서 얼마나 더 많은 부가가치를 창출해 주느냐에 따라 메타버스 플랫폼의 가치가 결정됩니다.

메타버스는 게임의 흡입력을 기반으로 비즈니스, 업무, 커머스 등 전 영역에서 점유율을 확보하는 데 초점을 맞춰갈 것이라 예상합니다.

그리고 궁극적으로 스트리밍 게임들은 PC, 콘솔, 모바일, XR 등 모든 디바이스를 자유롭게 이용하는 방향으로 발전해 갈 것입니다.
이런 스트리밍 게임 분야에서는 MS가 독보적으로 앞서나가고 있습니다. 이에 대해서도 4장에서 자세히 언급하겠습니다.

확대되는 생활 속 메타버스

CES에서 어디까지 갈지 알아보자

매년 초 글로벌 전자기업들은 미국 라스베이거스에서 열리는 세계 최대 전자·정보기술(IT) 전시회 'CES(Consumer Electronics Show)'에 많은 공을 들입니다. 직원들을 대거 현지로 보내 향후 전자정보 기술의 방향성을 캐치하도록 하고 있습니다.

코로나로 인해 2년 만에 오프라인에서 개최된 CES 2022의 참가 기업들은 다소 줄었지만, 역시 글로벌 기업들이 미래를 어떻게 바라보고 있는지 확인하기에는 충분했습니다.

먼저 'CES 2022'의 대주제는 ▲ 5세대 이동통신(5G) 및 사물인터넷(IoT), ▲ 광고 · 엔터테인먼트 및 콘텐츠, ▲ 자동차, ▲ 블록체인, ▲ 건강 및 웰빙, ▲ 가정 및 가족, ▲ 몰입형 엔터테인먼트, ▲ 제품 설계 및 제조, ▲ 로봇공학 및 기계 지능, ▲ 스포츠, ▲ 스타트업의 총 11개입니다.

대주제 대부분이 메타버스에 포함되거나 연결될 수 있는 분야입니다. 오프라인에서만 지속 가능하거나 온라인상에서만 지속 가능한 분야들이 없습니다. 모두 믹스되어 서로 영향을 주고받으며, 삶의 질을 개선하고 새로운 경험을 제공하는 데 초점을 두고 있습니다.
지금부터 기업들이 CES 2022를 통해 선보인 메타버스 기술을 살짝 들여다보겠습니다.

XR 디바이스로 접속하니 수백 평대 복층 펜트하우스가 펼쳐집니다.
펜트하우스 내 가전에 손을 대니 온라인 어드바이저가 제품을 안내합니다.
널찍한 드레스룸에 놓인 가방, 액세서리, 셔츠, 바지는 하나하나가 실밥까지 눈에 들어올 정도로 생생합니다. 드레스룸에서 메타버스 아바타로 피팅을 하고, 구매까지 마칠 수 있습니다.
이 가상공간에는 영화관도 있습니다. 스크린 옆으로 눈을 돌리면 100여 명의 관람객이 함께 영화를 감상하고 있음을 확인할 수 있습니다.
공연도 가능합니다. 6만 5,000명을 수용할 수 있는 가상 콘서트장에서 아이돌 그룹의 가상 공연에 맞춰 XR 디바이스를 흔들면 가상 콘서트장의 내 아바타도 응원봉을 흔듭니다.

▲ XR 디바이스로 바라본 펜트하우스

롯데 플랫폼

유통의 왕자였던 롯데는, 이베이 인수 등에서 물러서며 현재 이커머스 영역에서는 전혀 존재감이 없습니다. 시총 역시 미국 상장이긴 하지만 쿠팡에 밀렸고, 이는 이마트도 마찬가지입니다.

그러나 사실 롯데그룹은 메타버스 구현에 필요한 다양한 영역인 쇼핑, 영화, 테마파크, IT, 건설, 인테리어 등을 아우르고 있습니다. 그리고 이제 롯데 플랫폼을 메타버스에 구축하려 하고 있습니다.

롯데정보통신은 2021년 7월 메타버스 전문 기업 '칼리버스'를 인수하고 그룹사 사업과의 연계를 진행 중입니다.

11월에는 '중앙제어'를 인수하고 전기차 충전기 시장에도 진출했습니다. 롯데그룹 사상 처음으로 CES에 참가한 롯데정보통신은 초실감형 메타버스 라이프 플랫폼을 선보이며 글로벌 메타버스·ICT 기업으로의 도약을 꿈꾸고 있습니다.

칼리버스는 HMD(Head Mounted Display) 디바이스와 초고화질 실시간 렌더링 기술로 이용자가 고개를 돌리면 360° 전 구역을 수준 높은 실사화로 확인할 수 있도록 구축중입니다.

센서리움

CES 혁신상을 받은 메타버스 플랫폼 기업인 센서리움이 내놓은 '센서리움 갤럭시'에서는 관람객이 현장을 방문하지 않고도 센서리움 갤럭시 안에서 펼쳐지는 가상 콘서트, 음악 페스티벌 참여가 가능합니다. 유명 가수나 DJ 등을 가상공간에서 만날 수 있고, AI DJ의 공연을 즐길 수도 있습니다.

아토믹폼

또다른 CES 혁신상을 수상한 기업 아토믹폼의 '웨이브'는 NFT 작품을 감상하고 대여할 수 있는 디스플레이 기기입니다.

4K LCD 디스플레이에 사용자가 소유한 NFT가 표시되는 방식이고, 마치 액자 속 미술품을 보는 듯한 느낌을 받을 수 있습니다.

또 로봇, 모빌리티 분야에서 비대면 방역 및 의료 분야와 관련된 로봇들도 대거 혁신상을 수상했습니다.

아발론스테리테크

아발론스테리테크가 소프트뱅크로보틱스와 공동 개발한 청소 · 방역 로봇 '위즈갬빗'이 대표적입니다. 정수기 크기의 자율주행 로봇인 위즈갬빗은 사무실에서 사람들 사이를 쏘다니며 실내를 청소합니다. 방역과 청소를 동시에 진행하는 유일한 AI 로봇이어서 병원, 요양소 등 보건 시설에서 즉시 활용 가능합니다.

에이치로보틱스

국내 헬스케어 기업인 에이치로보틱스가 개발한 '리블레스'는 팔이나 다리를 넣을 수 있도록 설계된 비대면 소형 재활 로봇입니다.

수족을 리블레스에 넣으면 관절 가동 범위를 스스로 측정하여 이에 맞춰 반복 재활 운동을 진행하고, 기기와 앱이 함께 제공되어 집에서도 앱을 통해 의료진의 진단을 받을 수 있습니다.

한컴그룹

한컴그룹은 메타버스와 NFT, 인공위성, 드론 등 대부분 영역에 발을 담그고 있습니다. 가상 회의 플랫폼 'XR판도라', 메타버스에서 쇼핑과 NFT 활용이 가능한 '아로와나몰', 메타버스 플랫폼 '한컴타운'을 소개했습니다.

한컴은 가상세계 3D 데이터를 생성하는 데 역량을 가진 디지털 트윈 기술 기업 '스탠스'도 인수했습니다. 최근 한컴은 메타버스 관련 클라우드 기반 사업에 집중하려는 모습도 보이고 있습니다.

TCL

중국 가전업체 TCL이 내놓은 신형 AR 디바이스 '레이니아오'는 안경 형태의 기기를 착용해서 스케줄 관리, 사진 찍기, 영상통화 등 기존 스마트폰의 기능들이 홀로그램으로 눈앞에 나타나도록 합니다. 실제 사물 풍경 위에 다양한 정보가 덧대어져 표기되기도 했습니다.

삼성

삼성전자는 자동차 전면 유리에 장착해서 도로 정보와 함께 홀로그램으로 안내 방향을 겹쳐 보여주는 내비게이션 적용 AR 디스플레이를 전시했습니다.

캐 논

 캐논은 카메라로 촬영되고 있는 영상을 3D로 재구성해 VR 디바이스로 봤을 때 눈앞에 있는 듯한 모습을 연출하는 소프트웨어 '코코모'를 선보였습니다.

쉬프톨

 일본 스타트업 쉬프톨은 '개인용 에어컨'이라고 불리는 작은 장치를 벨트로 묶어 뒤에 붙여 놓으면 장치에서 나오는 냉온 바람을 통해 촉각을 실제처럼 극대화하는 VR 디바이스를 소개했습니다.

아모레퍼시픽

 아모레퍼시픽은 사용자가 8개의 센서가 달린 헤드셋을 착용하면 실시간으로 뇌파를 측정하여 개인에게 최적화된 향과 색을 찾아 입욕제로 만들어주는 로봇을 출품하여 혁신상을 받았습니다.

 한국 정부는 '메타버스 신산업 선도전략'을 발표하면서, 5대 핵심 기술 연구개발, ▲ 광역 메타공간(가상공간), ▲ 디지털휴먼(가상인간), ▲ 초실감미디어, ▲ 실시간 이용자인터페이스(UI)/이용자경험(UX), ▲ 분산·개방형 플랫폼을 지정하고 지원할 계획을 밝혔습니다.
이는 XR, 빅데이터5, 5G통신, AI, 블록체인 등과 연결한 신사업 개발과 관련하여 2026년까지 메타버스 분야 전문가 4만 명, 연간 매출 50억 원 이상인 기업 220곳을 육성하여 글로벌 메타버스 시장 점유율을 세계 5위로 끌어올린다는 구상입니다.
 저는 사실 정부 주도 경제 개발 혹은 산업 생태계 조성에는 좀 회의적입니다. 다만 이런 로드맵 속에는 연관되는 규제에 대한 완화책이나 샌드박스 적용 여부만 분명히 해주어도 호응이 좋을 것이라 기대합니다.

다시 귀납적 사례들을 한번 살펴보겠습니다. 국내 및 주변에서 접할 수 있는 메타버스 적용 사례들입니다.

2021년 11월, 메타버스 안에서 서울 부동산을 보유하고 거래할 수 있는 가상 부동산 거래 플랫폼 '세컨서울(2nd Seoul)'이 사전신청 접수를 개시한 지 24시간 만에 물건 6만 9,300개를 완판하였습니다.

디지털 트윈인 가상의 서울 토지를 나눠주는 메타버스 플랫폼에서 이벤트 시작 하루 만에 선호 지역이 모두 마감되는 것은, 현실 부동산에 대한 뜨거운 관심이 가상 부동산으로도 그대로 이어지고 있는 것이라 봐도 무방합니다.

특히 현실에서도 인기가 높은 서울 도심지인 광화문과 강남, 서초 일대, 마용성(마포·용산·성동), 한남동 등의 고가 주거지역이 빠르게 마감되었다고 합니다. 나아가 NFT 기반으로 서울 토지를 거래할 수 있도록 하고, 자체 가상화폐와 광고수익으로 리워드를 받을 수 있도록 계획하고 있습니다.

트러스톤자산운용은 메타버스 플랫폼 '게더타운'을 통해 가상세계에서 2021년 송년회를 열었습니다. 임직원들은 자신을 닮은 아바타를 만들어 OX 퀴즈 등 이벤트에 참여해 준비된 상품을 받았습니다.

트러스트자산운용은 운용업계 최초로 메타버스 공간에 가상 사무실을 마련했고, 앞으로 가상 사무실을 통해 주요 업무를 처리할 계획이라고 밝혔습니다.

암호화폐거래소 코빗은, 웹툰업체 미스터블루가 보유한 지식재산권(IP-Intellectual Property)을 2022년부터 NFT로 만들어 판매한다고 밝혔습니다. 이와 같이 온·오프 오리지널 작품이 있는 영역은 IP 보호를 위해 기하급수적으로 NFT로 넘어갈 것으로 보입니다.

2021년 12월 17일부터 1주일간 열린 전국 청소년 소프트웨어(SW) 창작물 축제 'GGF(Great Greeks Festival) 2021'의 출품작 373개는 메타버스 게임 플랫폼인 로블록스 내 GGF 전용 공간 등에 전시되기도 했습니다.

유통, 숙박 관련 회사들은 단순한 고급화 마케팅을 넘어 고객 유입을 위해 본격적인 미술 시장 참여에 나섰습니다. 신세계는 2021년 12월 서울옥션에 280억 원을 투자했다고 발표했고, 그룹 차원에서 NFT 자산 관련 사업으로의 확대를 결정했음을 보여주고 있습니다.

야놀자의 자회사 야놀자클라우드는 스포카의 '도도 포인트' 사업 부문을 인수하기로 했습니다. 도도 포인트는 카페, 식당, 헤어샵 등 오프라인 매장에서 휴대폰 번호 기반으로 온라인 포인트를 적립해주는 멤버십 서비스입니다. 사용자 수는 약 2,500만 명, 제휴 매장은 약 2만 5,400개입니다.

야놀자는 손정의가 투자한 이후 온라인 식당 웨이팅 서비스 '나우버스킹' 인수, 인터파크 여행 사업 부문 인수, AI 전문기업 '데이블' 인수, 앱 '맛집' 서비스를 운영, 이런 소비 빅데이터를 활용하는 야놀자클라우드도 운영하고 있습니다. 기본적으로 B2B 클라우드 서비스인 글로벌 호텔 운영 시스템을 확대하면서, 빅데이터를 이용한 소비자 타깃 마케팅을 좀 더 정교하게 하는 빌드업을 진행하고 있습니다. 여기에 추가하여 야놀자 글로벌 생태계(필수재식·주 위주)를 조성하고 있는 것으로 판단됩니다.

이런 야놀자의 생태계 조성은 확실한 기업 통합 CI를 통해 알릴 수도 있습니다. 하지만 저라면 향후 야놀자 가상화폐를 발행하여, 재미 요소의 추가와 멤버십을 강하게 밀어붙여 일명 '고객 가두리' 전략을 택할 것 같습니다.

2022년 한국 대통령 선거에서 선거자금 펀딩 약정서를 NFT로 제공한다는 구상도 나왔습니다. 참고로, 저는 대통령 공약을 NFT로 발행해서 그 이행 여부를 누구나 알수 있도록 하면 어떨까 생각해 봤습니다.

비대면 진료와 처방약 배달 서비스를 운영하고 있는 닥터나우는 블록체인 기술을 활용한 비대면 진료 서비스를 위해 블록체인 스타트업 해시드와 업무 협약(MOU)을 체결했습니다. 이로 인해 비대면 진료 정보의 보호와 처방약 유통의 안정성을 크게 높이게 될 것입니다.

컴투스는 국내 1위 원격의료 스타트업 닥터나우와 협력해서 원격의료 시장에 진출합니다. 컴투스가 개발하고 있는 메타버스 플랫폼 '컴투버스'에 닥터나우의 비대면 원격의료 서비스를 도입하기로 한 것입니다. 컴투스는 컴투버스에 현실세계처럼 오피스, 금융, 의료, 엔터테인먼트 등을 만들고 커뮤니티를 조성할 계획입니다.

금감원은 임직원을 대상으로 메타버스 인증샷 이벤트를 했습니다. 연차가 쌓인 직원들에게 메타버스는 이해하기 어려운 새 트렌드인데, 당국 입장에서도 메타버스는 이해할 필요가 있는 트렌드인 만큼 체험하며 공부할 수 있도록 한 것입니다. 참가자가 네이버의 메타버스 플랫폼인 제페토에서 자신의 아바타를 만들어 특정 장소에 갔다는 인증샷을 남기면, 커피 쿠폰을 받을 수 있는 식이었습니다.

한국국토정보공사(LX)는 공간정보를 메타버스 디지털 트윈에 적용하는 방안을 모색하고 있습니다. 사실 공공분야에서 국토정보 서비스의 기반이 되는 데이터를 통합하여 디지털 트윈화 하는 것은 향후 주요한 과제로 대두될 것입니다.
예컨대, 건축 시뮬레이션과 도로점용사항 파악 등 여러 민감하고 비용이 많이 드는 부분에 대한 해결책을 제시할 수 있습니다.

농협은 과학기술정보통신부, 한국인터넷진흥원(KISA), 페이크아이즈와 협업하여 메타버스 기반 핀테크 해커톤 대회를 개최했습니다.
메타버스 환경에서의 핀테크(또는 블록체인 핀테크) 서비스 개발이 대회 주제이며, 이는 향후 핀테크가 메타버스 영역으로 확장되고 있음을 보여줍니다.

인천시는 2021년 6월 디지털 뉴딜 사업의 일환으로 지방정부 최초 'XR 메타버스 생태계 구축 프로젝트' 추진 계획을 발표했습니다.
인천국제공항, 개항장, 송도, 부평역 등 380만 m²의 3차원 공간지도 구축을 위해, 온·오프라인 결합 XR 플랫폼을 구축하고, 관광, 쇼핑, 편의 등 다양한 디지털 콘텐츠를 지원한다는 내용입니다.

GS25는 메타버스 플랫폼 게더타운에서 '영(Young)마케터' 발대식을 진행했습니다.

영마케터 프로그램은 MZ세대와 소통을 통한 트렌디한 상품 개발과 마케팅을 위해 도입했으며, 코로나 19로부터 안전을 위해 메타버스 플랫폼을 활용한 비대면 소통으로 바꿔 진행했습니다.

현대백화점이 운영하는 현대 어린이책 미술관은 메타버스 플랫폼 모바일 앱을 통해 가상 전시 체험 공간인 '메타버스 모카 가든'을 선보였습니다. 메타버스 모카 가든은 지난해 문을 연 현대 프리미엄 아울렛 스페이스원에 위치한 '모카 가든'에 전시된 작품을 온라인에 그대로 옮겨 놓은 3차원 가상 공간입니다. 미술작품과 갤러리를 그대로 디지털 트윈으로 만든 사례입니다.

의류 기업인 어반아웃피터스, 랄프로렌 등은 최근 메타버스에서 가상 점포를 내기 위해 상표를 출원했고, 언더아머와 아디다스가 최초로 출시한 NFT는 판매 직후 바로 매진되었습니다.

메타버스 관련 트렌드는 거스를 수 없는 움직임인 만큼, '따라잡지 않으면 죽는다'는 위기감으로 비슷한 시도를 하는 회사가 늘어날 것입니다.

3장

메타버스를 가능하게 하는
기반 기술들

네이버, 구글, MS, 애플은 이미 메타버스 플랫폼

네이버 메타버스 아크버스

네이버에는 자회사 네이버 제트를 통해 서비스하고 있는 메타버스 플랫폼 '제페토'가 있습니다. 하지만 얼굴인식 인공지능 분야 자회사인 '스노우'에서 제페토가 분할해서 나온 것인 만큼, 네이버 자체 메타버스라고 보기에는 애매한 측면이 있습니다. 또 모태가 비쥬얼 커뮤니케이션, 즉 AR 혹은 VR 영역에 치중되어있으며 사용 연령층 또한 10·20대로 다소 제한적인 면이 있습니다.

사실, 저는 제페토로 4명 내외 다인 통화 스터디를 해보려 했습니다. 캠핑 컨셉으로 방을 만들어 사람들과 함께 해봤습니다. 콘텐츠의 확대를 위해 제페토도 이 부분에 신경을 쓰고, 안정적인 기능 개선이 있었으리라 생각했기 때문입니다.

그런데 개인적으로 재미는 있었는데 다소 아쉬웠습니다. 스터디나 정보공유를 위한 동시 통화·자료 공유 기능 등이 전무했기 때문입니다.

이런 차에 네이버는 2021년 개발자 행사를 통해 AI·로봇·클라우드 기술 기반으로 현실과 연결된 메타버스 '아크버스'를 발표했습니다. 네이버 자체 메타버스는 제페토와 달리 현실에 더욱 치중한 디지털 트윈 영역에서 B2C, B2B 모두를 아우르는 전략을 채택한 면이 강했습니다.

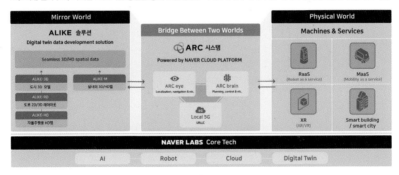

🔼 아크버스
출처 • 네이버 랩스 홈페이지

향후 어느 시점에서는 제페토와 만나겠지만, 제법 오랜 기간 동안 제페토와 아크버스는 양극단의 방향에서 메타버스를 지향하는 모양새가 될 것입니다. 그도 그럴 것이 제페토는 VR 영역, 아크버스는 디지털 트윈 영역에서 메타버스를 시작합니다. 제페토는 사용자 연령이 낮고, B2C 위주입니다. 아크버스는 사용자 연령이 높고, B2B 위주입니다. 이처럼 각자 영역에서 주도권을 가지도록 했습니다.

아크버스는 네이버 랩스가 그동안 집중해온 AI, 로봇, 클라우드, 디지털 트윈 기술을 융합한 것으로, 현실세계와 디지털 세계를 자연스럽게 연결하는 현실 기반 기술 융합 메타버스 생태계를 말합니다. 아크버스는 현실세계와 똑같은 가상세계를 창조하는 디지털 트윈 기술과 두 세계를 연결하는 AI, 로봇, 클라우드 기술들로 구성됩니다.
또한 아크버스는 독립된 가상세계가 아니라 AI, 로봇, 클라우드 등을 통해 현실과 긴밀히 연결된 메타버스로서, 아크버스 기술 생태계에서 로봇, 자율주행, AR, 스마트빌딩, 스마트시티까지 현실 공간을 매개로 하는 다양한 서비스가 탄생할 것입니다.

예를 들어, 온라인 가상공간에서 원격회의 중인 직장인이 커피를 주문하면 오프라인의 로봇이 1층 카페에서 커피를 사무실로 가져오는 식입니다. 네이버는 2022년 현재, 글로벌 가입자 2억 4,000만 명을 확보한 메타버스 서비스 '제페토'에 아크버스를 연결해서 주도권을 잡을 계획에 있습니다.

저는 사실 이 발표를 듣고 네이버가 가진 대부분의 역량을 사내에서 먼저 고도화하는 것으로 보아, 네이버는 역시 안전지향적인 회사라는 것을 다시 한번 느꼈습니다.
혹시 실패하더라도 대외 서비스에 문제가 없게끔 자사 건물에서 메타버스 대부분 영역의 프로토타입을 돌리고 있기 때문입니다.

저는 한번씩 구글 어스(Google Earth)를 통해 가보고 싶은 여행지를 보곤 합니다. 하와이를 찾다가 구글 어스로 본 새파랗고 차가운 바다를 보고 심해를 느끼기도 합니다. 그리고 그동안 다녔던 여행지를 구석구석 다시 찾아보기도 하죠.

그러다 보면, 요즘 쓰는 말로 가슴이 웅장해짐을 느낀 적이 많습니다. '덴마크에서 봤던 해변의 바다가 북해였구나!' 하면서요.

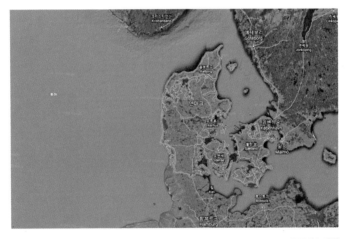

▲ 구글 어스 캡처

구글 어스는 전 세계를 위성 사진으로 볼 수 있는 서비스로, 2005년 처음 공개되었습니다.

공개된 후에도 한참 동안 '도대체 구글은 무슨 생각으로 돈도 되지 않는 지구지리 정보 서비스를 저렇게도 열심히 개발하나?' 하는 의구심이 산업계 전반에 있었습니다.

현재는 아시다시피 지리정보, 지형정보는 건축업계에 없어서는 안 되는 서비스로 자리매김하였습니다. 구글 어스는 지구본처럼 입체인 지구를 3D로 묘사했기 때문에, 평면 지도에서 흔히 나타날 수 있는 방위각·면적·형상 등의 왜곡이 없어 그 어떤 지도보다 정확합니다.

게다가 원하는 지역의 위성 사진뿐 아니라 구글 어스 사용자가 올려둔 특정 지점의 사진이라든가, 유명관광지 사이 지면에 따른 거리 등도 알 수 있습니다.

사진 역시 높은 정밀도를 보여줍니다. 건물 사진뿐 아니라 구글 스트리트 뷰를 통해 주변 환경을 걸어가듯이 볼 수도 있습니다. 2016년 11월에는 VR용 구글 어스도 공개된 상태입니다.

구글은 인터넷 기반 서비스 중 가장 강력한 검색(구글링), 영상(유튜브), 구글 클라우드 플랫폼(GCP) 등에서 주도적인 위치를 점하고 있습니다. 그런데 여기에 더하여 '구글 어스'라는 메타버스 플랫폼을 만들기 위한 가장 강력한 디지털 트윈을 구축한 상황입니다. 메타버스 플랫폼의 인프라 중 하나를 장악한 것입니다.

많은 기업들이 메타버스 디지털 트윈을 구현하기 위해 구글 어스를 사용하고 있고, 구글의 가격 정책은 점점 더 요금을 올리는 쪽으로 바뀌고 있습니다. 재주는 곰이 부리고, 돈은 주인이 챙기는 식의 그림이 완성되고 있는 것이죠. 구글 어스 기반 서비스는 4장 챕터 05에서 다시 자세히 다루겠습니다.

앞장에 등장했던 엔비디아와 구글이 좀 비슷하다는 느낌이 들지 않으셨나요? 메타버스 거울세계(디지털 트윈)의 대표는 구글 어스이고, 메타버스 플랫폼을 만들기 위한 서비스의 대표는 엔비디아의 옴니버스입니다. 이처럼 전략적인 기업들은 참 열심히도 '망하지 않는' 영역에서 포지셔닝을 하고 있습니다.

사실 서치엔진을 통해 쌓인 빅데이터와 통계 툴인 어넬리틱스를 통한 데이터 처리 수준으로 미루어 짐작할 때, 지금 우리가 보는 것은 구글이 만들고 있거나 만들어 가는 것 중 빙산의 일각일 것입니다.

MS의 B2B 선점 그리고 게임 속으로

2021년 10월 23일 마이크로소프트(이하 MS)는 연례 컨퍼런스에서 메타버스, 인공지능(AI), 초연결 세 개의 테마를 차세대 핵심 기술로 선정했다고 밝혔습니다.
MS는 특히 메타버스를 위한 포괄적인 솔루션을 제공하겠다고 강조하면서, 2022년 상반기부터 팀스(Teams)에선 3D 아바타를 통해 회의할 수 있는 기능을 제공할 것이라고 공언했습니다.

사실 MS는 2014년 마인크래프트를 인수하며, 그때는 아무도 몰랐던 가상세계 소셜 게임 시장에 뛰어든 상태였습니다. 당시에는 MS 게임 콘솔인 엑스박스의 생태계를 풍성하게 하기 위한 게임사 인수 혹은 협업의 차원이었습니다. 하지만 결과적으로 현재 마인크래프트 인수는 MS가 메타버스 영역에서 주도적인 기업으로 자리잡게 하는 강력한 요인으로 작용하고 있습니다.

이로써 MS는 마인크래프트(게임), 메시(Mesh·AR/VR 플랫폼, 팀즈와 융합한 메타버스 협업 솔루션), 홀로렌즈2(메타버스 디바이스), 애저(클라우드) 등 메타버스 생태계 전반에 걸쳐 사업을 진행하는 회사로 거듭나게 됩니다.

빌 게이츠는 메타버스가 앞으로 우리 삶의 많은 부분을 대체할 것이고, 2~3년 안에 대부분의 비즈니스가 회의가 메타버스에서 이루어질 것으로 보고 있습니다. 그리고 가상 경험을 할 수 있는 소프트웨어 혁신의 가속화는 이미 시작되었지만, 시간이 좀 더 필요할 뿐이라며 기술 발전에 대해서도 긍정적으로 언급했습니다.

MS가 개발한 홀로렌즈(Hololens)는 안경 형태의 기기지만, 현실 공간과 사물 정보를 파악하여 최적화된 3D 홀로그램을 표시해주는 XR 디바이스의 한 형태로 볼 수 있습니다.
미 국방부는 MS의 홀로렌즈에 기반한 전투용 AR 디바이스 개발에 25조 원을 들이며 산업 발전을 간접 지원하고 있습니다.

아시다시피 MS는 윈도우 OS와 브라우저, 그리고 업무를 위한 오피스 툴에 독보적인 강점을 보이고 있습니다. MS는 이런 기반 서비스를 메타버스에 담아 먼저 업무환경과 산업현장 등 B2B 시장에 초점을 맞출 것으로 보고 있습니다.

과연 MS답게 보수적이고 안정지향적입니다.

품질 높은 XR 기기의 단가는 1991년 41만 달러에서 2020년 2만 달러, 2030년에는 1,700달러 정도로 낮아질 것으로 예상되고 있습니다.

MS는 이런 단가를 수용할 수 있는 시장부터 공략하고, 이후 비용이 낮아져 대부분의 사람들이 구매할 수 있는 가격 수준이 될 때까지는 이익이 나는 B2B에만 집중하며 역량을 확대해 나갈 것입니다. 물론 2014년 사티아 나델라 CEO 이후 B2B 서비스는 물론이고, B2C 서비스 역시 적극적으로 확대하고 있습니다. 이는 그 무렵부터의 MS 인수합병 사례에 잘 드러나 있습니다.

MS의 인수합병 리스트

연 도	기업명	인수금액 (달러)	기업 소개
2022	Activision Blizzard	687억	블리자드 모회사인 비방디와 액티비전이 2008년 합병해 탄생한 북미 대표 게임 기업
2021	Nuance Communications	19억	헬스케어 특화 AI 기반 음성 인식 분석 기업
2020	Affirmed Networks	13.5억	가상화 기반 와이파이 네트워크 기술 기업
2020	Zenimax Media	75억	7개 스튜디오를 보유한 게임 개발사
2018	깃허브	75억	오픈소스 기반 소프트웨어 개발 커뮤니티 1위
2016	링크드인	262억	구인구직 전문 SNS
2014	Mojang	25억	스웨덴 비디오 게임 개발 기업
2013	노키아 모바일/디바이스 사업부	72억	모바일 사업부
2012	Yammer	12억	엔터프라이즈 SNS 기업으로 이벤트 개최 전문
2011	스카이프	85억	화상 커뮤니케이션 플랫폼

2008	Fast Search&Transfer	66억	비즈니스 인텔리전스(BI)
2007	Aquantive	60억	인터넷 마케팅 기업
2002	Navision	13.3억	ERP 기술 기업
2000	Visio Corporation	15억	다이아그램 그래픽 소프트웨어 기업

출처 • 마이크로소프트, 미래에셋증권 리서치센터

이런 인수합병의 끝판왕이 액티비전 블리자드(이하 블리자드) 인수입니다. MS는 스타크래프트, 디아블로, 워크래프트 등 막강한 게임 IP를 갖고 있는 블리자드를 687억 달러(약 81조 9,247억 원)에 인수했습니다.

이는 게임기업 인수합병 사상 최대 규모입니다. 이로 인해 MS는 매출 기준으로 텐센트, 소니에 이어 세계에 3위의 게임회사가 됩니다.

MS 답게 B2B와 게임 등 당장 안정적인 수익이 가능한 영역에서 메타버스 플랫폼을 강력하게 구축해 나가고 있습니다. 엑스박스의 구독 서비스인 '엑스박스 패스' 가입자는 벌써 2,500만 명이 되었습니다. 역시 블리자드 인수 후 급증한 경향이 있습니다. 영향력 있는 게임 IP의 확보로 MS는 엑스박스의 XR 서비스와 애저 클라우드 기반 스트리밍 게임 콘텐츠 서비스에 속도를 더하고 있습니다.

블리자드는 기본적으로 게임 IP 제작 및 퍼블리싱을 메인으로 하지만, 자체 엔진 등을 통한 게임 개발력은 탁월합니다.

결국 B2C든 B2B든, 메타버스 구축의 핵심은 IP와 개발 역량의 확보로 귀결되고 있습니다.

애플카까지 확장시킨 애플 생태계

애플은 아직은 메타버스 생태계에 어떤 식으로 포지셔닝하겠다고 밝히진 않았습니다.

하지만 스마트폰과 애플카 등의 강력한 하드웨어 파워를 이용하여 메타버스 세상을 더욱 현실과 강하게 연결할 수 있는 매개체를 생각하고 있지 않을까 싶습니다. 아직 계획에 불과하긴 하지만, 헤드셋과 링을 앞세워 또 다른 애플신화를 노리고 있습니다.

2017년 팀 쿡 애플 최고경영자(CEO)는 다음 세대 아이폰과 같은 디바이스로 AR 디바이스를 제시하며, 10년 내에 AR 디바이스가 아이폰을 대체할 것이라고 밝힌 바 있습니다.

그리고 2022년 하반기 XR(AR · VR) 헤드셋 발표를 통해 메타버스 시장에 본격 진입할 것을 예고하고 있습니다.

▲ 아바타들의 환영을 받으며 입장하는 팀 쿡

블룸버그에 따르면, 애플은 애플카에 탑재될 자율주행 시스템의 핵심 프로세서 개발을 끝냈으며, 자율주행 소프트웨어와의 조율 작업도 완료되어 향후 4년 내 완전 자율주행이 가능한 전기차를 출시할 전망입니다.

애플카에서는 승객들이 응접실에서 서로 마주 보며 대형 OLED 터치 스크린을 이용해 인포테인먼트(정보의 전달과 오락이 가미된 소프트웨어)를 즐길 수 있습니다. 애플은 아이폰, 아이패드, XR 헤드셋, 애플카로 이어지는 메타버스 디바이스 세팅으로 개인의 시간 대부분을 점유할 계획에 있습니다.

이런 계획이 실현된다면, 애플은 독자적인 하드웨어 및 소프트웨어 생태계를 구축하게 되어 글로벌 빅테크 기업 중 가장 안정적인 사업 모델을 갖출 수 있게 됩니다.

애플은 2021년 기준 글로벌 스마트폰 시장 점유율 50% 이상을 바탕으로, 확장현실(XR) 디바이스와 애플카 등, 아이폰 출시 때와 같은 게임체인저 역할을 다시 꿈꾸며 미래 시장 선점의 주도권을 가지려고 할 것입니다.

빅테크 기업들은 문어발 식으로 기술 연결(스핀오프)을 한다

구글, 메타 등 글로벌 빅테크 기업들은 막대한 자본력을 바탕으로 문어발식 메타버스 종합 기술 기업으로 전환하고 있습니다.

한국은 통신사는 통신만, 엔터테인먼트사는 콘텐츠에만 집중하는 등 특정 분야에만 집중하는 경향이 있는데, 이제는 기술을 종합적으로 연결해서 생태계를 조성하는 것이 필요한 시점입니다.

사실 이런 문어발식 스핀오프 로드맵을 처음 보여준 기업은 아마존입니다. 지금 아마존은 이커머스 분야 성장은 물론이고, OTT, 클라우드 서비스, 우주개발 등 모든 영역을 연결하고 있습니다. 이는 결론적으로 모든 것을 연결, 융합하는 기업이 막강한 플랫폼 기업으로 진화할 수 있다는 의미입니다.

메타버스는 사람들의 사회적 활동을 근본적으로 변화시킬 수 있습니다. 때문에 기업들은 자신들의 역량을 다양하게 연결, 확장하면서 어떤 테마보다도 메타버스에 대한 관심을 크게 가지는 상황입니다.

메타버스 생태계를 둘러싼
기반 기술들

메타버스 세상을 가능케 해주는 기반 기술은 여러 가지가 있습니다. 블록체인, NFT, XR 기술과 다바이스, 5G 통신, 클라우드, 반도체 등과 같은 프런트 엔드(Front End)와 백 엔드(Back End)로 이어지는 기술 체인이 같이 레벨 업 되어야 합니다.

이런 메타버스 기반 기술에 대해 감을 잡고 이슈에 따라 방향성을 캐치할 수 있는 수준이 되어야 다음 단계 이야기가 가능해집니다.

이에 대해 최대한 이해하기 쉽게, 재미있는 에피소드를 통해 입체적으로 전달되도록 노력해 보겠습니다.

이 챕터는 이해하기가 힘들 수 있습니다. 하지만 읽고 난 후의 느낌이 교두보가 되어 앞으로 계속 들려올 블록체인·가상화폐·암호화폐·코인에 대한 지식이 쉽게 날아가지 않고 쌓여갈 것입니다.

먼저 우리가 가상화폐를 믿을 수 있는 근거를 만들어주는 **블록체인*** 기술에 대해서 알기 쉽게 설명하고, 재미있는 2가지 관점을 공유하겠습니다.

주관적인 SSUL

블록체인에 관한 2개의 발췌문을 함께 읽어봅시다.

블록체인은 어떤 원리로 작동되고 있을까

블록체인은 사람들의 거래기록을 10분 단위로 쪼개어 기록한다. 매 10분마다 일어난 거래를 정리하여 하나의 장부 'Edge'에 정리하는 것이다. 10분 단위로 쪼개져 정리된 이 장부를 '블록(Block)'이라 부른다. 2008년에 등장한 최초의 블록체인 시스템인 '비트코인'의 경우, 약 10분마다 블록이 하나씩 생성되어 지금은 약 67만 개의 블록이 생성되어 있다. 이 블록들에는 2008년 이후 비트코인을 통한 거래내역이 모두 담겨 있다.

블록은 '채굴(Mining)'을 통해 만들어진다. 채굴이란 지난 10분 간의 거래내역을 정리한 블록을 만들어내는 일이다. 10분 간의 거래내역을 정리한 블록을 가장 먼저 만들어 낸 채굴자는 소액의 비트코인을 보상으로 받는다. 이 보상이 있기 때문에 채굴자들은 블록을 만드는 작업에 자발적으로 참여하게 된다.

채굴자의 임무는 단순히 거래내역만을 정리하는 데서 끝나지 않는다. 채굴자들은 만들어진 블록을 그 이전의 블록과 '연결(Chain)' 하는 작업까지 수행해야 한다. 비트코인이라는 보상은 블록을 만들었을 때가 아니라, 블록을 연결했을 때 주어지기 때문이다.

그런데 블록연결 작업은 그리 간단치가 않다. 블록과 블록을 연결하기 위해서는 접착제가 필요하다.

블록체인 시스템에서 접착제의 역할을 하는 도구는 특정한 숫자다. 그러나 두 블록을 연결하는 유효한 숫자(접착제)는 매 블록마다 달라진다. 그래서 채굴자들은 매 10분마다 새롭게 만들어지는 블록을 연결시키기 위해 매번 새로운 숫자를 찾는 노력을 하고 있다. 블록과 블록을 연결하는 접착제(숫자)를 '논스(Nonce)'라고 부른다.

블록체인의 채굴과정이 복잡하고 소모적인 이유

블록체인의 채굴과정은 매우 비생산적이다. 유효한 논스값을 가장 먼저 찾아내기 위해 수많은 컴퓨터가 엄청난 전기 에너지를 낭비하게 된다. 많은 사람에게 이러한 현상은 매우 모순적으로 보인다. 거래내역을 정리하는 것이 아니라, 블록을 연결하는 데에 막대한 에너지를 소모하고 있기 때문이다. 여기에 소모되는 전기에너지는 엄청난 수준이다. 비트코인 거래 한 번을 위해 컴퓨터가 만들어내는 이산화탄소는 300kg이며, 이는 비자카드를 한 번 긁는 것보다 75만 배 많은 양이다.

왜 블록체인 시스템은 블록을 연결하는 작업을 비생산적이고 낭비적인 '숫자 끼워 맞추기'로 만들었을까? 이에는 합리적 이유가 있다. 결론부터 말하면, 블록체인은 블록연결 작업을 통해 장부조작 여부를 발견한다. 숫자 끼워 맞추기 작업을 통해 가짜 거래기록을 밝혀내고, 진짜 거래 기록만 남게 된다.

이 검증과정은 다음의 간단한 사례를 통해 설명할 수 있다.

10명으로 구성된 비트코인 네트워크가 있다. 그런데 A라는 사람은 장부를 조작하겠다는 나쁜 의도를 가지고 '가짜 블록'을 만들어냈다. 그러나 앞서 설명한 바와 같이, 이 블록을 만들어내는 것으로는 아무런 의미가 없다. A가 이 블록을 앞 블록과 연결시켜야만 유효한 블록이 된다.

A가 만들어낸 가짜 블록이 버려지는 과정은 블록체인이 어떻게 참과 거짓을 구분하는지를 말해 준다. 일시적으로는 참(True)과 거짓(False)이 병존할 수 있지만, 블록체인에서는 결국 다수가 믿고 있는 기록이 '참'이 된다. 이것이 블록 간의 연결 작업을 단순한 숫자 끼워 맞추기로 만들어 둔 이유다. 다수가 작업하고 있는 블록의 행렬이 무엇인지를 가려내는 과정인 것이다. 즉, 블록체인은 계산 '효율성'을 포기한 대신, '신뢰'를 택했다.

「공식의 아름다움」, 도서 발췌 및 수정, 미디어숲, 2021

위 글에서 왜 블록체인 기반 암호화폐가 중앙은행의 집중적 권력에 반하는 지역 분권적 성격인지를 알 수 있습니다. 효율을 포기하는 대신 기하급수적으로 연결되는 대다수의 의견이 참이 될 수밖에 없는 기술인 것입니다.

이전 장에서 언급했듯이 블록체인 기반 암호 가상화폐(이하 가상화폐)가 온라인 결제에만 제대로 활용이 된다면 국가 간의 환율 처리 등으로 인한 비용과 처리 속도가 획기적으로 개선되고, 가상화폐 가치 역시 안정적으로 지지될 수 있습니다.

이런 미래 화폐 생태계를 예견하고 가장 빠르게 움직인 기업이 '메타'입니다. 앞장에서 언급한 주커버그의 리브라 로드맵(현재 디엠)은 많은 가상화폐 메인넷의 모티브가 되었을 것입니다.

이는 각국 중앙은행 역시 디지털화폐인 CBDC에 대한 연구를 가속화하는 계기가 되었습니다.

사실 탈중앙 분산체제인 블록체인 기술 기반으로 중앙 집중적인 성격인 각국 중앙은행 디지털화폐 CBDC가 만들어진다는 것은 다소 아이러니합니다. 그러나 쉽게 말하자면, 각 국가 CBDC는 블록체인 기술의 '반쪽 활용'에 그칠 것입니다.

애플은 2021년 전자지갑(Digital Wallets), 후불결제, 블록체인 가상화폐 분야 등에서 5년 이상 경력을 쌓은 전문가를 채용한다는 공고를 냈습니다. 이는 애플 역시 디지털 자산 분야 확장에 적극적으로 움직이고 있다는 시그널입니다.

한국에서 2023년 예고된 '가상화폐 세금 과금'은 오히려 현실 교환가치가 있는 가상화폐가 더욱 각광받는 요인으로 작용할 것입니다. 비트코인 등락의 가장 큰 요인은 현실 교환가치의 확대와 축소에 있었음을 인지해야 합니다. 일론 머스크가 테슬라 결제 가능성을 언급하면 연일 급상승하고, 결제를 취소했을 때 폭락한 것이 좋은 예입니다.

현실 금융 결제 서비스로 확장되고 있다(교환가치 확장)

한국 가상화폐 거래소인 '업비트'에서 1,280개(시가 48억 원)로 한정하여, 선착순으로 진행된 이더리움 예금 '스테이킹(Staking)'은 단 10초 만에 종료됐습니다. 스테이킹은 은행 정기예금처럼 암호화폐를 거래소나 수탁업체에 맡기고 이자로 암호화폐를 받는 코인 예금입니다. 코인을 현금처럼 결제수단으로 활용하는 코인 결제도 연간 50%가 넘는 성장률을 기록하고 있습니다. 테슬라는 온라인 쇼핑몰에서 일부 상품을 도지코인으로 살 수 있게 했고, 한국의 페이코인 역시 결제 가능한 가맹점을 소액결제 위주인 CU와 CGV 등에서부터, 고액결제 위주인 기아까지 확대했습니다.

가치가 오를 가상화폐를 알고 싶으면 개발자의 수를 보아라

가트너는 블록체인 기술의 빠른 확산이 2030년까지 3조 1,000억 달러의 부가가치를 창출할 것으로 전망했습니다.

포브스는 2021년 12월 말 기준, 가장 많은 개발자가 참여하고 있는 가상화폐 네트워크를 소개했습니다. 이더리움이 1,296명으로 가장 많았고, 폴카닷(529명), 코스모스(303명), 솔라나(228명), 비트코인(217명), 니어(137명), 카르다노(118명), 쿠사마(110명), 테조스(86명), 바이낸스스마트체인(84명)의 순으로 순위를 형성하고 있습니다.

이 수치는 세계 최대 개발자 커뮤니티인 깃허브(Github) 활동을 토대로 추정한 것입니다. 개발자들의 숫자가 떠오르는 가상화폐의 주요 선행지표인 것은 틀림없습니다.

참고로, 가상화폐 시가총액에서 비트코인이 차지하는 비중은 2년 새 70%에서 40%로 줄었지만, 참여한 개발자는 2021년 1월 1만 525명에서 12월 1만 8,416명으로 75% 늘었습니다.

NFT가 뭐지?

NFT에 열광하는 이유는 무한 복제가 가능한 디지털 세상에서도 희소한 것을 소장하고자 하고, 멤버십을 통한 우월감을 드러내고 싶은 인간 본성에 기인한다고 판단합니다. NFT는 그 자체로 여러 산업 분야에 활용되어 독자 생존하고 있습니다.

여기에서는 NFT의 기본적인 정의와 활용, 지속가능성에 대해서만 간단하게 살펴보겠습니다.

NFT(Non-Fungible Token)는 주로 '대체 불가능한 토큰'이라고 번역합니다. 희소한 무엇을 디지털화했을 경우, 디지털 콘텐츠들을 고유한 값으로 증명할 수 있다는 것입니다.

예를 들어 우리가 사용하는 지폐는 각각이 모두 동일한 가치를 가지기 때문에 'Fungible(대체 가능)'이라고 할 수 있지만, 2009년 5만원권 최초발행 당시 일련번호가 빠른 것을 경매에 붙였을 때, 해당 지폐는 'Non-Fungible(대체 불가능)'이 될 수 있다는 것입니다.

그림 · 음악 · 동영상 파일 등 디지털 환경에서 사용될 수 있는 대부분의 콘텐츠에 꼬리표와 같은 '토큰'을 삽입해서 그 콘텐츠에 토큰이 삽입된 최초 원본과 원본 이후에 만들어진 복사본을 구분하는 데 사용합니다.

NFT와 메타버스

메타버스 플랫폼에서 NFT 기술은 필수적으로 자리 잡을 수밖에 없습니다. 메타버스 세상에서 거래되는 모든 디지털 아이템과 콘텐츠는 NFT 기술만으로 진품임을 증명할 수 있을 것입니다.

메타버스가 지속성을 가지기 위해서는 메타버스를 통한 경제활동이 가능해야 하고, 디지털 아이템 · 콘텐츠의 거래와 이해관계자의 이익 배분이 원활해야 합니다. 바로 NFT가 이를 가능하게 해줍니다.

NFT 역시 핵심 기반기술은 블록체인입니다. 사실 그동안 블록체인 기술이 상용화되어 쓰이던 부분은 가상화폐가 유일했었습니다. 그러나 떠오르는 NFT는 디지털 콘텐츠의 고유성을 보장하면서 온라인 거래가 가능하기 때문에 블록체인 기술이 다양한 분야에 활용될 수 있도록 해줍니다.

NFT와 이더리움

최근에 가상화폐 '이더리움*'이 주목을 받게 된 이유는, 탈중앙화에 따른 플랫폼화가 가능하다는 점과 NFT 아이템·콘텐츠의 거래 화폐로 이더리움을 사용하기 때문입니다.

주관적인 SSUL

이더리움

NFT를 구현하는 데 가장 유리하고, NFT 콘텐츠의 경매에까지 사용된 화폐가 이더리움인 것이 밝혀지면서 이더리움(정확히는 탈중앙화를 핵심으로 하는 이더리움의 블록체인 구조와 기반)을 통한 새로운 비즈니스 모델의 가능성이 대두되고 있습니다.

이런 맥락에서 비트코인에 이어 자산으로서의 지위를 인정받는 두 번째 가상화폐가 될 가능성이 가장 높은 것이 이더리움이기는 합니다.
하지만 비트코인과 달리 발행량에 제한이 없다시피하고, 대중화가 이루어지기 전 또 다른 유사한 기술이나 상위 기술이 나온다면 존재 가치가 떨어질 수 있다는 문제가 있기에 아직 불확실성이 크다고 할 수 있겠습니다.

참고로 2016년 이더리움의 대규모 도난 해킹 사건 이후, 사건의 재발을 방지하고자 조금 더 기술적인 본질에 집중한 형태로 만들어진 '이더리움 클래식'은 발행량이 정해져 있습니다.

NFT는 도대체 누가 추종하는가

이쯤 되니, NFT를 도대체 누가 구매하고 있는지 궁금하시죠?

NTF 역시 MZ세대들의 적극적인 액션이 배경에 있었습니다. MZ세대의 특징 중 하나인 '희소한 물건의 한정판을 얻기 위해 전날 밤부터 텐트를 치고 줄을 서는 행동'들이 한몫하는 듯합니다.

다음 이미지는 '크립토펑크'라는 NFT 컬렉션의 이미지입니다.

컬렉션은 모두 이더리움 블록체인 기반의 한정판입니다. 미국 소프트웨어 업체 '라바랩스'가 2017년 픽셀화된 아바타 캐릭터에 NFT를 부여한 크립토펑크 1만 개를 만들어 이 중 9,000개를 무료 배포했습니다.

▲ Google – '크립토펑크' 검색 화면

남자 · 여자 · 좀비 · 유인원 · 외계인의 5개 기본 캐릭터를 바탕으로, 각기 다른 눈의 색깔, 모자 착용 여부 등이 각각 희소가치를 결정하는 요소입니다.

이후 NFT가 점차 인기를 얻으면서, 크립토펑크 초창기에 발행 수량을 적게 하여 만든 좀비와 유인원, 외계인은 소위 '희귀템' 취급을 받으며 고가에 팔리고 있습니다. 푸른색 얼굴에 마스크를 쓴 크립토펑크 '코비드 에어리언'은 지난 6월에 이루어진 경매에서 1,170만 달러(139억 원)에 판매되었고,

창업자들이 갖고 있던 희귀 크립토펑크 9개는 1,700만 달러(약 200억 원)에 팔렸습니다. 2021년 비자(VISA)가 크립토펑크 NFT 하나를 구매하면서 NFT 멤버십에 합류하기도 했습니다.

발행개수가 한정된 데다, 캐릭터의 특징으로 희소가치를 결정할 수 있다는 점 때문에 가상화폐 분야에서 이런 NFT 컬렉션 구매는 일종의 '플렉스(Flex)'로 과시되고 있습니다. 구매자들이 SNS 계정에 자신의 크립토펑크를 프로필 이미지로 사용하는 경우도 많습니다.

이런 NFT의 지속가능성에 대해서는 정반대의 관점이 존재하는 것이 사실입니다. NTF가 생활 속에 녹아들어 기존 산업의 문제점을 해결해 주는 기술로 자리 잡을 수 있을지가 관건입니다.
일단 현재까지는 NFT가 현실적인 문제점을 해결하고 경제적인 수익까지 가능케 하는, 메타버스 기반기술 중 가장 도드라진 행보를 보고 있습니다.

가상세계 아이템에 대한 수집욕에서 기인했든 뭐든, NFT 적용 디지털 미술품은 822억 원에 낙찰되기도 했고, 2021년 거래량은 2020년 대비 70배 이상 상승한 27조 원 규모 이상입니다.

NFT에 대한 의구심

포브스는 2022년 NFT 기술이 디지털 아트 범주를 넘어설 것으로 내다보았습니다. 그러나 동시에 지나치게 빠른 성장세로 인해 개념 자체에 거품이 끼어 있으므로, 관망이 필요하다는 경고도 하고 있습니다.

다양한 가능성을 고려하더라도 지금의 막대한 거래량은 지나친 상황이라는 얘깁니다.

실제 2021년 2~3분기 폭발적으로 늘어났던 NFT 거래는 주춤하여 4분기 거래량이 100억 달러를 밑돌면서 전분기보다 줄어든 상황입니다.

NFT가 부상한 최근 상황을 신종 코로나바이러스 감염증(코로나 19)과 결부해서 고려해야 한다는 의견도 있습니다.

지난해부터 코로나 19 대유행 극복을 위해 미국 연준에서 달러를 시중에 많이 공급하여 양적 완화가 이루어졌는데, 이 과정에서 NFT와 가상화폐뿐 아니라 부동산과 주식 등 실물자산의 가격도 일제히 올랐습니다. 과연 달러 유동성이 감소하는 시점에도 NFT가 지속 가능할지는 미지수라는 얘기입니다.

마이크로소프트(MS)에서 게임 부문을 이끌고 있는 필 스펜서 부사장과 팀 스위니 에픽게임즈 최고경영자(CEO) 등은 NFT의 가치에 대해 보안 리스크 측면에서 회의적인 시각을 견지하고 있습니다.

NFT는 게임사가 돈을 벌기 위한 또 다른 계략이라는 지적입니다. 이처럼 NFT에 지속가능성과 가치성이 있는지를 두고 말들이 많습니다.

투자은행 라보뱅크의 마이클 에브리는 CNBC에 "NFT는 현재 거품이 부풀어 오르는 정점에 있을 수 있다."며 "NFT가 젊은 사람들을 어떻게 움직이는지 이해하고 있지만, 그럼에도 심하게 걱정되는 상황"이라고 말했습니다.

실생활에서도 폭넓게 이용될 수 있다는 특징이 오히려 NFT만의 특수성을 약화시킨다는 시각도 있습니다.

기술이 보편화되면 NFT가 단지 디지털로 표시된 '정품 인증서'로 간주될 것이고, 현재의 유행이 신기술에 대한 지나친 환상에서 비롯됐다고 보고 있습니다.

미 경제지 포춘 출신의 디지털 전문가 매슈 잉그램은 자신의 트위터에 NTF를 스티브 잡스의 검은 터틀넥에 붙은 100달러라고 적힌 종이에 비유하며 "NFT는 영수증일 뿐이고 이것을 친구에게 줄 수는 있지만, 그렇다고 옷을 소유한 적이 있는 것은 아니다."라고 지적했습니다. 다시 말하면, NFT는 디지털 자산에 붙는 인증서 같은 개념일 뿐, 디지털 자산에 NFT를 붙이는 것만으로 실물 물건을 소유하는 것은 아니라는 겁니다.

NFT는 디지털 콘텐츠의 인터넷주소를 소유하고 있다는 증거도 아니며, 단지 블록체인이 이용됐다는 증거일 뿐이라고 일축했습니다.

저는 이 또한 시간이 해결해 줄 문제이고, 지금은 지구 진화론상의 생태계 공백기에 해당한다고 봅니다. 다양한 형태와 방식의 메타버스, NFT 기업들 중 시장선택으로 살아남는 기업 중심으로 진화할 것이라 생각합니다.

크래프터스페이스

크래프터스페이스는 NFT를 만들고, 전시할 수 있는 플랫폼입니다. 클레이(KLAY)라는 암호화폐로 거래를 할 수 있습니다. 가장 중요한 것은 크래스터스페이스에서 만든 NFT는 '오픈씨(Opensea)' 라는 글로벌 최대 NFT거래 플랫폼에서 사고팔 수 있다는 것입니다.

전반적으로 이름이 좀 어렵습니다. 글로벌시장을 노리고 만들어서였겠지만, 한두 번 들어서는 기억 하기 힘듭니다.

현재 크래프터스페이스에서는 하루 10개까지 무료 NFT를 발행할 수 있고, 별도의 수수료는 없습 니다.

NFT 용어

오픈씨(Opensea)

자유롭게 자신의 창작물을 올려서 판매가 가능하고 다른 사람의 NFT를 구 매할 수 있는 오픈씨는, 전 세계에서 가장 유명한 NFT 거래소입니다. 오픈 씨는 이더리움 플랫폼을 기반으로 하여 NFT를 발행해 주고 이것을 거래할 수 있습니다. 이는 이더리움이 강력한 NFT 기반 가상화폐로 거론되는 이유 중 하나입니다.

리스팅(Listing)

오픈씨 등의 플랫폼에서 판매를 하기 전에 등록을 하는 과정이 있는데, 이를 리스팅이라고 합니다. 오픈씨에서는 'Complete Listing'이라고 나옵니다.

크립토 네이티브(Crypto Native)

NFT 시장은 이른바 '크립토 네이티브'가 주도하고 있습니다. 블록체인 기반 가상화폐와 가상자산 시장에 일찍부터 관심을 두어 온 사람들을 말합니다.

주요 NFT 기업 창업자와 NFT 투자자는 대부분 이런 크립토 네이티브라고 보시면 되겠습니다. 주로 개발자 출신들이 많아서 일반인에게는 암호 같은 자신들만의 용어를 많이 사용합니다. 사실 NFT를 잘 이해하려면 크립토 네이티브의 용어를 알 필요가 있습니다.

다오(DAO)

처음 이 용어를 들었을 때 뭘 자꾸 달라는 줄 알고 소통이 한동안 힘들었던 적이 있습니다. NFT 업계에서 많이 쓰이는 용어로, 다오(DAO · Decentralized Autonomous Organization)는 탈중앙화 자율 조직이란 뜻입니다. 물리적인 건물, 법적인 법인이나 대표자 없이 블록체인 기반 '스마트 계약'으로 운영됩니다. 다오에서는 가상화폐 소유자의 민주적 투표를 통한 거버넌스가 가능합니다. 기업 내 조직의 일방적인 결정으로 움직이지 않고 개인의 색채를 드러낼 수 있다는 점에 힙합 · 갱스터적 색채가 드러납니다.

기존 자본 중심의 회사 시스템과는 달리 코인을 통해 네트워크의 의결권과 미래 가치 증가분을 조직 내 · 외부에 공유하겠다는 것이 탈중앙화에 기반한 다오의 기본철학입니다.

코인이 네트워크 의결권 역할도 하기때문에, 이해관계자들이 단순히 네트워크 성장에 따른 경제적 보상뿐만 아니라 네트워크를 변화시킬 수 있는 실질적 권리도 가지게 된 겁니다. 멤버십 같은 느낌도 있습니다.
쉽게 풀면, 십시일반 돈을 모아서 가치 있는 NFT 자산에 공동 투자하고 수익이 나면 공평하게 나누는 '계모임'에 가깝다고 할 수 있습니다.

NFT 시장엔 수백 개의 다오 조직이 활동해 항간에는 미래의 기업 형태가 모두 '다오'처럼 변할 것으로 보는 사람들도 많습니다.

미드 '스타트업'은 가상화폐(암호화폐, 코인) 네트워크의 시작과 성장을 입체적으로 보여줍니다. 스타트업은 블록체인 기반 가상화폐, NFT 세계를 이해하는 데 좋은 콘텐츠입니다.

드라마를 보면 미 재무부 장관 옐런이 한 '가상화폐가 검은 돈의 은닉 수단으로 쓰일 수 있다'는 발언이 어느 정도 맥락이 있음을 알 수 있고, 크립토 네이티브와 다오의 갱스터 색채가 왜 짙은지도 입체적으로 알 수 있습니다.

민팅(Minting)

민팅(Minting)은 이제 대부분 한 번쯤 들어본 용어일 것이라 생각합니다. '주조하다'라는 뜻의 영어단어 Mint에서 유래했고, 블록체인을 거쳐 데이터 정보 · 소유주 · 날짜 등이 기록되는 과정을 말합니다. 또한 신상 NFT를 초기 추첨하거나 선착순 구매하는 것도 민팅이라 지칭하기도 합니다.

에어드롭(Air Drop)

특정 코인 혹은 NFT 등을 소유한 대상자 · 이벤트 당첨자 등에게 코인이나 NFT를 지급하는 행위를 의미합니다. 무료 에어드롭이 사기일 수도 있고, 가치가 딱히 없을 수도 있지만 그래도 공짜는 누구나 좋아하죠.

가스비(Gas Pee)

블록체인 기반 가상자산 거래에는 수수료가 발생하는데, 그 수수료를 가스(Gas)라고 칭하고, 이 비용을 소위 '가스비'라고 합니다.

화이트리스트(WL, WhiteList)

특정 이벤트(가령 우선 구매 권리 등)에 참여할 수 있는 권한을 가진 사람들의 목록입니다. 화이트리스트에 들기 위해서 많은 사람들이 디스코드(메신저)에 초대하거나 하는 등의 행위를 하고 있습니다.

ICO(Initial Coin Offering)

기업공개, 즉 IPO와 같이 신규 암호화폐를 공개하고, 투자자들에게 사업 자금을 모금하는 것입니다.

스 캠

원래는 도박판에서 상대방을 속이는 행위를 의미하는데, 통상적으로 암호화폐 업계에서는 투자자들에게 거짓된 내용을 말하고 돈을 모집 후 잠수를 해버리는 행위를 말합니다.

러그 풀(Rug Pull)

갑자기 러그를 잡아당기면 위에 있던 테이블 및 물건은 다 나자빠집니다. 비슷한 모양새로 가상화폐 개발자가 투자 자금을 들고 날라버리는 것, 즉 곗돈을 들고 튀는 계주와 같은 모습을 말합니다.

플로어 프라이스(Floor Price)

바닥 가격, 즉 해당 NFT의 최저가를 의미합니다.

소셜 토큰

연예인, 아티스트, 스포츠 스타 등과 그들의 팬을 위한 독자적인 암호화폐와 경제 생태계를 조성하자는 움직임입니다.

에이프 인 · 실링

NFT는 크립토 네이티브가 커뮤니티를 조성하여 정보를 공유하고 시장 흐름을 주도하는 경향이 강합니다. 주로 디스코드에서 NFT 커뮤니티가 많이 활성화되어 있습니다. NFT 커뮤니티에선 '에이프 인(Ape In)', '실링(Shilling)'과 같은 은어도 많이 쓰입니다. 에이프 인은 NFT를 덜컥 사는 것을 말하며, 실링은 자신이 산 NFT를 뽐낸다는 뜻입니다.

참고로 NFT 커뮤니티에서 일거수일투족을 주목하는 유명 인사로는 저스틴 블라우, 비플, 메타코반 등이 있습니다. 블라우는 3LAU라는 예명으로 활동하는 음악가이고, 비플은 디지털 그림을 만드는 예술가입니다. 둘 다 시장 초기부터 자신의 작품을 적극 NFT화 하여 시장 발전에 기여했다는 평가를 받고 있습니다.

클라우드도 새로운 용어다

클라우드(Cloud) 역시 기술의 발전으로 인해 이미 존재했던 영역을 다른 용어로 재정의한 대표적인 사례입니다. 저는 클라우드가 수십 년 전 유행했던 '메인프레임'을 업그레이드해서 선보인 용어라고 생각합니다.

물론 '메인프레임'은 클라우드와 달리 아웃소싱 개념도, 스케일 업다운 개념도 없는 엄격한 회사 단위 시스템이지만, 다수의 사용자가 동시에 시스템 단말에 붙어 작업을 이뤄낼 수 있도록 설계되었다는 점에서 클라우드와 공통점이 있습니다.

메인프레임은 서버 컴퓨팅 용량의 한계와 PC의 급격한 사양 개선, 인터넷과 통신의 지속적인 발달로 클라이언트 서버 시스템으로 진화하게 됩니다. 기본적으로 자원 공유를 통한 분산 처리를 지향하여 서버 컴퓨팅의 한계를 극복하고, 여러 개인용 단말에서 클라이언트가 요구하는 서비스에 대한 신뢰도 있는 응답이 가능합니다.

이런 클라이언트 서버 시스템에서 서버라는 하드웨어(HW)와 관련 상용소프트웨어(SW)에 대한 대규모적인 아웃소싱 개념을 채택한 클라우드 시대가 도래했습니다. 보안 부분에 대한 리스크가 있으나 클라우드 서비스는 SaaS, PaaS, IaaS, RaaS*까지 전 분야에 걸친 서비스로서 일정 수준의 비용을 지불하더라도 구축에 높은 비용이 필요합니다. 그러나 회사의 IT 수요에 대한 해결책으로 각광받고 있습니다.

SaaS/PaaS/IaaS/RaaS

- SaaS(Software as a Service) : 소프트웨어를 언제 어디서든 웹을 통해 사용하는 것
- PaaS(Platform as a Service) : 소프트웨어 개발 툴을 웹을 통해 사용하는 것
- IaaS(Infra as a Service) : 서버·스토리지·보안장비 등 IT 인프라를 사용한 만큼 비용처리하는 것
- RaaS(Robot as a Service) : 로봇 운용 메커니즘과 일체의 장비를 빌려서 사용하는 것

세일즈포스 사례

세일즈포스는 1999년부터 CRM(고객관리시스템)을 SaaS 형태로 서비스해 왔습니다. 기업형 상용 소프트웨어를 스트리밍 구독 서비스처럼 서비스하기 시작한 것입니다. CRM이라는 영역에 특화되긴 했지만, 클라우드를 활용한 B2B 서비스임에는 틀림없습니다.

그 후 승승장구하여 지금은 포춘지가 선정한 유망한 기업 대부분이 세일즈포스의 고객관리시스템을 쓰고 있습니다.

클라우드 서비스를 하는 기업들은 자사의 필요에 의해 빅데이터의 처리와 분석을 위한 시스템으로써 클라우드를 도입했고, 쌓여가는 노하우를 타기업에 유료 서비스로 제공하기 시작했습니다.

빅테크 기업은 클라우드도 한다

아마존의 대부분 수익은 온라인 상거래보다 아마존 클라우드 서비스(AWS)에서 나온다는 것은 잘 알려진 사실입니다. 아마존은 넷플릭스, 애플을 고객으로 확보하고 있으며 전자 상거래와 콘텐츠 빅데이터를 급격하게 쌓아가고 있습니다.

MS 클라우드 서비스인 '애저(Azure)', '구글 클라우드(GCP Google Cloud Platform)', 그리고 '네이버 클라우드' 역시 마찬가지 요인으로 글로벌 클라우드 시장에 뛰어든 상태입니다.

어차피 빅데이터를 위해 돈을 주고서라도 데이터를 모아야 하는 판에, 클라우드 서비스를 통해 돈을 벌면서 빅데이터 처리를 서비스로 제공하는 것입니다. 물론 타 기업 데이터에 손을 대지는 않습니다만, 데이터 처리에 대한 클라우드 단에서의 노하우는 이 기업들이 독보적으로 앞서갈 수밖에 없습니다.

물론 기업별 중요한 시스템과 데이터는 자체 보유 서버를 활용한 클라우드 혹은 프라이빗 클라우드를 써서 보안을 강화합니다. 최근에는 2개 이상의 클라우드 서비스를 같이 이용하는 멀티 클라우드를 채택하는 경향이 있고, 물리적으로 아주 극단적으로 떨어져 있는 클라우드를 멀티로 채택하여 이중화 구조를 가지게 하기도 합니다.

메타버스 세계에서는 방대한 양의 데이터를 보유하고 처리할 수 있는 기업이 주도권을 쥘 가능성이 높습니다.

하드웨어인 클라우드(아마존·MS·구글·네이버)와 소프트웨어인 옴니버스(엔비디아), 3D 엔진(에픽게임즈·유니티 등)이 메타버스 서비스를 만들기 위한 기본 인프라가 될 것입니다.

덧붙여, 홀로그램 시대가 오면 '클라이언트 클라우드 시대'가 도래할 수도 있습니다. 디지털 세계에서는 확정하는 것이 의미가 없습니다. 오늘 옳았던 로직이 내일은 틀린 로직이 될 수 있습니다. 이런 면을 볼 때 유연한 사고가 중요하다는 것을 알 수 있습니다.

MS는 2014년 사티아 나델라 CEO 이후, 가장 극적이고 유연하게 바뀌고 있는 대표적인 기업입니다. 물론 빌 게이츠 특유의 '돌다리도 두들겨보고 건너는' 문화가 저변에 깔려있긴 하지만, MS는 이제 PC OS·SW 기업에서는 완전히 벗어나 있습니다.

언젠가부터 우리는 음악과 영상을 다운로드 하지 않습니다. 모두 스트리밍 구독 서비스를 이용하고 있고, 스트리밍 서비스는 당연히 클라우드 기반입니다. 5G 이상의 통신 발달과 클라우드 서비스의 확대로 이제 게임까지 스트리밍 구독 서비스를 본격화하고 있습니다. 그리고 이에 MS가 앞장서고 있습니다.

MS는 월정액 게임 구독 서비스인 '엑스박스 게임 패스'를 운영하고 있습니다. 클라우드의 고성능, 고용량 게임을 스마트폰에서도 실행이 가능하도록 서비스합니다.
여기에 블리자드를 인수하며 게임 IP를 대대적으로 확충했습니다. 클라우드 기반 게임 스트리밍 구독 서비스 시장에서 완전히 주도권을 잡은 것입니다. MS는 2016년 262억 달러(약 31조 2,200억 원)에 비즈니스 인맥 SNS '링크트인'도 인수했습니다.
이런 클라우드 기반 IP 스트리밍 서비스로의 전환은 2가지 지점에서 파급력이 있습니다.

첫째, 스트리밍 구독경제에 대한 저항이 거의 없어져서 관련 사업의 경제성이 탁월해졌습니다. 서비스 기업은 반복적이고 안정적인 현금흐름을 확보할 수 있고, 이는 해당 기업의 불확실성을 감소시켜 가치를 제고시킬 것입니다.

둘째, 다른 방식의 서비스에 비해 지적 재산권(IP) 보호가 쉽습니다. IP에 대한 인식 제고 및 침해로부터의 보호는 메타버스 전체 세계관에서 주요한 요인이므로 다음 장에서 다시 자세히 언급하겠습니다.

아무쪼록 MS는 아마존과는 결이 다른 빅데이터를 쌓아가고 있습니다. 이런 극적인 선택이 가능한 주요한 이유는 클라우드 서비스가 떡하니 버티고 있기 때문입니다.

하지만 클라우드는 5G 통신과 동시에 발전되지 않으면 의미가 없습니다. 그 예로, 자율주행차량을 한번 시뮬레이션하기 위해서는 테라바이트를 넘는 페타, 엑사바이트 크기의 데이터가 오가야 합니다. 저장 공간이 넉넉하다고 해도 네트워크의 원활함이 없으면 무용지물입니다.

5G와 XR 디바이스

한국의 이동통신 디바이스는, 부의 상징으로 여겨지던 1세대 아날로그(주로 모토로라)를 시작으로, 2세대 이동통신인 CDMA* 세계최초 상용화, 자동 해외로밍과 영상통화를 앞세운 3세대(3G), 음성보다 데이터의 송수신이 대세가 된 LTE로 요약되는 지금의 4세대(4G), 그리고 이제 막 걸음마 단계인 5세대(5G)까지 발전해왔습니다.

특히 한국은 세계최초로 2019년 4월 3일 밤 11시 **상용화***에 성공하면서 5G 이동통신이 본격 확산되고 있습니다.

  그렇다면, 5G 이동통신은 기존의 4G 이동통신과 무엇이 다를까요?
일단 데이터 송수신 속도가 빠릅니다. 5G가 4G보다 대략 20배 빠르고, 이론적으로 20Gbps까지 나올 수 있습니다.
사실 속도보다 더 중요한 5G 특징은 '**초저지연성***'입니다. 이러한 '초저지연성'이라는 특성 때문에 5G 이동통신이 가장 필요한(5G 이동통신의 활용성을 말할 때 빠지지 않는 것이) 부분이 '완전자율주행' 영역인 것입니다.

  초저지연성과 빠른 속도라는 특징 덕에 5G 이동통신을 통한 원격진료 및 수술, 가상현실 서비스, 자율주행 자동차 등도 대중화될 수 있는 것입니다. 통신사들의 5G 서비스 광고에 가상현실, 자율주행 자동차가 빈번하게 등장하는 이유가 여기에 있습니다.

  하지만 4G LTE 기반 서비스에서 '영상'이 킬러 콘텐츠로 자리잡고 부흥기를 거친 데 반해, 5G에서는 아직 변변한 킬러 콘텐츠가 없다는 것이 사실입니다. 또한 제대로 된 5G 통신 서비스를 받기 위한 인프라 확충도 **진행 중***인 상태입니다.

CDMA

CDMA는 '코드분할다중접속'이라고 표현하는데, 쉽게 말하자면 그냥 디지털 음성통화가 가능해진 정도입니다. 재미있는 것이 한국이 세계최초로 상용화에 성공한 CDMA는 미국 '퀄컴'사의 기술입니다. 사실 퀄컴은 그 이전까지 부도 직전이었습니다. 하지만 상용화 성공으로 막대한 로열티를 벌게 된 퀄컴은 기사회생하여 현재까지 이동통신 관련 칩셋의 강자로 남아있습니다.

2019년 4월 3일 밤 11시 상용화 선언 이유

왜 하필 밤 11시였을까요? 한국과 5G 상용화 최초 타이틀 경쟁을 하던 미국 이동통신 회사 '버라이즌'이 있었습니다. 미국 현지시간으로 4월 4일에 세계최초 5G 서비스 상용화를 선언할 예정이라는 첩보가 돌게 되면서 한국 정부와 이동통신 3사, 그리고 휴대전화 제조사인 삼성전자가 긴급회동을 한 끝에 버라이즌보다 먼저 5G 이동통신 전파를 송신하게 되었습니다. 그래서 SK텔레콤 광고 모델이었던 김연아 선수는 한밤중에 개통기념행사에 참여한 에피소드가 있습니다. 버라이즌은 한국 이동통신 3사의 꼼수라며 자신들이 1등이라 주장했었습니다.

초저(低)지연성

'지연성'이란, 우리가 음성통화, 데이터 등 이동통신을 사용할 때 기지국(전파와 전파를 중계해주는 통신장비가 모여있는 장치)과 기지국 사이, 혹은 기지국과 단말(실제 사용하는 휴대전화) 사이의 출발(통신 시작)부터 도착(통신 종료)까지의 모든 과정에서 데이터의 처리 지연이 일어나는 현상을 말합니다.

이는 어쩔 수 없는 현상으로, 5G 이동통신의 지연시간은 기존 4G 이동통신 대비 20분의 1수준으로 낮아집니다. 우리가 인지하지 못할 만큼의 짧은 지연이라 느끼지 못할 뿐, 지연이 없는 무(無)지연 통신은 '무선통신'이라는 환경에서는 거의 불가능합니다.

이런 초저지연성은 브레인리스 로봇, 자율주행 차량 즉 빅데이터를 클라우드에서 유무선 인터넷을 통해 처리해야 하는 모든 분야에서 주요한 고려 요인이 됩니다. 특히 자율주행은 차량과 클라우드, 차량과 차량이 서로 직접 통신(기지국이나 클라우드를 거치지 않고 주변 도로의 상황, 전후방의 사고 유무 등을 자동차가 직접 주고받음)하며 더욱더 완벽해지게 됩니다. 완전 자율주행을 위한 차량과 클라우드, 차량과 차량 간의 통신에서 지연시간의 증가는 치명적입니다. 데이터 송수신 및 처리가 지연되어 브레이킹 타이밍 등을 놓치게 되면 커다란 사고로 이어지기 때문입니다.

5G 인프라 확충 진행

2021년 12월 한국의 5G 다운로드 속도는 492.48mbps를 기록하며 2위인 노르웨이 (426.75mbps)를 압도했습니다. 하지만 아직 많은 사람들은 5G 기기와 요금제를 내고도 LTE를 사용하고 있는 실정입니다. 5G 통신 품질 저하 문제 등이 주원인으로 꼽히고 있습니다. 5G 사용 시 새 갤럭시 노트 20의 배터리가 지나치게 빨리 닳고 인터넷 속도는 느려서 고장난 폰을 받은 건가 했는데, LTE 우선 모드를 켜니 문제가 해결되더라는 의견이 많은 상황입니다.

SK텔레콤이나 KT의 경우 5G 이동통신의 투자비용은 큰데 투자비용의 회수를 촉진시킬 수 있는 5G 이동통신에서의 킬러 콘텐츠(서비스)가 잘 보이지 않습니다. 그래서 최근 이동통신사들은 IPTV 나 유선 인터넷 같은 유선사업에 더 집중하고 있습니다.

XR 디바이스와 콘텐츠

2021년 베가북스에서 출간된 권기대의 「최신경제용어해설」에 따르면, 5G 통신 킬러 콘텐츠 중 가장 가능성 있는 것이 메타버스로 통칭되는 확장현실 (XR)이라고 합니다. 즉, 5G 시대의 킬러 콘텐츠로 간주되는 VR, AR을 모두 아우르는 것이 확장현실(XR)입니다.

확장현실(XR) = 가상현실(VR) + 증강현실(AR)

우선 VR은 360도 영상을 바탕으로, 현실과는 완전히 다른 세계를 경험할 수 있게 만드는 기술입니다. AR은 실제 사물 위에 디지털 기술을 활용해 추가 정보와 연관 콘텐츠를 표시하는 기술입니다. 앞장에서 언급한 것과 비슷하게, '헛것이 보이면' AR, '헛것만 보이면' VR입니다.

지금의 단계에서 가상현실을 경험하려면 눈 전체를 가리는 헤드셋 타입의 디바이스가 필요한 반면, 증강현실은 스마트폰만으로도 구현이 가능합니다. 한때 붐을 일으켰던 포켓몬 고 게임을 생각하시면 이해가 쉬울 것입니다. 글로벌 컨설팅회사 PwC(프라이스 워터하우스 쿠퍼즈)는 전 세계 XR 시장이 현재의 1,485달러에서 2,030년 1조 5,429달러 규모로 성장할 것으로 예측하고 있습니다.

확장현실은 VR과 AR 기술을 따로따로 사용하거나 섞어서 활용하는 등, 자유롭게 선택해 이용함으로써 그야말로 '확장된 현실'을 창조할 수 있는 기술입니다.

아직까지는 XR 디바이스, 즉 스마트폰처럼 사용자와 직접 상호작용하는 프런트 엔드(Front End) 기기가 출시되지 않은 상황입니다. 확장현실 기술의 실현을 위해서는 고도의 그래픽 처리 기술뿐 아니라, 데이터 전송에서의 초저지연성과 빠른 속도를 보장하는 5G 이동통신 기술이 더욱 중요하게 대두될 것입니다.

5G 업계에서는 2020년 9월에 LG유플러스가 초대 의장직을 맡으면서 출범한, '확장현실 동맹'이라는 세계최초의 5G 콘텐츠 연합체가 있습니다. 당시엔 반도체회사, 이동통신사 Bell Canada(벨 캐나다), 일본 민간통신사 KDDI, 중국의 차이나 텔레콤 등으로 시작했으며, 이후 미국, 프랑스, 대만의 이동통신사들이 합류하면서 영향력을 키우고 있습니다. 이 동맹은 국제 우주정거장을 배경으로 한 XR 프로젝트를 마쳤고, 실제 그 공간의 모습을 생생하고 짜릿하게 체험할 수 있는 후속 에피소드 콘텐츠도 만들고 있습니다.

홀로그램이 XR 디바이스의 끝판왕이다

메타버스 XR 디바이스 끝판왕은 홀로그램으로 귀결되지 않을까 싶습니다. 당분간은 빨라진 5G 통신망을 기반으로, 글래스 착용 후 증강현실을 자연스럽게 구현하는 데 초점을 맞출 것입니다.

미국 스탠퍼드대 고든 웨츠슈타인 컴퓨터공학과 연구진은 홀로그램 기술을 상용화하는 데 가장 근접해 있는 것으로 평가받고 있습니다.
이들은 정적인 이미지의 홀로그램을 머신러닝을 통해 수천 개의 이미지를 반복인식하여 동적인 콘텐츠로 바꾸는 작업에 초점을 두고 있습니다.

사실 저는 XR 디바이스인 '글래스'와 'HMD' 등은 홀로그램 디바이스의 과도기적 모델이라는 생각입니다. 스마트폰 이전 삐삐, PCS, 피처폰 등은 스마트폰을 탄생시키기 위한 빌드업 단계의 디바이스였듯, 이는 XR 디바이스에도 똑같이 적용할 수 있다는 겁니다.

아시다시피 홀로그램은 레이저와 디스플레이를 활용해 사물을 3D 형태로 보여주는 기술입니다. 메타버스 세상의 진입 관문인 XR 디바이스가 홀로그램이라면 몰입도를 획기적으로 높여, 현실과 가상에서의 경험을 구분하는 것이 무의미해지는 순간이 올 것입니다.
영화 속에서만 보던, 작은 장치를 통한 입체 영상 홀로그램이 등장할 날도 그리 멀지는 않습니다.

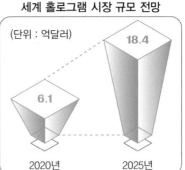

세계 홀로그램 시장 규모 전망

(단위 : 억달러)

18.4

6.1

2020년　　　2025년

자료 : BIS 리서치

출처·한국경제

영화 킹스맨에 나온 홀로그램 회의 예시

　글래스 착용을 통해 홀로그램 글로벌 회의가 진행되는 장면은 영화 '킹스맨'에서 잘 보여주고 있습니다. 특히 MS와 메타는 이런 스마트폰 단말을 뛰어넘는 새로운 XR 디바이스를 차근차근 개발, 상용화, 재투자 순으로 진행하고 있습니다.

이 과정에서 양사 간 전문인력을 뺏고 뺏기는 웃지 못할 상황도 발생합니다.

영화 '아이언맨' 시리즈에서 인공지능 자비스가 띄워주는 홀로그램 화면이 최종 완성된 홀로그램 형태라고 할 수 있습니다.

RaaS 서비스까지

　네이버는 제2사옥에 로봇, 클라우드, 5G를 믹스하여 거대한 메타버스 테스트 환경을 조성하고 있습니다.

2021년 12월, 과학기술정보통신부는 향후 5G 통신과 클라우드를 활용한 브레인리스 로봇 서비스 등을 고려해 네이버 클라우드가 신청한 5G 특화망 전체 대역폭을 할당했습니다.

네이버는 한국 최초 5G 이동통신 특화망 기업으로, 통신사가 아니더라도 5G 서비스를 원하는 사업자가 자사 특성에 맞게 상대적으로 저렴하게 직접 구축할 수 있습니다.

앞서 언급한 초고속·초저지연성 5G 통신을 이용하지 않으면, 브레인리스 자율주행 로봇과 클라우드를 연결하여 제어할 수가 없습니다.
네이버는 메타버스 생태계의 대부분 영역에서 시범 사업을 시행하고 있고, 몇몇 특화된 영역에서 엔비디아와 비슷한 포지셔닝을 할 것으로 보고 있습니다.

KT커머스는 2021년 12월 과기부 주관 700여 개 기업과 기관이 참여하는 메타버스 얼라이언스에 합류했습니다. 디지털 트윈 영역의 메타버스 전자상거래 플랫폼을 구현할 계획입니다.
실제 대형 빌딩, 쇼핑센터 등의 가상공간에 구현하고, 다른 가상 매장들과 연결하는 식으로 향후 공연, 교육, 전시 등 콘텐츠도 추가할 수 있습니다.

저는, 메타버스 영역 중 디지털 트윈(거울 세계) 영역에서 새로운 비즈니스가 다양하게 생겨날 것을 확신하고 있습니다. 새 제품이나 서비스를 내놓기 전에 메타버스 디지털 트윈 세계에서 빠르고 편리하게 프로토타입(모의실험)을 행할 수 있습니다. 실제 세계에서 만들어지고 난 후 수정이 불가능한 영역에서는, 더더욱 디지털 트윈 프로토타입을 선호하게 될 것입니다.

사실 디지털 트윈의 핵심은 온라인 디지털 세계에서의 주도적인 위치가 아닌, 쿠팡의 물류 유통과 같은 오프라인 세계에서의 주도적인 위치로 판가름 날 것입니다.

빌딩 같은 오피스 집합건물에서는 주택과 상가, 그리고 호텔에서 일어나는 모든 서비스 수요를 커버해야 합니다. 빌딩 같은 총체적인 최고 난이도의 서비스 수요를 만족시킨다면 주택·상가·호텔 등 빌딩보다는 다소 난이도가 떨어지는 서비스 수요에는 쉽게 대응이 가능합니다.

로봇을 구독경제 방식으로 서비스할 수도 있을 것입니다.

반도체(AI 반도체와 삼성전자)

2022년 여전히 반도체는 세계적으로 공급이 부족한 가운데 5세대(5G) 이동통신과 전기차, AI 등의 분야에서 반도체 수요가 확대될 가능성은 더욱 높아졌습니다.

특히 메모리에 직접 AI 연산장치를 이식하는 AI 반도체가 화두로 떠오르고 있습니다. AI 반도체는 저장 역할만 하던 메모리에 연산 기능을 할 수 있도록 개선하여 대규모 병렬 처리가 가능하도록 한 방식이고, AI 서비스 구현에 필요한 고성능·저전력 반도체입니다.

기존 AI컴퓨터는 대부분 CPU와 GPU를 조합해 구성합니다. 2016년 이세돌 9단과 대결을 펼친 구글의 AI컴퓨터인 '알파고'는 1,920개의 CPU와 280개의 GPU로 구성되었다고 합니다.

AI는 인지 알고리즘, 즉 인간의 두뇌가 작동하는 방식을 시뮬레이션하기 위해 인간의 사고 과정을 복제해야 하고, 학습 및 추론해야 합니다.

AI 반도체가 이를 원활하게 해줄 것입니다. 반도체는 향후 모바일, 가전 등을 넘어 4차 산업혁명 핵심 분야인 디지털 헬스케어, 자율주행차, 스마트시티, 스마트팩토리의 핵심 부품입니다.

이런 이유로 반도체 기업부터 IBM을 비롯해 구글, 아마존, 테슬라 등 비(非) 반도체 글로벌 기업까지 AI 반도체 기술 경쟁에 뛰어들게 된 것입니다.

2021년 4월 바이든이 주최한 **반도체 CEO 서밋***에 모인 기업의 면면에서 반도체의 영향력이 여실히 드러납니다. 반도체 기업뿐 아니라 자율주행차, 의료, 방산업체까지 참여했었습니다.

지난 수십 년간 반도체업계를 일부 회사가 지배했지만, 현재 IBM을 비롯해 애플, 구글, 아마존 등이 맞춤형 AI 반도체 시장에 뛰어들면서 반도체의 르네상스 시대를 맞이하고 있습니다.

2022년 현재 최신형 스마트폰의 AP, 최신형 비디오카드의 메인 칩셋, 구글이 자체 개발한 시스템반도체 등 신형 최고 성능이라고 말할 수 있는 시스템 반도체는 모두 **4~5 나노미터 공정***으로 생산됩니다. 그렇지 않으면 그 성능을 낼 수가 없고, 반도체 판매를 위한 대량생산인 양산은 또 다른 문제입니다.

한편, IBM은 인간의 뇌신경 구조와 기능을 모방해 만든 뉴로모픽 반도체 분야에서 가장 앞선 기업입니다.

삼성전자뿐 아니라 ASML, 도쿄일렉트론, 어플라이드머티리얼스 등 세계적 장비회사도 **올바니연구소***에서 IBM과 공동 연구를 진행중이었습니다.

그 결과로 2021년 12월 15일 IBM과 삼성전자는 수직 트랜지스터 아키텍처를 활용한 신규 반도체 디자인(VTFET)을 전 세계에 공개했습니다.

VTFET*는 '고성능 · 저전력'이 필요한 AI 반도체 제조에 최적화된 핵심 기술로 기존 디자인 **핀펫***의 2배 성능을 보여줍니다.

AI 반도체는 성장 초기 단계로 지배적 사업자는 아직까지 없습니다. 인텔, AMD 등 반도체 기업과 IBM, 구글, 애플 등 빅테크 기업이 경쟁하는 구도입니다. 샤오미, 알리바바 등 중국 기업도 AI 반도체 개발을 진행 중입니다.

사실 글로벌 기업들은 2010년대 중반부터 본격적으로 4차 산업혁명 시대 핵심기술인 인공지능(AI) 반도체 개발을 진행해왔습니다. 사물인터넷(IoT), 클라우드, 디지털 헬스케어, 스마트팩토리 등 산업 전 분야에 걸쳐 AI 반도체가 핵심적인 역할을 할 것이기 때문입니다.
시스템 반도체 위주의 AI 반도체 개발에 주력하는 구글, 페이스북, 테슬라 등 글로벌 기업들과 달리 메모리 반도체 1, 2위 업체인 삼성전자와 SK하이닉스는 메모리 분야의 강점을 살린 기술 개발에 주력하고 있습니다.

2021년 3분기 매출 기준, 삼성전자는 세계 D램(휘발성 메모리) 시장에서 점유율 44%를 기록했고 낸드플래시 시장(비휘발성 메모리)에서는 점유율 34.5%를 기록했습니다. 게다가 AI 반도체 영역에서 또 한 번 초격차를 만들어내는 연구를 지속하고 있습니다.

삼성전자는 2021년 2월 세계최초로 기존 메모리 반도체에 AI프로세서를 탑재하는 방식으로 AI 엔진을 탑재한 지능형 반도체를 개발했습니다.
이 반도체는 메모리 안에 연산 기능을 하는 프로세서가 들어 있다고 해서 'PIM(Processing In Memory)*'으로 불립니다.

메모리 내부에서 CPU의 일부 연산 처리가 가능하도록 만들었기 때문에 데이터 처리 속도가 빠르고, CPU와 메모리 간 데이터 이동이 줄어들어 에너지 효율도 높습니다.

메모리 반도체 분야의 강자인 한국의 삼성전자와 SK하이닉스 양사가 주도적인 역할을 할 수 있을 것으로 기대합니다.

주관적인 SSUL

바이든의 반도체 CEO 서밋

2021년 4월 12일, 미국 바이든 행정부가 주최하는 '반도체 CEO 서밋'이 열렸습니다. 삼성전자에서는 최시영 사장이 대표자의 자격으로 참석을 했습니다. 삼성전자(메모리 반도체 점유율 세계 1위), 미국의 사실상 유일한 메모리 반도체 생산 업체인 마이크론, 인텔(파운드리 사업 재개 선언, 이미 파운드리 사업에 도전했다 철수), TSMC(파운드리 사업의 최강자), 글로벌 파운드리(현재는 아부다비 왕가 소유지만 미국 기업 AMD의 전담 파운드리로서 AMD에서 일부 사업부가 분사되어 설립된 기업), 구글의 지주사인 알파벳, 통신회사인 AT&T, 자동차 엔진 업체인 커민스, 자동차 부품회사인 피스톤, 미국의 주요 완성차 생산업체인 포드와 제너럴모터스, 자동차용 반도체 분야의 선두권 업체인 NXP, 매년 전 세계 기준 컴퓨터 판매 순위 5위권을 놓치지 않는 컴퓨터 업체 델(DELL)과 휴렛팩커드(HP), 의료기기 업체 PACCAR, 방위산업 회사인 노스럽 그러먼 정도가 '반도체 CEO 서밋'에 참석한 기업입니다.

뭔가 느낌이 오시나요? 메모리 반도체와 시스템 반도체, 그리고 차량용 반도체를 생산할 수 있는 업체와 메모리 반도체와 시스템 반도체, 그리고 차량용 반도체를 필요로 하는 업체들을 모두 부른 겁니다. 그것도 전 세계적으로 인정받으며 많이 생산하고 많이 소비하는 업체들만을 말이지요.

그런데, SK하이닉스는 왜 부르지 않았을까요?

SK하이닉스는 삼성전자가 아닌 마이크론과 직접적인 경쟁 대상이고, 제품 포트폴리오가 유사하기 때문이라고 판단합니다. 메모리 반도체는 마이크론이 삼성전자와 대등, 혹은 삼성전자를 능가할 수준이 될 때까지는 반복해서 삼성전자의 손을 빌릴 수밖에 없다는 것을 바이든 행정부도 안 겁니다.

그런데 사실 마이크론은 SK하이닉스도 따라잡기 쉽지 않습니다. 정말 마이크론으로 삼성전자를 따라잡고 싶었다면 SK하이닉스를 불렀어야 합니다. 투자 규모가 천문학적이고 승자독식 구조인 메모리 반도체 사업에서 1등과의 차이가 벌어지지 않고 3등과의 차이는 점점 더 벌리며 2등 자리를 20년 이상 유지하는 것도 아무나 할 수 있는 일이 아닙니다.

왜 방법론이 메타버스 기반인가

마지막으로 메타버스를 지향하는 기업뿐 아니라 대부분의 테크기업, 스타트업들이 차용하는 방법론을 짚고 넘어가겠습니다. 이미 10여 년 전부터 등장하여 맥킨지가 글로벌하게 프레임워크도 구축한 '**애자일 방법론***'입니다.

'기술기반 얘기를 하면서 쌩뚱맞게 방법론은 왜?'라는 생각이 드실 겁니다. 그러나 기술 자체는 아무리 발전하더라도 홀로 덩그러니 놓인 구슬에 지나지 않습니다. 이를 꿰어서 보배로 만드는 작업은 사람이 모인 팀에서 해야 합니다. 팀 인원이 5명이 넘어가는 순간, 이심전심의 소통으로는 한계가 있습니다. 비전을 공유하며 공통의 용어로 빠르고 정확한 소통이 필요하고, 이를 가이드해 주는 것이 바로 방법론입니다. 이런 뚜렷한 조직문화가 있는 기업이 혁신에서 앞설 수밖에 없습니다.

베조스, 머스크도 방법론을 차용한다

미국 빅테크 기업들의 조직 매지니먼트의 근간도 바로 애자일 방법론입니다. 아마존은 '플라이휠'이라는 베조스 특유의 방법론으로 신규 프로젝트를 론칭한다고 밝히고 있지만, 기본적인 뼈대는 같습니다.

프로젝트팀을 매트릭스 조직으로 구성하고, 먼저 빠르게 프로토타입을 만들어본 후 취약점에 대해서 개선한다는 원리입니다. 그리고 이 방법을 어느 정도 완성도를 보일 때까지 나선형으로 지속하는 방식입니다.

사실 일론 머스크의 테슬라 역시 약간 미숙한 부분이 있더라도 프로토타입을 선보인 후 이를 지속적으로 개선한 모델을 내놓는 방법을 차용했다고 볼 수 있습니다.

아마존, 구글, 메타, 마이크로소프트 등 미국 빅테크 기업들 역시 최근 조직 관리 화두는 애자일 방법론(조직)과 커리어 비전입니다.

커리어 비전은 실리콘밸리의 인재 쟁탈전이 치열해지면서 생긴 개념입니다. 인재의 입사 후 일정 시간이 지나면 어떤 역량을 갖출 수 있는지를 선제적으로 제시하는 방법을 말합니다. 빅테크 기업보다 많은 연봉을 주기 힘든 스타트업 기업들이 확실한 커리어 비전을 제시하여 우수한 인재를 확보하는 방법입니다.

방법론은 개인이 투자를 하는 데서도 활용될 수 있음을 마지막 6장에서 좀 더 자세히 언급하겠습니다.

애자일 방법론 프로토타입

소프트웨어 개발방법론의 하나로 현실구현에 가장 적합하다고 판단하고 있는 방법론입니다. 디자인 씽킹에서 프로토타입이 나오는 기법은 주로 애자일 방법론을 차용합니다.

최근 많은 기업들이 애자일 방법론을 조직 관리의 근간으로 삼고 있습니다.

애자일 방법론은 먼저 프로토타입(시제품, 프로세스의 샘플링)을 만들고(실행하고), 일정한 속도로 끊임없이 개선하는 방식을 말합니다.

나선형으로 진화하고, 어떤 레벨 이상에서 멈추는 것이 아니라 한 프로젝트의 결과물이 글로벌 표준이 될 때까지 혹은 무한하게 고도화, 구체화, 정교화하는 형태입니다.

아마존의 베조스가 냅킨에 그린 플라이휠을 자사 프로젝트 방법론의 근간으로 삼고 있는 것을 자세히 뜯어보면 애자일 방법론 프로토타입과 다를 바 없습니다.

그리고 대부분의 스타트업이 프로토타입을 개선하는 애자일 방법론을 차용하여 프로젝트를 진행하고 있습니다.

4장

메타버스와 경제

메타버스가 돈이 된다고?

메타버스 경제와 화폐의 연결

디지털화폐로의 전환

앞장에서 메타버스 디지털 트윈은 가장 경제성이 큰 영역이 될 것이라 말씀드렸습니다. 그렇다면, 가상세계와 현실세계를 이어주는 강력한 매개가 되는 게 무엇일까요? 바로 '라이더(배달)'와 '가상화폐'입니다.

그런 측면에서 주요하게 대두되고 있는 산업군 중 하나가 온·오프라인을 연결시켜 주는 배달 관련 물류 기업들입니다. 이 기업들 자체가 온·오프라인 세계를 이어주는 커넥터가 됩니다.

심지어 미국에는 10분 내외 배송까지 내건 스타트업들이 생기고 있고, 쿠팡은 라이더 기본소득 도입을 검토 중입니다.

그리고 또 하나 주요하게 대두되고 있는 산업 영역이 블록체인 기반 가상화폐입니다. 사실 이미 디지털현금(신용카드 등)을 모두 사용하고 있는 상황이지만, 더욱 언택트 지향 시대에 맞는 결제방식으로 변화할 것입니다.

대략 현금 → 신용카드 → 페이시장 → 디지털화폐(CBDC, 탈중앙 가상화폐) 순으로 변화하지 않을까 싶습니다.

이렇게 메타버스는 기존 화폐의 형태 전환이라는 측면에서도 드라마틱한 변화를 예고하고 있습니다. 현재는 게임과 NFT 거래에 해당하는 가상화폐를 지엽적으로 유통하는 데 그치고 있지만, 각국 중앙은행이 시도하고 있는 **디지털화폐(CBDC)*** 전환과도 연결될 수밖에 없습니다.

▲ 신용카드와 페이

중앙은행 디지털화폐(CBDC)

전세계 중앙은행들은 코로나 19를 기점으로 자국 통화의 디지털화폐 전환을 서두르고 있습니다. 특히 중국은 이미 상해 등지에서 프로토타입을 실행하고 2022년 중국 전역으로 중앙은행 디지털화폐(CBDC)를 확대 적용하겠다는 계획입니다.

한국 상황을 한번 짚고 가겠습니다. 한국의 원화는 위안화와 많이 동조되어 있습니다. 다만 최근 중국의 위안화는 중국 정부의 고시대로, 위안화 강세로 가는데 한국은 시장 환율제를 차용하여 변동폭이 위안화보다 큰 상황입니다.

고래 싸움에 새우 등 터진다는 속담이 꼭 들어맞을 수 있습니다. 환율 안정, 특히 외환위기 리스크를 헷지하는 측면에서 한국은 미국이 금리 인상을 하기 전에 선제적으로 금리인상을 하고 있습니다. 통화스와프 역시 중요합니다.

최악의 상황, 즉 버블붕괴 대비를 위해 지속적인 대출 제한도 필요합니다. 금융기관이라도 살려야 하니까요.

이런데도 불구하고, 자산가격 상승과 물가상승이 지속되어 인플레이션 및 버블이 쌓인다면 외환 리스크 역시 점점 높아질 것입니다.

이런 한국 상황에 대한 해결책으로 가장 강력한 수단 중 하나가 디지털화폐(CBDC) 개혁일 수 있습니다. 중국의 디지털화폐(CBDC) 전환과 다르게 한국은 리디노미네이션이 포함되는 디지털화폐 개혁까지 해야 할 것입니다.

민간 가상화폐 상황을 살펴보면 먼저, 투자대상으로 비트코인의 위상은 나날이 높아지고 있습니다. 인간지표인 머스크뿐 아니라 트위터 대표 역시 비트코인의 전망을 밝게 보고 있습니다.

저는 교환 매개로서의 가상화폐가 온라인 쇼핑에서 사용되기만 한다면 그 진가가 나온다는 입장입니다. 여기서는 민간 가상화폐를 투자대상이 아닌 교환 매개 역할에 초점을 맞춰 얘기해 보겠습니다.

여기 민간 가상화폐의 2가지 사례가 있습니다.

하나는 페이스북이 오래전에 시도했던 리브라 로드맵, 즉 가상화폐 생태계를 만들어 각국 중앙은행보다 높은 위상을 가지려 했던 사례입니다. 그러나 연준이 바로 드랍시켜서 지금은 로드맵이 지지부진한 상황입니다.

또 한 가지는 바로 알리페이와 위챗페이의 사례입니다. 중국의 대부분 상거래에 페이가 지불수단으로 사용되고 있는 상황에서, 갑자기 중국정부가 알리페이의 앤트그룹을 금융지주사로 만들며 중국정부의 지분을 늘려 거의 공기업화해버립니다.

사실 중국정부는 민간이 활성화시킨 가상화폐 즉 페이시장을 장악하고, 데이터를 바탕으로 중앙은행의 디지털화폐(CBDC) 전환을 전격적으로 실시할 계획인 듯합니다.

2가지 민간 가상화폐 모두 중앙은행, 이른바 기득권의 반발을 넘지 못했습니다. 그런데 최근에 전혀 새로운 접근을 보게 되었습니다. 메타버스(가상현실)의 대표적 기업인 로블록스 내에서 쓰이는 가상화폐 '로벅스'입니다. 로벅스는 현실 화폐와 적정 환율로 환전이 가능하다는 엄청난 힘을 갖고 있고, 이에 대해 아직 어떠한 반발도 없는 상황입니다.

이쯤에서 한국 상황을 한번 보겠습니다. 아시는 분들은 아시겠지만 네이버, 카카오, 쿠팡 역시 가상화폐 혹은 페이 지불수단을 론칭했거나 론칭을 계획하고 있습니다.

하지만 해당 기업들은 가상화폐 이전에 페이 지불수단을 먼저 확대하고 있습니다. 네이버와 카카오 페이의 소액 후불 결제 기능 확대는 카드의 소멸과

페이시장 활성화를 가져올 것이고, 이는 디지털 화폐개혁과 가상화폐 본격 도입을 위한 과도기를 만들 것입니다.

'페이시장을 잡는 자가 커머스와 금융을 잡는다' 혹은 '네이버 페이로 대한 항공 비행기표를 산다' 등의 뉴스기사들이 눈에 띕니다.
페이 사용실태를 보며 언젠가 반드시 구현될 디지털화폐를 보완해 나가야 할 것이고, 더욱 중요한 것은 돈을 사용하는 데이터의 축적입니다.

후불페이 시행에 있어 핵심적인 사항은, 필수적인 개인 신용 평가의 경우 '네이버와 카카오 등이 보유한 비금융 데이터를 바탕으로 자체 평가'에 맡기겠다는 것입니다.
이는 기존 금융권의 신용평가 시스템이 못 잡아내는 방대한 데이터가 네이버와 카카오, 쿠팡에 있다는 반증입니다.

디지털 화폐개혁을 위한 사전작업으로 한국 역시 중국처럼 페이시장을 활성화할 가능성이 매우 크다는 판단입니다. 하지만 민간 페이시장의 끝은 중국과 같은 길을 걷지 않을까 싶습니다.
물론 중국처럼 인위적이고 강제적인 국유화가 아니라, 정부의 디지털화폐 전환에 맞추어 서서히 사라지는 모양새가 되면서, 민간 페이시장은 서서히 민간 가상화폐로 넘어갈 것이라는 생각입니다.

페이시장은 아직 과도기적이며, 이후 정부의 디지털화폐로 지불수단이 일원화될 무렵 네이버·카카오·쿠팡은 민간 가상화폐의 유통을 늘려가지 않을까 합니다.

이후 각국 중앙은행의 디지털화폐(CBDC)와 민간의 가상화폐가 각각 역할을 분담하면서 공존하게 되는 것이 디지털화, 가상화폐(통화)의 종착역이라고 생각합니다.

각각의 역할을 추론해 보자면, 정부 디지털화폐(CBDC) 전환은 인프라 사업으로 국가재정이 투입되고, 투명성이 보장되며, 자금추적이 가능한 공식 통화로 자리매김할 것입니다.

민간 가상화폐는 탈중앙화로 익명성이 보장됩니다. 따라서 중앙은행 디지털 화폐와는 다른 용도로 쓰일 여지가 크고, 타 국가에서도 환전의 번거로움 없이 간단하게 사용이 가능합니다. 때문에 양성화될 수 없는 검은 돈의 은닉이 가능하지만, 익명성이 보장되며, 투자대상으로서 역할도 할 것이라 생각합니다.

익명성과 거래의 초간단성으로 인해 민간 가상화폐의 글로벌 활용이 앞당겨질 것입니다.

디지털화폐개혁과 리디노미네이션

한국은행은 2021년 7월경 디지털화폐와 10만 원권 도입 찬반과 그에 따른 사용빈도, 용도, 리디노미네이션 등의 설문조사를 실시했습니다.

리디노미네이션이란 화폐개혁을 말하는 것으로, 예로 들면 1,000원을 같은 가치의 1원이나 1환 등의 화폐단위로 변경하는 것입니다. 사실 리디노미네이션은 2019년부터 국회에서 논의되기 시작했으나, 별다른 명분이 없어 흐지부지되었습니다.

그러나 코로나 19 팬데믹 상황에 너무나 친숙해진 가상화폐, 비대면 페이시장 등으로 디지털화폐개혁에 대한 거부감이 아주 낮은 시기가 도래했습니다.

그리고 2021년 8월 한국은행은 49억 예산으로 디지털화폐 실험 사업에 카카오 블록체인 계열사인 그라운드X 컨소시엄(그라운드X, 삼성전자, 카카오뱅크, 카카오페이, 삼성SDS 자회사 에스코어)을 선정하였고, 삼성도 여기에 참여했습니다.

삼성은 갤럭시에 CBDC를 담아서 인터넷에 연결되지 않은 상태에서도 사용이 가능한지 여부를 실험할 것으로 알려졌습니다. 이 실험은 2022년 6월까지 프로토타입이 진행될 예정입니다.

조폐공사의 블록체인 기반 KOMSCO 신뢰플랫폼 역시 공공분야에서 안전한 지불수단을 발급하는 사업이고, 2021년 말 모바일 발급 등 시범 서비스를 시작하고 있습니다.

조폐공사는 실물 화폐뿐 아니라 블록체인 기반 디지털 지불수단으로 사업 확대에 나서고 있습니다.

신한은행은 한국은행이 CBDC를 발행할 경우 디지털화폐의 원활한 유통과 사용을 위한 중개기관이 필요할 것에 대비해 디지털화폐 플랫폼을 시범 구축 및 테스트하고 있습니다.

미국 제롬 파월 연준 의장은 미국의 CBDC(중앙은행 디지털화폐)에 대한 진행 여부와 방법을 결정하기에 앞서 이 중요한 문제에 대한 다양한 의견을 들어 참고할 방침이라고 밝혔고, 국제표준(글로벌 스탠다드)의 구축이라는 측면에서 미국 당국이 주도적인 역할을 담당하겠다는 의지를 표명했습니다.

CBDC(중앙은행 디지털화폐)를 둘러싸고 중국 인민은행을 비롯한 각국 중앙은행이 연구를 진행하고 있으며, 표준화에 있어 미국은 오히려 중국에 뒤처지고 있습니다.

중국은 미국의 환율조작국 지정 압박으로 어쩔 수 없이 위안화 강세를 선택했을 가능성이 높습니다. 이로 인해 지속적으로 미국채를 사들였고, 이는 오일달러 가치를 유지하게 만든 일등공신이 되었습니다.

그 과정에서 비대칭적으로 미국에만 이득이 되는 화폐 메커니즘을 적나라하게 알게 된 것입니다.

때문에 중국에도 이득을 가져다줄 방법을 찾다가, 위안화 화폐가치 상승(위안화 강세, 위안화 가치절상)과 선도적인 중앙은행 디지털화폐(CBDC) 전환의 콜라보를 통해 모종의 계획을 진행하고 있는 듯합니다.

바로 미국채 비중을 서서히 줄여 미국이 요구하는 약달러로 가면서, 상대적으로 상승하는 위안화 가치를 통해 동아시아 지역의 기축통화를 노리며, 중앙은행 디지털화폐(CBDC) 전환을 통해 위안화 강세 추세에 합류한 해외자본을 감시하는 전략입니다.

이를 통해 위안화 약세 전환 때, 천문학적인 투자수익 '먹튀'를 할 수 없도록 하는 전략을 만든 듯합니다.

미국의 경우 리디노미네이션까지는 모르겠지만, 디지털 화폐전환은 글로벌 이슈가 분명합니다. 특히나 민간 가상화폐와 메타버스, 핀테크 플랫폼 대두 등의 요인들이 이리 물리고 저리 물리면서 더욱 치열한 전장으로 변하고 있습니다.

세계 추세가 디지털화폐전환이라면, 한국은 디지털화폐전환을 해야 한다는 여론형성과 함께 화폐개혁을 동시에 실시할 확률이 높습니다.

그럼 화폐개혁이 자산가격에 어떤 영향을 끼칠지 한번 보겠습니다. 아시다시피 리디노미네이션은 돈 가치를 높이는 작업입니다. 즉 1억 원이 1백만 환으로 표기됩니다. 그런데 여기서 착시가 나타나게 됩니다.

실물 자산 가치는 그대로인데 돈의 숫자 단위가 내려가다 보니, 다소 비싸더라도 적절한 가격이라는 생각이 스며들게 된다는 겁니다.
예를 들어 20억 원 아파트가 2천만 환으로 표기되면 느낌이 달라집니다. 인간의 사고는 논리보다 감정이 우선이라 이런 결과가 나오게 되는 것입니다.

이런 감정을 배제하고 논리와 이성을 계속 내세우며 투자를 해야 하는데, 어느 정도 자산이 축적되면 본능적으로 감성이 편한 대로 움직이는 경향이 있습니다. 해서 투자는 본질적으로 인문학과 철학에 끈이 닿아있다는 이야기가 나오는 것입니다.

국가 빅브라더

민간 가상화폐는 익명의 필요성으로 인해 사라지지 않고 통용될 것입니다. 하지만 모든 가상화폐가 살아남을 수는 없고, NFT와 결합력이 강하며 현실 세계에서도 교환가치를 가지는 화폐만이 살아남을 것입니다.
사실, 국가 빅브라더 때문에 CBDC를 반대한다는 것은 어불성설입니다. 이미 대부분의 거래를 카드, 페이, 인터넷 모바일 뱅킹으로 하는 상황에서 국가가 마음만 먹으면 개인 정보는 유출될 수밖에 없습니다.

편리함 이면에 있는 정보 독점·활용에 대한 규제책을 이끌어내야 하긴 합니다만, CBDC 전환은 국가 빅브라더로 인한 악영향보다 긍정적인 영향이 훨씬 큽니다. 글로벌 디지털화폐 전환은 메타버스 세상에서 필수적인 작업이 될 것입니다.

민간 가상화폐(블록체인 암호화폐)의 주요한 컨셉은 탈중앙화와 익명성입니다.

3D 언리얼 엔진 에픽 게임즈의 CEO인 팀 스위니는 메타버스를 이렇게 정의했습니다.

"우리는 단순히 3D 플랫폼과 기술 표준을 만들려는 것이 아니다. 공평한 경제체제를 만들어 모든 창작자가 이 경제체제에 참여하여 콘텐츠를 만들고, 보상을 얻게 할 것이다. 이 체제는 모든 소비자가 공평한 대우를 받으며 대규모 사기, 편취, 부정행위가 일어나지 않도록 투명해야 한다. 또 메타버스 플랫폼에서 자유롭게 콘텐츠를 발표하고 이를 통해 이윤을 얻도록 반드시 규칙을 정해야만 한다."

이런 맥락의 메타버스 플랫폼에는 필히 블록체인 기반 가상화폐가 탑재되어야 합니다.

한국은행은 CBDC 제조, 발행, 유통 등이 작동하는지에 대한 1단계 실험을 성공적으로 마쳤다고 발표했습니다.

2단계 실험에서는 삼성전자 갤럭시 등에 내장된 온라인 지갑에 CBDC를 보관하는 기술 등을 개발할 계획에 있습니다.

여기에는 인터넷과 연결되지 않은 상황(오프라인)에서도 갤럭시폰에 담긴 CBDC로 거래할 수 있는 기능 및 국가 간 CBDC 송금 시스템도 탑재됩니다.

디지털아트, 음원, 게임아이템 NFT를 CBDC로 거래할 수 있는 기술도 추진할 계획이라고 밝혔습니다. NFT 거래 과정에서 CBDC 활용이 늘어날 경우 관련 가상화폐 거래가 위축될 가능성도 있으나, 익명성이 필요한 영역에서 가상화폐 사용은 사라지지는 않을 것입니다.

보시다시피 메타버스는 새로운 산업 생태계의 태동 단계에 있기 때문에 초기에 많은 자본이 필요할 것입니다. 비대칭적으로 한정된 분야, 가령 게임과 디지털 아트 분야에만 자원이 집중된다면, 범용적으로 활용되거나 가치를 인정받기 어렵습니다.
다양한 산업이 골고루 참여하는 메타버스 생태계 조성이 필수적이고, 이는 전기차, 우주개발 등과 맞먹는 산업 생태계 조정을 이끌 것입니다. 투여된 자본의 크기가 커지면 커질수록 증폭하는 매몰비용으로 인해 역설적으로 지속가능성이 탄탄하게 담보될 것입니다.

가상화폐(암호화폐, 코인) 거래

한국에서 가상자산 사업자 신고가 된 가상화폐 거래소는 업비트, 빗썸, 코인원, 코빗 총 4개입니다.
가상화폐 투자에 앞서 해당 가상화폐를 사용하는 생태계가 활성화되어 있는지를 살펴보아야 합니다.
사실 가상화폐는, 발행자 또는 거액 투자자의 한 번의 물량 매도로 인해 가치가 측정 불가능할 정도로 하락할 수 있다는 위험성을 가지고 있습니다.

게임회사 '위메이드'는 발행한 가상화폐 위믹스를 2022년 1월 10일 대량으로 매도한 사실이 있습니다. 빗썸에서 위믹스는 한때 30% 까지 하락했습니다. 엎친 데 덮친 격으로 투자자들이 위메이드 매도를 보며 대거 '손절'에 나섰기 때문입니다.

2021년 11월 28,000원을 호가했던 위믹스는 4,800원까지 하락했습니다. 하지만 11일 위믹스는 업비트에 상장된다는 소식으로 다시 39%의 급반등에 성공했습니다. 이러한 일화는 가상화폐 투자의 불확실성을 단적으로 보여줍니다.

위믹스의 발행물량은 총 10억 개이고, 이 중 위메이드가 초창기부터 보유하던 위믹스는 약 9억 개였는데, 이번에 5,000만 개(2,000억 원 내외)를 매각하고 보유량은 약 8억 5,000만 개로 줄었습니다.

위믹스 백서에 따르면 총 발행량의 74%를 발행사가 위믹스 가상화폐 생태계 활성화에 사용할 수 있다고 명시되어 있고, 위메이드 측에서도 위믹스 매각 대금 상당액을 선데이토즈 인수자금으로 활용했다고 밝히기도 했습니다.

현금화한 자본을 토대로 위메이드가 게임사를 인수할수록 블록체인 게임 플랫폼 위믹스에 양질의 게임이 유입되어 플랫폼 내 기축통화인 위믹스의 가치가 상승할 것이라는 설명도 덧붙였습니다.

이 사태로 미루어 보면, 현실에서 교환 매개가능성이 약한 가상화폐는 예상치 못한 충격으로 한순간에 폭락이 가능하다는 것을 알 수 있습니다. 이런 점은 많은 것을 시사합니다.

그럼에도 불구하고, MZ세대는 왜 상대적으로 안정적인 투자처인 부동산과 주식보다 가상화폐에 열광하는 것일까요?

간단합니다. 오히려 이런 예상치 못한 진폭으로 인한 큰 보상을 기대하기 때문입니다.

이러한 위험성을 감수하고도 가상화폐에 대한 투자를 하겠다면 저는 옵션을 가진 바벨전략을 따를 것을 추천합니다.

5장 챕터 06에서 투자 방법론과 바벨전략에 대해 자세히 다루겠습니다.

스타벅스 가상화폐는 가치가 있다

저는 가상화폐를 가장 손쉽게 글로벌 유통할 수 있는 기업은 스타벅스라고 생각합니다. 스타벅스 이사회 의장 하워드 슐츠 역시 스타벅스를 블록체인 기반 핀테크 기업으로 정의한 바 있습니다. 스타벅스 명칭에서 커피를 스리슬쩍 빼버렸고, 사이렌 오더를 통한 선불 적립금이 1조가 훌쩍 넘어 있습니다.

메타버스의 범용적 활용 사례에서 가장 메타버스와 동떨어져 있을 듯한 오프라인 카페가 가상화폐와 핀테크, 그리고 메타버스와 연결될 여지를 만들고 있는 것입니다.

스타벅스가 가상화폐를 대량 매도하더라도 현실 실물과 교환가치가 명확하기 때문에 하방지지도 굳건할 것입니다. 상승 여부는 스타벅스가 기존의 어떤 가상화폐와 연계하느냐에 따라 달라질 듯합니다.

가상과 현실 모두에 인프라를 만들어야 할 때, 보통은 가상보다 현실 인프라를 만드는 것이 월등하게 어렵습니다. 스타벅스는 인간의 필수재인 의식주 중 식·주의 일부(공간대여)를 오프라인에서 이미 훌륭하게 구축한 상황입니다. 이를 바탕으로 가상화폐를 도입해서 메타버스 플랫폼 경쟁에서 살아남을 몇 개 플랫폼에 이를 유통만 하면 되지 않을까 생각해 봅니다.

스타벅스는 메타버스든 뭐든 자신들의 세계관을 만들고, 스타벅스 가상화폐를 실물 서비스와 연결해 나갈 것입니다. 특히 양적 완화로 달러 가치가 낮아지는 풍선효과로 인해 가상화폐(가치저장)의 득세가 나타나고 있습니다. 교환가치가 있는 가상화폐는 가치의 진폭이 크지 않고, 하락하더라도 스타벅스에서 인정하는 교환가치보다 아래로 떨어질 수는 없습니다.

현재 미국은 테이퍼링을 통해 적자국채 발행을 줄이고(연준이 국채 매입규모를 줄임), 금리 인상과 양적축소로 달러 가치를 회복하는 작업을 필수적으로 해야 합니다.

이런 변곡점에서 가치저장에만 머물러 있는 코인은 살아남기 힘들고, 교환매개 역할이 큰 코인은 살아남을 가능성이 큽니다. 스타벅스 가상화폐는 가장 강력한 교환가치를 지닌 글로벌 코인이고, 블록체인 기술을 채택한다면 환전에 따른 비용문제와 국가 간의 호환 문제 등 문제점도 해결할 수 있습니다.

가상화폐 수탁서비스 확대

미래에셋은 가상화폐, NFT 등을 안전하게 맡아서 보관해주는 코인 은행사업인 가상자산 수탁사업에 뛰어들었습니다. 한국 4대 가상화폐거래소에서는 법인계좌를 통한 거래가 불가능한데 기업들 역시 가상자산을 보유하려는 경향이 강해지며 수탁서비스에 대한 수요가 있다고 판단한 결과입니다.

그동안 법인들은 미드에서 가끔 볼 수 있듯이 취득한 가상화폐를 USB에 저장하여 직접 보관해야 했습니다. 디지털의 끝판왕인 가상자산에 투자하면서도 역설적으로 분실, 도난을 걱정해야 했던 것입니다.

그러나 수탁서비스를 통해 기업들이 가상자산 자체와 관련 데이터를 기반으로 다양한 금융상품을 개발할 수 있는 토대가 만들어집니다.

이미 은행권은 블록체인 전문 업체와 합작투자를 통해 가상자산 수탁사업을 준비 중입니다. 국민은행은 블록체인 전문 투자사인 해시드와 함께 한국디지털에셋(KODA)을 설립했고, 우리은행은 디커스터디 지분에 투자를 했습니다.

해외 역시 마찬가지입니다. 일본 노무라홀딩스는 가상화폐 협력 업체 레저, 코인셰어스와 합작법인 고마이누를 설립해 금융기관을 대상으로 하는 가상자산 수탁 서비스를 제공 중입니다. 씨티그룹, 골드만삭스, 모건스탠리, 도이체방크 등도 가상자산 수탁 서비스를 제공하고 있습니다. 스위스 바슬러 칸토날방크는 자회사인 뱅크클러를 통해 가상자산 수탁 서비스 제공 계획을 발표한 상태입니다.

민간 가상화폐와 중앙은행 CDBC의 운명

민간 가상화폐는 중앙은행 디지털화폐(CDBC)와 연결되고, 이는 가상과 현실의 강력한 연결 매개체가 될 것입니다. 이러한 민간 가상화폐의 종착역은 메타의 주커버그가 수면 아래로 감춰둔 가상화폐 생태계와 연결될 것입니다. 이 와중에 달러와 위안화의 기축통화 쟁탈전과 중앙집중적 화폐시스템(CDBC) 및 탈중앙집중적 화폐시스템(민간 가상화폐) 간의 주도권 다툼이 지속적으로 일어날 것입니다.

글로벌 화폐시스템의 변화라는 다소 거시적인 시각에서 메타버스의 가상화폐 활성화를 들여다보면, 가상과 현실 모두에서 교환가치를 갖는 디지털화폐가 탄생할 수밖에 없음을 간파할 수 있습니다.

따라서 가상세계 혹은 게임세계에서만 통용될 것 같은 가상화폐를 무료로 얻을 수 있는 루트를 알고 있다면 쌓아두는 것도 나쁘지 않을 것입니다. 이에 대한 내용도 4장 챕터 01에서 자세히 다루겠습니다.

NFT의 경제적 활용

메타버스 플랫폼(멀티버스, 다중우주)을 넘나드는 NFT

메타버스 세계의 핵심 요소 중 하나는 메타버스 내에서의 경제적 활동 가능 여부입니다. 달리 말하면, 내가 쏟은 노력에 대한 적절한 보상이 있어야 한다는 것입니다. 현재 이런 보상은 보통 블록체인 기반의 가상화폐 혹은 NFT 아이템으로 이루어지는 것이 대부분입니다.

그러나 NFT가 기반이 되면 메타버스 플랫폼 내 디지털 자산을 소유하고 거래할 수 있고, 이를 다른 메타버스 플랫폼으로 옮겨서 소유하는 것도 가능해집니다.

현실 금융권을 거치지 않고 국가에 따른 환율 처리, 즉 환전이 필요치 않은 가상세계에서만의 국경 없는 거래가 가능해집니다.

메타버스 내 경제활동에 따른 보상은 사용자에게 동기를 부여하여 지속가능성을 높이는 강력한 요인으로 작용할 것입니다. 유튜브가 창작자들에게 노력에 따른 수익 구조를 만들어 다양한 콘텐츠를 유치할 수 있었던 것과 마찬가지입니다.

아직까지는 메타버스 플랫폼 간의 규약 혹은 규칙이 마련되지 않아 NFT 아이템을 각기 다른 메타버스 플랫폼에 두루 사용하는 데에는 제약이 있습니다. 하지만 시간의 문제일 뿐 메타버스 생태계가 번성하기 위해서는 필수적으로 플랫폼 간 NFT 연동이 가능해야 합니다.

기업들의 NFT 활용

크리에이터 기획사인 '샌드박스네트워크'는 메타버스 플랫폼인 '더 샌드박스'로부터 제작 아티스트 권한을 획득함에 따라, NFT 콘텐츠를 제작하고 판매할 수 있게 되었습니다. 샌드박스네트워크는 더 샌드박스의 가상공간에서 크리에이터와 협업 콘텐츠 등을 NFT 형태로 거래할 수 있는 메타버스 서비스를 구현할 계획에 있습니다.

카카오는 자사의 블록체인 플랫폼 '클레이튼'과 협력하여 블록체인 기반 P2E 게임도 출시할 예정입니다. 클레이튼의 가상화폐 '클레이'는 거래소에서 이미 거래가 되고 있습니다. 그리고 현실 교환가치를 높이기 위한 작업을 여러 기업과 협업을 통해서 확대하고 있습니다.

라인은 블록체인과 NFT를 바탕으로 사용자에게 새로운 경험을 제공하는 것을 목표로 라인넥스트를 한국과 미국에 각각 설립했습니다.

라인의 서비스 노하우와 블록체인 기술을 바탕으로 글로벌 NFT 플랫폼을 구축할 계획입니다. 전세계 기업과 크리에이터가 NFT 아이템을 창작할 수 있도록 지원하고, 최종 NFT 아이템을 거래하고 커뮤니티를 갖춘 생태계 조성을 목표로 하고 있습니다.

라인넥스트는 180개국 대상 8개 언어를 지원하는 글로벌 NFT 플랫폼 '도시(DOSI)'를 론칭합니다. 도시 가상화폐 지갑인 월렛을 통해 일반 사용자들이 신용카드 간편결제 및 이더리움, 비트코인, 링크 등 다양한 가상화폐로 NFT를 거래하거나 소셜 활동을 할 수 있는 환경을 제공할 계획이라고 밝혔습니다.
라인은 이미 블록체인 메인넷을 오픈하고 가상화폐 링크도 발행한 상태입니다. 일본 가상화폐거래소인 '라인 비트맥스', 미국 기반 글로벌 가상화폐거래소 '비트프론트'도 운영 중에 있습니다.

트위터는 일부 이용자를 대상으로 NFT 이미지를 프로필 사진으로 쓸 수 있도록 하고, 이를 육각형으로 보여주고 있습니다. 앞으로 NFT, 블록체인, 가상화폐 기술과 함께 교류할 수 있는 SNS로 자리매김할 것을 목표로 하고 있습니다.

유튜브는 아직까지 공식적인 언급이 없지만, 크리에이터 생태계를 더욱 공고히 하기 위해서는 NFT를 통한 콘텐츠 활용 범위 확대를 시도해야 할 것입니다.

메타는 페이스북과 인스타그램에서 이용자가 NFT를 만들어 전시·판매할 수 있게 하는 서비스와 NFT를 프로필 사진으로 쓸 수 있게 하는 서비스를 계획하고 있습니다.

메타는 사명을 변경하면서 메타버스 기업임을 분명히 했고, NFT 관련 서비스를 출시하면서 NFT의 확산에도 불을 지필 것은 분명합니다.

KT와 신한은행은 메타버스, NFT, 빅데이터, 로봇 등 영역에서 23개 공동사업을 계획하고 있습니다.

KT 메타버스 플랫폼에 신한의 금융 인프라를 접목해 온·오프라인에서 쓸 수 있는 포인트를 발행해 유통하고, 이를 외부 제휴사와도 연동한다고 밝혔습니다. 중장기적으로 글로벌 플랫폼을 목표로 일단 두 회사의 상권 데이터를 바탕으로 부동산 메타버스 플랫폼을 구축하고, 디지털 자산을 거래할 수 있는 NFT 거래 플랫폼도 론칭할 계획입니다.

2021년 11월 한국의 가상화폐 거래소 업비트를 운영하는 두나무는 NFT 거래소 '업비트 NFT'와 메타버스 플랫폼 '세컨블록'을 선보였습니다. 업비트에 쏠려 있는 사업 구조를 다각화하는 동시에 블록체인과 핀테크 영역으로 확대하기 위한 포석입니다.

두나무는 2022년 방탄소년단(BTS) 소속사인 하이브와 합작법인을 설립해 미국 시장에서 NFT 사업에 나서며 글로벌 거래 플랫폼의 확대를 준비 중입니다. 블록체인 기반 가상화폐와 NFT 거래 플랫폼은 국경이 없는 산업인 만큼 선점하고, 위기에 버틸 수만 있다면 글로벌 기업으로 거듭날 수 있습니다.

NFT 거래 현황

2021년 2월 일론 머스크의 아내이자 팝가수인 그라임스의 디지털 아트가 600만 달러(약 71억 원)에 거래됐고, 다음 달에는 디지털 아티스트 비플(Beeple · 마이크 윙클먼)의 콜라주 작품 '매일 : 첫 5000일'이 크리스티 경매에서 6,930만 달러(약 822억 원)에 팔리기도 했습니다.

NFT의 개념은 2017년부터 있었지만 2020년부터 다양한 상품이 고가에 거래되면서 주목받기 시작했고, 이제는 일상생활 깊숙이 파고들 기세입니다.

2021년 글로벌 NFT 거래액은 3억 3,800만 달러(약 4,050억 원)에 그쳤으나, 2022년에는 230억 달러(약 27조 원) 이상으로 급증할 전망이 보입니다. 또한, 2022년 CES에서 NFT가 조명을 받았다는 사실은 NFT가 일시적인 유행을 넘어 세계 산업의 주요 트렌드로 자리 잡아 가고 있음을 보여줍니다.

왜 NFT를 비싸게 주고 사는가

이처럼 갑자기 NFT 거래에 거액이 오가는 이유 중 하나는 코로나 팬데믹으로 인한 비대면 가상현실 희귀 아이템에 대한 수집욕 때문입니다.

명품 가방이나 시계를 소유해 과시하는 것처럼, 고가의 NFT 자산을 소유해 가상세계에서 자신을 과시하는 것입니다.

그리고 NFT 자산의 가치가 장기적으로 상승할 것이라는 기대도 이유 중 하나입니다. 이런 심리의 근간에는 NFT를 둘러싼 기술에 대한 낙관적 전망과 장기적 가치를 보고 계속 소장하려는 의도가 있습니다.

실생활에 녹아드는 NFT

NFT가 디지털 수집품 영역뿐만 아니라 실생활 속에 녹아들 것이라는 전망도 있습니다. 바로 주류, 의류 등의 정품 인증 기술에도 쓰일 것이라는 예상입니다.

위스키 업체 '글렌피딕' 구매자는 스카치 위스키병을 가질 수 있습니다. 글렌피딕은 NFT로 구매자의 소유권과 제품이 진품임을 증명하는 주류 NFT를 한정판으로 출시했습니다.
명품 브랜드 '돌체앤가바나'와 스포츠 브랜드 '나이키'도 자체 NFT와 함께 제공되는 의류와 신발을 판매했습니다. 특히 나이키는 디지털 의류를 만드는 스타트업 '아티팩트'를 인수하여 NFT 사업을 본격화했습니다.

이처럼 게임, 스포츠, 엔터테인먼트 업계는 일제히 NFT 관련 사업에 뛰어들고 있습니다. 게임 내 NFT 거래량은 점점 늘어나고 있고, 국내 개발사들도 NFT 게임 개발에 적극적입니다.

NBA는 유명 선수가 새겨진 디지털 카드를 'NBA 탑샷'이라는 이름으로 판매 중인데, 2021년 거래량만 7억 4,700만 달러(약 8,859억 원)에 달합니다. 방탄소년단(BTS)의 소속사인 '하이브'도 발빠르게 NFT 기술을 이용한 디지털 한정판을 출시할 예정입니다.

이처럼 메타버스 세계에서 중요한 요소인 스토리 텔링과 커뮤니티가 진화한 형태가 팬덤과 멤버십으로 나타나고 있습니다. 내가 좋아하는 세계관을 가진 무엇(스타 · 게임 · 웹툰 · 소설 등)에 대한 '덕질'이 더이상 손가락질만 받지 않고, 보상을 받을 수 있는 콘텐츠로 거듭나고 있습니다.

F2E(Fan to Earn)는 엔터테인먼트 기업이 주도할 수도 있지만, 다양한 콘텐츠의 생성과 지속성을 위해서는 팬들이 만들어내도록 생태계를 조성하는 것이 좋습니다. 이는 디지털 콘텐츠 IP 보호와 스마트 계약을 통해 무궁무진하게 확대되며 즐길 거리를 줄 수 있습니다.

'NFT 뱅크'는 NFT 관련 데이터와 어드바이저 서비스를 하고 있습니다. 가입 고객의 NFT 거래 내역, 투자 수익, 자산 현황 등을 일목요연하게 보여주고, 고객이 보유한 NFT 자산의 실시간 시세를 알려줍니다. 그리고 이 NFT를 언제 매도하는 것이 가장 유리한지도 제시해줍니다. 귀찮은 일들을 AI 어드바이저가 대신해 주는 개념입니다.

어떤 분야의 NFT가 뜨든지 간에 NFT 시장 파이가 커질수록 NFT 뱅크 서비스에 대한 수요가 커질 수밖에 없는 구조입니다.

인간의 소유욕을 자극하는 희소성

NFT는 한정된 발행량을 설정할 수 있기 때문에, 희소성의 가치가 부여될 수 있으며, 한정된 자원을 가진 사람들 간의 커뮤니티가 형성된다는 점에서 인간의 소유욕을 자극한다.

많은 사람들이 관심을 갖고, 회자되는 특정 문화 혹은 주제의 수집품이 더 높은 가치로 평가받는 현상은 현실세계에서도 동일하게 나타난다. 트레이딩 카드, 기념주화, 우표, 운동화 등도 수집하는 사람이 많다.

NFT 개념은 비트코인 체인 위에서 처음 시작되었다. 2012년 Yoni Assia의 'Bitcoin 2.X(aka Colored Bitcoin) Intial specs'이라는 글에서, 실물자산과 연결되고 비트코인 블록체인에서 관리되는 토큰인 컬러드코인(Colored Coin)의 개념 및 아이디어가 소개된 바 있다. Non Fungible이라는 단어를 사용하지는 않았지만, 컬러드코인은 최초의 NFT 라고 볼 수 있다. 이후, 2014년에는 3명의 개발자(Robby Dermody, Adam Krellenstein, Ouziel Slama)가 비트코인에 스마트컨트랙트와 같은 스크립팅 기능을 제공하는 플랫폼인 'Counterparty'를 선보였다. 이를 기반으로 여러 가지 NFT 프로젝트가 진행되었는데, 2015년 출시된 Spells of Genesis 는 트레이딩 카드 게임의 수집 및 전략 아케이드 게임을 구현하였다. 2016년 출시된 Rare Pepes 는 Matt Furie 가 만든 밈인 Pepe Frog 이미지를 거래할 수 있도록 하였다. 현재 크립토 시장 참여자들에게 가장 영향력 있는 수집물 중 하나는 크립토펑크 ERC-721 이전에 출시된 프로젝트이며, 크립토키티를 시작으로 ERC-721 기반의 프로젝트가 본격적으로 확장되기 시작하였다.

NFT 를 과연 누가 사고 있는 것일까?

정확한 통계는 없지만, NFT의 중심에는 MZ세대가 있다. 핍세이(Pipsay)의 조사에 따르면, 미국의 밀레니얼 세대 중 41%가 NFT를 구매

한 경험이 있으며, 영국도 45%가 이 시장에 참여한 것으로 나타났다.

이처럼 MZ세대는 커져 가는 새로운 소비층이며, 이들이 선호하는 것에 대한 스터디가 필요하다.

MZ세대가 열광하는 문화 중 하나가 슈테크(신발 + 재테크)와 같은 리셀링이다. 원래 중고판매업자들이 리셀시장을 대부분 주도해왔으나, 초기 비용 대비 큰 수익을 얻을 수 있고, 희소가치가 있는

제품을 빨리 알아보는 MZ세대가 이 시장을 견인하고 있다.

과거에는 한정판이나 신제품 출시가 있을 경우, 전날부터 매장 앞에서 텐트를 치고 대기해왔으나, 코로나 이후, 온라인을 통한 무작위 추첨을 통해 구매 권리를 얻는 래플(Raffle) 방식이 많아지고 있다. 많은 인원의 참여로 당첨확률은 매우 낮지만, MZ세대는 이러한 방식을 매우 공정한 방식으로 이해하고 있으며, 당첨이 되지 않아도 즐거워하는 문화를 가지고 있다. 글로벌 리셀 시장은 40조 원 규모에 달하며, 국내 스니커즈 시장도 5,000억 원으로 추정될 만큼 큰 시장이 되고 있다.

부동산

법무법인 율촌에 따르면, 부동산 분야에서는 1) 실물자산과 소유권, 임차권, 전세권 등이 NFT에 연동되어 발행·거래·계약·관리될 경우, 실물자산에 대한 정당한 권리자임을 확인해야 하며, 계약의 해석과 실물단계에서의 이행 보장, 양도의 대항요건 충족여부 등 문제를 정확히 짚어야 한다. 2) 조각투자는 특정 건물을 보유한 법인에 대한 주식 및 증권을 블록체인 상에서 NFT로 발행하는 것인데, 증권형 토큰공개(STO)이기 때문에, 자본시장법상 증권성 여부 등 전세계적으로 법 개정 및 규제에 대해 논의가 되고 있는 상황이다.

저작권

저작권 이슈로 인해 새로운 시도도 일어나고 있다. 디지털 작품이 아닌 실물자산이 기반이 되는 NFT의 경우, 디지털자산이 작품의 원본을 복제한 것이기 때문에 NFT의 의미 및 가치가 크게 떨어질 수 있다. 이를 방지하기 위해서, 오히려 물리적 원본을 불태우는 등 원본을 소멸시켜, NFT만 존재하게 하는 방법을 사용하기도 한다.

일례로, 국내 김정수 작가는 전시가 기준 9천만 원을 호가하는 100호짜리 대형 작품, '진달래 밥'을 직접 소각하는 행위를 통해서 NFT의 가치를 높이고 실물작품에 대한 저작권문제를 해결했다. 소각된 작품을 한정판 NFT로 발행하였으며, 해당 NFT 구매자들에게는 추후 김정수 작가의 NFT 컬렉션 판매에 있어 우선권을 제공한다. 또한, 작품을 소각하는 장면을 담은 영상도 NFT로 발행될 것으로 보인다.

게임 - 플레이투언(Play to Earn)

게임 분야에서는 게임 아이템 및 캐릭터 등을 NFT화할 수 있으며, 회사가 게임 내 재화로 보유해왔던 것을 유저가 직접 소유하고 해당 재화의 이전 및 매매를 자유롭게 할 수 있다.

게임에 블록체인 기술이 적용되면서 Play to Earn이라는 새로운 장르를 만들며 많은 유저층을 흡수할 것이라 예상된다. Play to Earn 이란, 놀면서 돈을 벌 수 있다는 개념이다. 블록체인 기반으로 만들어진 게임에서는 플레이를 통해 NFT로 된 재화를 얻거나, 가상자산을 보상으로 얻을 수 있고, 이를 DEX(탈중앙화거래소) 또는 CEX(중앙화거래소)를 통해서 수익화할 수 있게 된다.

기존의 게임 시스템에서는 게임 내 얻은 재화는 게임 내에서만 존재할 수 있었으며, 수익화를 위해서는 아이템베이, 아이템매니아와 같은 온라인게임 아이템 중개서비스업체를 통해서 계정 및 아이템을 판매해왔다. 그러나 이제 블록체인 기술로 번거롭게 느껴졌던 중간 단계가 생략된 것이며, 이 과정에서 발생하는 수수료 및 신뢰성 문제가 해결되었다. 또한, 이전보다 많은 사람들의 참여로 자체적인 시장 형성이 가능해지고, 참신한 아이디어로 만들어진 스타트업 게임도 큰 성공을 거둘 수 있는 순기능도 예상해볼 수 있다.

엔터테인먼트 NFT

가상자산·NFT와 주식시장의 접점을 찾기는 다소 어려운 측면이 있다. 가상자산인 NFT 대부분이 해외 프로젝트이며, 국내 규제당국의 가상자산에 대한 시각 또한 부담스러운 것은 사실이다. 하지만 향후 성장가능성을 고려해봤을 때, 엔터테인먼트 관련 NFT 시장에서는 한국의 영향력은 매우 높을 것으로 전망된다. 한국 K-POP에 대한 팬덤 문화는 이미 커뮤니티를 형성하고 있으며, 각 인물 혹은 그룹에 대한 스토리라인도 가지고 있다. 또한, MD(굿즈) 판매, 콘서트 등 커머스화가 진행되고 있음을 확인했다는 점에서 엔터테인먼트 NFT는 국내 엔터사들의 새로운 먹거리가 될 수 있다고 판단된다.

NFT의 가장 큰 장점 중 하나는 그 동안 가치로 환산되지 못하였던 무형의 자산을 사고팔 수 있다는 것이며, 강한 커뮤니티를 형성할 수 있는 IP를 활용한 아이디어는 다양할 것이다. 그동안 엔터사들의 주 수입원은 콘서트나 앨범 판매, MD 판매, 방송 출연료 등이었는데 NFT로 인해 사업의 확장성은 상상에 따라 무궁무진해졌다.

출처•유진투자증권 리포트 발췌

이제 게임에도 적절한 보상이 있어야 하는 시대가 도래했습니다. P2E는 좋아하는 게임을 하면서 가상화폐 등의 보상도 받을 수 있는 게임류를 통칭하는 용어입니다.

엑시인피니티(Axie Infinity)

2018년 베트남에서는, '엑시'라는 디지털 게임 캐릭터를 번식 · 사육 · 배틀 할 때마다 가상화폐인 SLP(Smooth Love Potion) 코인을 얻을 수 있는 블록체인 게임을 출시하였습니다.

SLP 코인은 2021년도에 세계 최대 가상화폐 거래소인 바이낸스에 상장이 되었고, 한국에서는 회사 코인인 AXS 코인이 업비트와 코인원에 상장되어 있습니다. 삼성, 업비트 등 한국 기업 역시 투자사, 파트너사로 참여하고 있습니다.

엑시인피니티는 초기 NFT 블록체인 P2E 게임으로 폭발적인 성장을 하고 있고, 이를 계기로 많은 글로벌 게임사들이 P2E 게임에 뛰어들고 있습니다.

울프, 루트

울프와 루트 역시 이용자들 사이에서 유명한 게임입니다.

울프는 늑대와 양이 있는 농장을 배경으로 한 게임으로 늑대 보유자는 양을 잡고, 양 보유자는 늑대로부터 양을 지키는 단순한 설정입니다.

그러나 게임을 잘하면 현금화가 가능한 게임 화폐를 벌 수 있고, NFT인 늑대·양을 시장에서 판매할 수도 있습니다. 울프 NFT는 이달 들어 오픈씨(글로벌 NFT 거래소)에서 거래액 2위에 올랐습니다.

루트는 게임도 없고, 개발사도 없는 특이한 NFT 프로젝트입니다. 루트 NFT는 검은색 배경에 게임 아이템으로 추정되는 8개의 단어만 나열되어 있을 뿐이고, 루트 NFT 거래에 참여하는 사람들이 게임 아이템과 규칙, 세계관 등을 함께 만들어나가도록 했습니다. 그럼에도 불구하고 8월 출시 이후 누적 거래액이 2억 6,000만 달러에 이른다고 합니다.

P2E 위드 NFT의 핵심은 게이머가 획득한 NFT 아이템을 공식적으로 거래할 수 있도록 오픈씨와 같은 거래소가 활성화되어야 한다는 것입니다. 2022년에는 국내 첫 게임 NFT 거래소까지 탄생할 계획이고, 억대 아이템도 자유롭게 매매가 가능해질 것입니다.

블록체인 기반으로 디지털 콘텐츠 소유권을 명확히 하고 메타버스 플랫폼들 간 디지털 콘텐츠 이동이 가능하도록 진화할 것입니다.
곧 여러 메타버스 플랫폼을 동일한 아이덴티티의 아바타로 플레이할 수 있게 됩니다.

게임을 하거나 NFT를 탑재해야 할 만큼의 작품을 만들지 않고도 보상을 받을 수 있는 채널이 활짝 열려있다는 사실을 아시나요?

자신만의 콘텐츠를 노출시켜 보상을 받을 수 있는 대표적인 플랫폼이 우리 모두에게 익숙한 '유튜브'입니다.
또 메타버스 디지털 트윈 영역에서 온라인 부동산을 사고팔아 부를 이룬 사례도 있습니다.

세컨드 라이프

⬆ 세컨드 라이프 中 캡처

세컨드 라이프는 린든 랩이 개발한 인터넷 기반의 가상세계로, 2003년에 서비스를 시작했습니다.

세컨드 라이프는 보편적인 가상현실과 결합한 소셜 네트워크 서비스를 하는, 메타버스 디지털 트윈의 초기 모형이라고 할 수 있습니다.

하지만 당시 미국 지역에 서비스가 한정된 점과 기술적인 한계, 그리고 사람들이 페이스북·트위터를 통한 현실에서의 만남에 여전히 관심이 많았던 점 등으로 인해 세컨드 라이프는 소리소문없이 사라졌습니다.
한국에서도 2007년 티엔터테인먼트(現 바른손게임즈)와 계약을 맺고 서비스를 했으나, 활용이 지지부진해진 관계로 2009년 서비스를 중단했습니다.

세컨드 라이프의 가장 큰 특징은 주민에게 자율성과 소유권을 주는 것입니다. 3D 사물을 제작하는 도구가 있고, 이를 사용해서 건물이나 의상 등 다양한 아이템들을 제작할 수 있습니다. 주민이 제작한 물건의 소유권도 주민 자신이 가지며, 판매도 가능합니다. 이런 점들은 현재 메타버스 게임의 대표적인 속성인 'P2E 위드 NFT'의 성격을 그대로 가지고 있다고 볼 수 있습니다.

세컨드 라이프에서는 게임 내 가상화폐인 린든달러를 지불하면 누구나 땅을 소유할 수 있는데, 각각의 땅에는 통행량이라고 부르는 수치가 있습니다. 통행량은 콘텐츠를 소비하는 시간인 '체류시간' 개념으로, 주민이 오래 머무를수록 통행량은 올라가고, 통행량이 높은 땅은 같은 검색어로 검색을 하더라도 검색 결과 상위에 표시되게 됩니다. 통행량이 낮은 토지를 저렴하게 구매한 뒤 어떤 식으로든 통행량을 높여서 비싸게 임대를 놓거나 되파는 방식으로 돈을 버는 방식이 일반적입니다.
바이럴 마케팅을 위해 카페나 블로그에 타겟 콘텐츠 노출수를 거래하는 것과 원리가 같다고 보면 됩니다.

실제로 한 사용자는 토지를 구입하여 건물을 짓고, 정원을 가꾸며 도로까지 만들어서 통행량을 높인 후 현실 부동산처럼 판매하여 연 20억 이상의 수익을 내기도 했습니다.

2007년, 도요타는 실제 판매할 신차를 세컨드 라이프에서 300 린든달러로 판매하기도 했습니다.
Dell도 온라인 쇼핑몰에서 주문하는 것처럼, 전시된 컴퓨터를 보고 구입할 수 있는 점포를 개설했습니다.
2008년, 힐러리 클린턴 의원도 세컨드 라이프에서 선거 유세를 한 적이 있습니다.

2008년 세컨드 라이프의 전성기에 기업과 정치권에서 보여줬던 모습들은, 메타버스가 대두되고 있는 현재와 동일한 모습입니다.
그러나 기술적인 한계 및 2008년 금융위기와 더불어 세컨드 라이프에 대한 관심이 줄어든 측면도 있습니다.
메타버스가 세컨드 라이프와 같은 길을 걸을지, 아니면 또 다른 산업 영역을 확실하게 구축할지에 대해서는 6장에 자세히 언급됩니다.

콘텐츠 제작

그리고 아직은 정의할 수 없는, 여러 가지 콘텐츠의 무작위적·자가증식적 노출로 뜻밖의 보상을 받은 사례가 속출하고 있습니다.

NFT 수익화의 대표적인 사례가 온라인상에서 유행하는 콘텐츠, 즉 '밈(Meme)' NFT 경매입니다.

영상에 한 살, 세 살짜리 영국 아이 두 명이 등장합니다. 동생이 형의 손가락을 깨물자 형이 아파하는 내용의 1분 남짓한 이 영상인 '찰리가 내 손가락을 물었어.'는 76만 달러(약 9억 원)에 팔렸습니다.

아이들의 아버지가 2007년 유튜브에 올린 이 영상은 14년간 약 8억 8,000만 건이 넘는 조회수에 각종 패러디 등 유명세를 얻었고, 이를 2021년에 NFT화 한 것입니다.

디즈니랜드로 가족 여행을 간다는 얘기에 어리둥절한 표정을 짓는 두 살 아이의 NFT 이미지 '곁눈질하는 클로이'가 25 이더리움(약 1억 2,000만 원)에 팔리기도 했습니다. 이 또한 클로이의 어머니가 찍어 2013년 유튜브에 올린 영상의 일부를 NFT화 한 것입니다.

미국 노스캐롤라이나주의 한 주택가 화재 현장에서 묘한 표정을 짓는 네 살짜리 소녀의 사진 '재난 소녀', 치과에 갔다가 마취 상태가 풀리지 않은 채 잠꼬대 같은 이야기를 하는 아이의 영상 '치과에 다녀온 데이비드' NFT 역시 각각 3.3 이더리움(약 1,600만 원)에 낙찰된 사례가 있습니다.

사실 위 사례들은 이미 유튜브로 회자되었던 영상을 NFT 콘텐츠로 변환하고 경매를 통해 디지털 원본의 소유권만 낙찰자가 갖도록 한 것입니다. 디지털 진품이라는 증명 가치에 수만~수십만 달러가 붙는 셈입니다.

아이템, 맵, 게임 제작

대부분의 게임에는 자신의 게임 캐릭터를 꾸미는 '스킨' 소비가 존재합니다. 메타버스 플랫폼에서는 이런 경향이 좀 더 짙어졌습니다.

그리고 이러한 경향은 메타버스 플랫폼뿐 아니라 콘텐츠 사용자 겸 생산자 역시 수익을 창출할 수 있도록 하고 있습니다.

플랫폼은 기본적으로 생산자와 소비자를 연결하는 기능을 합니다. 메타버스 게임 플랫폼들은 콘텐츠 생산자와 소비자를 자유롭게 연결해줍니다. 그리고 생산자 겸 소비자, 즉 콘텐츠 프로슈머(Prosumer, 생비자)의 확대에 크게 기여하고 있습니다.

로블록스, 포트나이트, 마인크래프트 등 대부분의 메타버스 게임 플랫폼들은 자체 가상화폐를 통해 스킨을 사고팔게 하고, 콘텐츠 생산자 역시 보상으로 가상화폐를 받게끔 하고 있습니다.

최근 메타버스 플랫폼에서 신입사원 교육·공모 설명회·선거사무소·박
람회 등을 여는 기업들이 늘어나고 있습니다. 이런 행사를 위해 메타버스 내
맵을 전문으로 만드는 크리에이터도 있습니다.

그리고 각 메타버스 플랫폼마다 맵을 만들 수 있는 제작 도구를 제공하고 있
습니다. 물론 스킨 제작에 비해서는 비용이 많이 들어갑니다만, 현실세계에
서 장소를 섭외하고 무대를 세팅하는 데 비해서는 비용과 시간이 크게 절약
됩니다.

향후 실감도가 어느 정도 향상되는지에 따라 달라질 수 있겠지만, 크리에이
터의 경험치와 상상력에 따라 오프라인보다 더 크게 주목을 받을 가능성이
열려있습니다.

마지막으로 메타버스 플랫폼 내 제작 콘텐츠 중 가장 난이도가 있는, '게임
제작'에 대해 이야기해보겠습니다. 일부 MZ세대가 회사와 게임 크리에이터
를 병행하기도 하는 등 이 영역의 저변이 넓어지는 중이기는 합니다.

프로그램 언어를 배우지 않고도 메타버스 게임 플랫폼에서 제공하는 제작 도
구를 활용하여 독특한 상상을 간단하게 게임으로 구현할 수 있습니다.

이미 로블록스와 마인크래프트에서는 개인들이 만든 게임 콘텐츠가 유튜브
의 영상만큼이나 다양해지는 단계에 있다고 보고 있습니다. 이는 게임 플랫
폼이 메타버스 플랫폼으로 진화할 수 있는 주요한 저변이 될 것입니다.

게임과 메타버스

사실, 메타버스라는 이름이 지금처럼 대두되기 전부터 가상세계를 오래 전부터 잘 구현해왔던 영역은 바로 게임이었습니다.

주로 MMORPG에서 게임 내 세계관을 만들면, 글로벌 사용자들이 동시에 접속해서 미션을 수행하거나 사냥을 하며 레벨을 높이는 방식이었습니다. 그만큼 게임과 메타버스는 연결점이 많았고, 게임이 현재 메타버스가 존재할 수 있도록 가이드 역할을 했다고도 할 수 있습니다.

메타버스 기반기술 중 클라우드와 5G 통신, XR 디바이스의 비약적인 발전은 초실감 몰입형 XR 게임의 탄생에 가장 크게 영향을 주고받을 것입니다. 게임은 대부분의 산업적 역량을 테스트하는 분야로 자리매김하고 있습니다.

로블록스
제페토
포트나이트
마인크래프트
모여봐요 동물의 숲(이하 동물의 숲)

위의 게임들은 메타버스라는 용어를 설명하기 위해 가장 많이 언급되는 게임입니다. 그렇다면 게임은 모두 메타버스라고 할 수 있을까요?
이 질문에 대한 해답은 메타버스의 핵심 요소를 살펴보면 알 수 있습니다. 바로 '내가 가상의 공간에서 주도적으로 자유롭고 재미있게 다른 사람들과 어떤 경험을 할 수 있는가?'입니다.

메타버스는 현실을 벗어난 가상세계에서 직접 스토리를 만들어가며 몰입을 추구하는 것으로, 게임과는 많은 공통점을 가지고 있습니다.
가상세계에서 세계관을 만들어놓고 미션을 수행하며 여러 사용자와 함께 어울릴 수 있는 '게임'은 포트나이트와 같이 약간의 확장과 이벤트를 통해 메타버스 플랫폼으로의 전환이 더할 나위 없이 손쉬운 영역입니다.

사용자 간 소통이 용이하고, 아이템이나 맵 등 2차 콘텐츠 생산과 이에 따른 보상이 쉽다는 점이 게임이 메타버스로 편입되는 강력한 이유입니다.

메타버스는 원래 게임이었다

　메타버스는 게임과 같이 재미를 주는 가상공간과 결합해 발전할 가능성이 높습니다. 특히, 게임 내 활동과 이로 인한 보상이 현실 교환가치를 가지는 순간 재미 혹은 경제적 이득이라는 명확한 목표 덕분에 폭발적인 성장을 할 것입니다.

　여기에 코로나 팬데믹으로 인한 비대면 활동의 일상화로 대부분의 모임 행사의 장으로서 가상세계를 주목하는 현상이 나타났습니다. 또한, 기업들도 현실 배우를 통해 광고를 진행하기보다는 가상 모델(디지털 휴먼)을 만들어 스토리텔링하려는 움직임이 확대되고 있습니다.

　실제로 게임 플랫폼 중에서 공연, 행사와 같은 자유로운 교류가 가능하거나 게임 내 가상자산을 통해 수익을 창출할 수 있는 플랫폼들이 메타버스로 불리고 있습니다.
이로 인해 게임과 메타버스는 구분해서 바라보아야 한다는 시각이 있기도 합니다. 2021년 8월 로블록스가 한국 진출을 공식 선언하자, 국회 입법조사처는 메타버스 자체는 게임이 아니고 게임을 제공하는 플랫폼이라는 입장을 명확히 밝혔습니다.

　대부분 한번은 들어봤겠지만, 현재 주목받는 대표적인 메타버스 게임들이 각기 어떤 특성을 가지는지 가볍게 짚고 넘어가겠습니다.

로블록스

로블록스는 메타버스 플랫폼을 가장 잘 구현한 사례로 회자됩니다. 엄밀히 말해 게임을 제공하지 않고 레고 모양의 아바타가 가상세계를 탐험하는 소셜 플랫폼이고, 게임은 사용자가 직접 설계하고 판매하도록 유도합니다.

로블로스 내에서 사용자가 업로드한 게임의 숫자는 2022년 1월 기준, 6,000만 개 이상입니다. 전업 개발자만 150만 명이 넘고, 사용자들이 로블록스에 머무른 총 시간은 150억 시간이 넘습니다.

이용자는 대부분 10대이며, 특히 미국 어린이의 3분의 2 이상이 현실 친구를 만나는 시간보다 로블록스에 쏟는 시간이 많습니다. 때문에 일명 미국의 '초통령 게임'으로 불립니다.

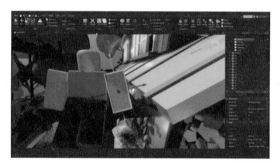

♠ 로블록스 공식 유튜브 캡처

로블록스가 메타버스 플랫폼이 구체화된 존재라는 주요한 근거 2가지를 말씀드리겠습니다.

먼저, 게임 공급자와 수요자를 연결해주는 전형적인 플랫폼 성격을 가집니다. 이를 위해 코딩이라는 기술적 제한을 없앴고, 결과적으로 끝없이 생산되는 콘텐츠 덕분에 콘텐츠의 고갈을 걱정할 필요가 없게 되었습니다. 영상 콘텐츠 플랫폼인 유튜브와 똑같은 방식으로 게임 콘텐츠를 다루고 있습니다.

두 번째로, 로블록스는 가상화폐 유통 시스템을 구현하고 있습니다. 사용자는 '로벅스(Robux)'라는 가상화폐로 아이템 구매를 하고 유료 게임을 즐길 수 있습니다. 게임 내 콘텐츠 제작자는 보상으로 로벅스를 받기도 하지만, 로벅스로 제작을 위한 툴을 구입하기도 합니다.

로블록스 내에서 사용자가 게임 및 아이템을 구매하면, 이를 제공한 콘텐츠 제작자에게 판매 수익의 일부를 돌려줍니다.

로벅스는 일정 금액 이상이 되면 자체 환전소를 통해 현금으로 인출할 수 있습니다. 이때 로블록스 역시 다양한 거래에 따른 일정 수수료를 받습니다.

결국, 로블록스 플랫폼 생태계를 성장시켜 로벅스를 많이 쓰도록 하고, 사용자 간 거래를 늘려 수수료를 받으면서 로블록스 내 경제활동이 지속될 수 있도록 유도하고 있는 것입니다.

이렇게 공급자와 수요자들이 플랫폼 내 가상화폐를 기반으로 경제활동을 지속할 수 있도록 생태계를 조성하는 것이 메타버스 플랫폼의 주요한 속성입니다.

제페토

미국에 로블록스가 있다면, 한국에는 제페토가 있습니다. 제페토는 게임이라기보단 3D 아바타를 기반으로 한 SNS 서비스에 가깝습니다. 개성 있게 꾸민 나만의 아바타로 가상공간 이곳저곳을 누비거나 타인과 소통하는 것이 주요 콘텐츠입니다. 역시 주 이용층은 10대로 2.5억 명의 글로벌 가입자 중 80%가 미성년자입니다.

따라서 젊은 소비자에게 어필하는 콘텐츠가 주를 이룹니다. 엔터테인먼트, 소셜 활동, 사용자 창작 콘텐츠 등입니다. 이는 제페토가 그동안 YG, 빅히트, JYP 등 엔터테인먼트 회사로부터 170억 원의 투자를 받은 배경이기도 합니다.

일례로, 글로벌 K팝스타 블랙핑크의 가상 팬 사인회와 아바타 공연은 각각 3,000만, 4,000만 뷰를 넘게 달성했습니다.

이러한 영향력 때문에 제페토에는 현실 기업들이 다수 입점해 있습니다. 구찌, 나이키, 디즈니 등이 매장을 열고 의상과 액세서리를 판매하는가 하면, 한강을 배경으로 한 맵에서는 CU 제페토 한강공원점이 영업합니다.

명품 브랜드 구찌의 신상품을 전시한 제페토 내의 가상공간 '구찌 빌라'의 한 달 방문객이 130만 명을 넘는 등 관심이 폭발하기도 했습니다.

나이키와 협업해 내놓은 운동화 아이템은 500만 개 정도가 팔렸는데, 우스갯소리로 당시 오프라인 매장보다 더 많이 판매됐다는 얘기가 돌기도 했습니다.

아이웨어 브랜드 젠틀몬스터나 삼성전자, 현대자동차 등도 제페토에 체험 공간을 마련하고, 사용자가 제품을 입거나 사용해보는 것도 가능하게 했습니다.

아직은 실제 수익 발생을 바란다기보단 앞으로 핵심고객으로 자라날 MZ세대에게 브랜드 각인효과를 심어주는 의도입니다.

제페토 역시 세계관 내에서 사용할 수 있는 가상화폐 '젬'과 '코인'을 갖고 있습니다. 사실 네이버는 따로 가상화폐 '라인'도 가지고 있습니다.
언젠가는 이 화폐들이 하나로 통합되지 않을까 싶습니다.

포트나이트

갑자기 공연 사례로 떠오르는 포트나이트는 원래 3D 언리얼엔진으로 유명한 에픽게임즈의 1인칭 슈팅 게임입니다. 쉽게 말하면 캐릭터를 선택하고, 무기를 들고 돌아다니며 싸우는 게임입니다.
그런데, 코로나 19로 미국 유명 힙합 가수 트래비스 스콧이 포트나이트 안에서 가상 콘서트를 열었던 사건이 있었고 이게 소위 '대박'이 나게 됩니다.

⛰ 포트나이트 유튜브 공식 채널 화면 캡처

스콧은 포트나이트 세계관 내 비무장 지대인 '파티로얄' 무대에서 9분씩 5회에 걸쳐 총 45분 공연을 했습니다. 그리고 약 2,000만 달러(약 230억 원)를 벌어들였습니다. 이는 그의 오프라인 공연 대비 10배 이상의 매출이며, 분당 5억 원 정도를 번 셈이 됩니다. 당시 동시 접속자는 최대 1,230만 명, 누적 관람자 수는 2,770만 명에 달했습니다. 심지어 2022년 1월 유튜브 동영상은 1억 뷰를 넘었습니다.

이후 BTS도 포트나이트 파티로얄에서 '다이너마이트'의 안무를 공개했고, 팝스타 아리아나 그란데 역시 같은 가상 무대에서 공연을 했습니다.

포트나이트는 'V-Bucks'라는 가상화폐를 유통하고 있습니다. 물론 스킨, 댄스 동작, 여러 장식 등 아이템을 이 'V-Bucks'로 구입 가능합니다.

마인크래프트

마인크래프트는 2020년 누적판매 2억 장을 돌파해 단일 게임 사상 세상에서 가장 많이 팔린 게임으로 등재됐습니다.
2014년, MS가 마인크래프트를 25억 달러를 들여 인수하면서 많은 의문을 제기받기도 했습니다. 그러나 이는 메타버스가 확산되는 시점인 지금 다시 보면 구글의 유튜브 인수와도 비견될 만큼의 선견지명일 수도 있습니다.

마인크래프트는 로블록스와 컨셉 면에서 유사합니다. 레고 블록으로 이루어진 플랫폼 게임이며, 이 안에서 사용자가 세상을 자유로이 제작하고, 다양한 탐험이나 생활을 즐기는 게 가능하기 때문입니다.

마인크래프트는 유튜브 방송 콘텐츠로도 활발히 이용되어 어린이들에게도 매우 친숙한 게임입니다. 이 때문에 월드 비전은 아프리카 어린이들의 삶을 체험할 수 있는 마을을 마인크래프트로 건설하기도 하고, 한국 정부는 마인크래프트 청와대 맵을 만들어 어린이날 아이들을 초대하기도 했습니다.

마인크래프트는 MS의 블리자드 인수와 함께 향후 엄청난 확장성을 보일 수도 있습니다. 게임 기반 지적 재산권(IP) 역시 마블 시리즈와 마찬가지로 세계관을 형성하고 다양한 형태의 콘텐츠로 노출이 가능합니다.

단순하게 말하면, 블리자드 캐릭터가 마인크래프트 세계에서 돌아다니기만 해도 마인크래프트 사용자 연령층이 대폭 확장될 것입니다.

동물의 숲

2020년 3월에 출시한 '모여봐요 동물의 숲'은 코로나 팬데믹에 중국발 생산 차질까지 겹치면서 한때 중고시장에서 웃돈까지 붙어 팔린 사례가 있습니다. 콘솔 게임 사상 최대인 월 판매량 500만 장을 기록하기도 했습니다.

'동물의 숲'은 동물들이 살고 있는 작은 마을에서 다른 동물 이웃들과 교류하면서 나만의 섬을 꾸려나가며 생활하는 게 주요 콘텐츠입니다. 동물의 숲은 시각과 경험 측면에서 가상세계 구현도가 뛰어납니다. 닌텐도라는 거대 회사의 작품이며, 이미 존재하던 게임이기에 완성도나 비주얼 요소가 훌륭합니다.

이에 힘입어 다른 사용자를 자신의 섬에 초대하거나 다른 사용자의 섬에 놀러 갈 수 있는 소셜 요소가 첨가된 '모여봐요 동물의 숲' 또한 매우 각광받았습니다.

▲ 닌텐도 공식 유튜브 캡처

낚시, 화석 발굴, 곤충채집 등을 하면 '마일'이라는 가상화폐를 받을 수 있고, 마일을 통해 마을회관, 안내소에서 여러 물품과의 교환이 가능합니다.

발매 초기에는 홍콩 민주화 시위를 벌이거나 결혼식을 재현하는 모습도 보였고, 미국 대선 때는 바이든 당시 대통령 후보가 선거 캠프를 개설하고 선거 로고도 배포했습니다.

비주얼에 강점이 있다 보니, 이탈리아 명품 브랜드인 발렌티노가 신상품 패션쇼 무대로 동물의 숲을 이용하여 25종의 아바타 의상을 발표하기도 했습니다.

미국 패션 브랜드인 마크제이콥스 역시 동물의 숲에서 6종의 아바타 의상을 발표했습니다.

국내 기업으로는 LG전자가 올레드TV를 홍보하는 '올레드 섬'을 만든 사례가 대표적입니다.

게임이 아니라 플랫폼을 만든다

게임 콘텐츠의 성격이 바뀌고 확장되고 있다

게임 제작의 전통적 문법은 꽉 맞게 짜인 세계관과 일방형 구조입니다. 보통 메타버스와 가장 유사하다고 간주되는 MMORPG 게임 제작자는 매력적인 스토리와 플레이 맵을 제공하고, 사용자는 이에 따르는 형식입니다.

그러나 앞서 언급된 게임들은 그렇지 않습니다. 기본적인 주제나 목표는 두되, 전체적인 세계관은 변형하거나 추가할 수 있도록 열어둡니다. 게임이라는 한두 가지 콘텐츠만이 아니라 자유로운 활동이 보장되는 플랫폼으로 거듭나고 있습니다.

오히려 다중세계(Multiverse)를 지향하고, 다층적인 가상세계의 가상세계를 만들 수 있도록 허용합니다. 때문에, 사용자는 특정 세계관을 수행하는 캐릭터로서 접속하는 게 아니라 현실의 나를 연장하거나 '부캐' 기능의 아바타를 통해 새로운 세상을 살아보려 하는 경향이 강합니다.

메타버스 게임들은 플랫폼만 제공하고 사용자에게 적극적 개입을 유도하는 점도 특징입니다. 사용자가 직접 콘텐츠를 제작하도록 해 지속과 순환을 이끕니다.

로블록스 외에도 제페토에는 패션 아이템 등을 만드는 '제페토 스튜디오', 제페토 월드를 만들 수 있는 '빌드잇'이 존재하며, 포트나이트에는 유저가 직접 만든 게임을 플레이할 수 있는 '크리에이티브' 모드가 있습니다.

마인크래프트나 동물의 숲 역시 세계에 대한 사용자 개입 요소가 무궁무진합니다. 디자인이나 개발 등 관련 지식이 없어도 누구나 활용할 수 있도록 직관적 인터페이스를 구현한 자체 템플릿을 제공하고, 이런 템플릿을 더욱 쉽게 활용할 수 있도록 만드는 데 기업의 개발 역량을 쏟고 있습니다.

뿐만아니라 PC, 콘솔, 스마트폰, XR 등 다양한 디바이스에서 플레이가 가능하도록 진화하고 있습니다. 디바이스 간 자유로운 전환을 기본으로 하는 클라우드 스트리밍 게임 서비스의 본격화와 함께 크로스 디바이스 형태 개발이 주류로 떠올랐습니다.

과거 PC와 콘솔, 모바일 버전 간 단독 출시에서 주요 디바이스에 동시 출시하는 게임 수가 증가하고 있습니다.

코로나 19로 인한 게임 플레이 스타일 자체의 변화도 중요한 트렌드입니다. 게임이 단순한 오락의 역할을 넘어 소통의 장으로 변화하고 있고, 이로 인해 메타버스 내에서 게임과 SNS의 본격적인 경쟁이 진행될 것입니다.

보상과 연결된 콘텐츠 프로슈머(Prosumer)의 확대

가상세계에서 현실과 연동되는 수익을 창출할 수 있다는 점은 사용자 유인과 체류, 그리고 플랫폼 지속성을 유지하는 데 강력한 요인이 되어 공급과 소비가 다대 다(n : n)로 성장하는 전형적인 플랫폼화의 길을 걷게 됩니다.

전통적인 콘텐츠 생산자와 소비자가 정해져서 유통되던 구조는 이미 유튜브를 통해 경계가 허물어졌습니다.
이를 가능케 한 핵심적인 요인이 바로 '개인 콘텐츠 생산자에게 분배한 수익'이었습니다. 콘텐츠 관련 산업에서 기업 역량은 사용자가 참여하여 직접 콘텐츠를 생산할 수 있도록 하는 플랫폼을 만드는 데 집중되고 있습니다.

메타버스가 기존 게임과 다른 점은 역시 보상과 자율성입니다. 콘텐츠, 지적 재산권(IP) 활용, 다양한 콘텐츠 간 결합의 폭도 넓어지고 있습니다.
점점 콘텐츠 다양화를 이끌어 내는 주체는 기업이 아닌 프로슈머, 즉 사용자가 되고 있습니다.

게임 산업에서도 플랫폼의 플랫폼이 생겨났다

3D 엔진 게임 기업의 진화

여기 이런 게임 기반 메타버스 플랫폼을 만들기 위해 꼭 필요한 툴 개발에 집중하고 있는 회사들이 있습니다.

게임을 쉽고 빠르게 개발하기 위한 3D 엔진 개발업체들이 주요하게 대두되고 있는 것입니다. 이 분야 역시도 게임 개발을 위한 기반 플랫폼으로 자리 매김하고 있고, 산업 분야에까지 적용을 확대하고 있습니다.

게임 엔진은 개발자들이 게임을 쉽게 개발할 수 있게 도와주는 소프트웨어 도구입니다.

최근 게임 엔진은 그래픽 엔진, 물리 엔진, 오디오 엔진 등 제작에 필수적인 코어와 소스코드(프로그래밍)의 기능을 융합하여 편하게 사용할 수 있도록 지원하는 형태로 발전하고 있습니다.

그 중 엔비디아의 '옴니버스'는 서로 다른 3D 엔진들을 통합하여 개발을 진행할 수 있도록 마련한 대표적인 플랫폼입니다.

여기에 '모듈러스'라는 현실 물리·자연 환경을 시뮬레이션할 수 있는 일종의 '엔진'이 추가되었습니다.

게임 개발사별 자체 엔진을 보유하는 경우도 있지만 유니티 엔진과 에픽게임즈(Epic Games)가 보유한 '언리얼(Unreal)' 엔진이 가장 유명한 엔진으로 꼽힙니다. 글로벌 Top 100 게임사 중 90% 이상이 두 개 사의 3D 엔진을 이용하고 있을 만큼 대표적인 기업임이 확실합니다.

유니티

유니티는 2004년 덴마크에서 창업자 세 명으로 시작한 게임 회사입니다. 초기 개발한 게임 흥행 실패 이후, 오히려 게임 개발에 필요한 게임 엔진에 대한 가치를 발견하고 이에 집중했습니다. 그리고 2년 후인 2006년, 유니티 엔진이라는 게임 엔진을 출시하게 됩니다.

회사의 목표는 게임 개발의 민주화, 즉 개발자의 특별한 스킬 없이도 자사 플랫폼상에서 손쉽게 게임을 개발할 수 있도록 지원하는 것입니다.

유니티 엔진은 현재 전 세계 상위 약 70% 모바일 게임의 핵심 엔진으로 작동하고 있습니다.

특히 게임을 돌아가게 하는 엔진의 역할에서 시작해 현재는 실시간 연동과 스트리밍, 인터랙티브 기술, 접속자 데이터 관리와 분석까지 게임을 운용하는 데 필요한 생태계 전부를 지원하는 토털 솔루션이 됐습니다.

한국에서도 60% 이상의 게임이 유니티 엔진으로 만들어졌고, 대표적으로 '포켓몬 고', '마비노기', '하스스톤', '카트라이트 러쉬플러스' 등이 유니티 엔진을 이용해 개발되었습니다.

유니티 엔진은 구독 형태로 정기 구독료를 받고 있습니다. 프로, 엔터프라이즈 등 구독 형태에 따라 월 40달러~200달러 정도이고, 무료로 체험해볼 수 있는 무료 버전도 있습니다.

2020년 9월 유니티는 미국 나스닥에 상장했으며, 전 세계적으로 유니티 엔진으로 매일 1만 5,000개 이상의 프로젝트가 진행되고 있고, 150만 명 이상이 유니티 엔진을 사용합니다.

유니티 엔진으로 제작한 콘텐츠를 소비하는 월간 이용자도 전 세계 27억 명이 넘습니다.

유니티 게임 엔진의 활용은 게임 산업에 국한되지 않습니다. 게임 외 건축, 엔지니어링, 자동차, 로보틱스, 유통, 콘텐츠 산업 분야로의 확장이 진행되고 있습니다.
애니메이션 '라이온 킹' 제작이나, 볼보, BMW, 폭스바겐, 아우디 등 굵직한 자동차 기업들이 모두 유니티 엔진을 활용해 여러 가지 시뮬레이션을 하고 있습니다.

적용 사례를 구체적으로 살펴보겠습니다.
BMW는 자율주행 시뮬레이션의 시각화를 위해 유니티 엔진을 활용했으며, 도요타 자동차는 가상 교육, 차량 모형 제작, 차량 점검 등의 제조 전반에서 유니티 엔진을 활용하고 있습니다. 건설 업계에서는 비용 절감 및 시공 오류 감소를 위해 실시간 3D 이미지 전환을 활용하고 있습니다.

또한 유니티 엔진은 이미 XR 콘텐츠 제작에서 중요한 역할을 담당하고 있어 미디어·콘텐츠 부문으로의 빠른 확대도 예상할 수 있습니다. 현재 유통되는 XR 콘텐츠의 60% 이상이 유니티 플랫폼을 통해 제작되고 있고, 특히 쇼핑 경험에 가상현실을 녹여낼 수 있는 유통 부문의 활용이 확대될 것으로 보고 있습니다.

현재 유니티는 〈아바타〉, 〈왕좌의 게임〉, 〈반지의 제왕〉 등의 시각효과를 맡은 기업을 인수하는 등 글로벌 메타버스 플랫폼 제작 툴 기업으로 진화 중입니다. 글로벌 메타버스 플랫폼 중 60~70%가 유니티의 서비스를 기반으로 제작되고 있습니다.

언리얼

1992년 초 팀 스위니가 운영하던 소규모 개발업체의 사명을 에픽 메가게임즈(Epic MegaGames)로 변경하였고, 이것이 에픽 게임즈의 시작이었습니다.

에픽 메가게임즈는 1998년 출시한 '언리얼'을 시작으로 1인칭 슈팅 게임 시장에 뛰어들었습니다. 또한, 뒤이은 언리얼 토너먼트가 크게 성공하고, 언리얼 개발에 사용된 언리얼 엔진을 통해 엔진 라이센스 사업에서도 큰 성공을 거두게 됩니다. 그리고 1999년 노스캐롤라이나로 본사를 옮기면서 현재의 에픽 게임즈로 사명을 변경합니다.

에픽 게임즈는 이후 콘솔용 게임 콘텐츠 등 여러 디바이스에서 플레이 가능한 게임을 출시하며 호평을 받았고, 2009년 UDK(Unreal Development Kit)라는 3D 개발 엔진을 공개하여 게임 개발자들에게 큰 호응을 얻었습니다.

'언리얼 엔진 3'은 PC, 콘솔 및 스마트폰의 수많은 대작 게임 개발에 사용되었습니다. '언리얼 엔진 4'는 PC, 콘솔, 스마트폰은 기본이고, XR로 확대되어 게임 개발에 사용되었습니다.

이후 게임을 넘어서 영화 CG, 애니메이션 제작, 건축 설계, 실내외 디자인, 조경, 가상·증강현실 및 군사훈련용 시뮬레이션이나 기타 다양한 용도의 시뮬레이션이 필요한 산업 분야에도 진출하고 있습니다. 대표적으로 '카트라이더 DRIFT', '배틀그라운드', '리니지3' 등이 언리얼 엔진을 이용해 개발되었습니다. 동대문 디자인플라자(DDP)를 설계한 자하 하디드 건축이 언리얼 엔진을 이용한 것도 유명합니다.

언리얼 엔진은 주로 고퀄리티의 섬세한 작업에 많이 쓰이지만, 유니티에 비해 범용성과 초보자 접근성이 좀 떨어진다는 평이 있습니다.

2017년, 드디어 에픽 게임즈는 게임 '포트나이트'를 출시합니다. 포트나이트는 발매 초기에는 그다지 큰 인기를 끌지 못했는데, 이후 추가된 배틀로얄 모드가 일명 '대박'이 나면서 2018년 한해 가장 높은 매출을 올린 게임으로 기록됩니다. 이때 넷플릭스의 CEO 리드 헤이스팅스가 주주들에게 '우리의 경쟁자는 HBO나 디즈니가 아니라 포트나이트다'라고 밝힌 메일은 지금도 유명합니다.

에픽 게임즈는 중국의 텐센트가 40%의 지분을 확보한 상황에서 경영권을 가져갈 것이라는 소문이 돌았었습니다.
그러나 CEO 팀 스위니는 텐센트가 에픽에 대한 경영 통제를 하지 못한다는 것을 확실히 밝힌 상태입니다.

에픽 게임즈는 2009년 UDK 제공 시 소스코드를 제외한 언리얼 엔진 3의 거의 모든 기능을 무료로 사용할 수 있도록 했습니다.
또한, 2015년 3월 2일 언리얼 엔진 4의 완전 무료화 선언으로 누구나 사용 가능하도록 소스코드까지 완전 공개했으며, 빠르고 지속적인 업데이트 또한 계속 무료로 제공하고 있습니다.

분기별 매출 3,000달러 이상일 때 5%의 로열티 지급과 대형 개발사를 위한 로열티를 줄이거나 없애는 '커스텀 라이선스'는 여전히 존재하지만, 매출이 발생하지 않는 무료 앱 개발이나 건축 설계, 영화 제작, 시뮬레이터 등에서의 활용은 완전히 공짜입니다. 이는 다분히 유니티를 의식한 행보로 보입니다.

유니티와 언리얼 엔진을 비교해 보겠습니다.
유니티는 모바일 및 캐주얼 게임 분야에, 언리얼은 PC 및 콘솔 기반 고사양 게임에 강점이 있습니다. 실제로 유니티 엔진은 모바일 게임 분야에서 높은 점유율을 보유하고 있고, 글로벌 게임 산업에서 모바일 게임이 차지하는 비중은 지속적으로 확대될 것이 분명합니다.

유니티 엔진의 범용성과 무료화는 언리얼 엔진에도 영향을 미쳐 현재는 두 회사가 모두 무료화 정책을 펴고 있고, 기술적·산업적으로 경쟁하며 빠르게 성장하고 있습니다.

3D 엔진의 양대 산맥인 두 회사의 스토리를 제법 길게 살펴본 이유가 있습니다. 이들 모두 초기에는 게임 제작사로 시작했지만, 글로벌 환경의 변화와 니즈에 맞춰 본인들의 강점에 집중한 케이스입니다.
그리고 현재 게임 산업이 망하더라도, 두 회사는 살아남을 수 있도록 포지셔닝한 상황이라는 점을 말씀드리고 싶었습니다.

스타트업의 생존 스토리는 개인 투자자에게도 많은 착안점을 줍니다. 내가 강한 분야를 잘 알고, 그에 따른 글로벌 환경을 지속적으로 모니터링하여 이에 발맞추려는 시도를 해야 합니다.

그리고 두 회사는 향후 메타버스 플랫폼과 콘텐츠 제작을 위한 개발툴 (Development Kit)을 제공하며, 엔비디아와는 또 다른 영역에서 절대 지지 않을 게임을 하고 있습니다.

P2E 게임 확장 = 메타버스 플랫폼

현재 게임 트렌드에서 빼놓을 수 없는 것이 바로 P2E입니다. 게임 스타트 업 대부분이 NFT와 P2E를 탑재하고 있고 투자 역시 P2E 스타트업에 몰리 고 있습니다. 기존 대형 게임사의 IP 역시 점차 NFT 혹은 P2E로 전환하고 있는 상황입니다.

이런 흡입력 있는 P2E 게임이 확장되어 가상화폐와 NFT를 탑재한 메타버 스 플랫폼으로 거듭나고 있습니다.

그 중에서 대표적인 2개 게임인 '디센트럴 랜드'와 '더 샌드박스' 그리고 새롭 게 나타나는 사례들을 간략하게 살펴보겠습니다.

디센트럴 랜드

▲ 디센트럴 랜드

2015년 설립된 디센트럴 랜드는 2D 게임으로 시작했습니다.
디센트럴 랜드 내의 9만 개의 토지가 이더리움, NFT 기반으로 거래되고 있습니다. 게임 내 가상화폐인 '마나'로 아바타, 스킨, 토지를 살 수 있습니다.

디센트럴 랜드는 가상화폐를 가진 사용자들이 기업의 주요한 사안에 참여할 수 있는 커뮤니티를 'DAO'로 만들어 운영 중입니다. 따라서 디센트럴 랜드에는 중장기 로드맵이 없고, DAO에서 결정된 투표안건을 통해 계획을 알수 있습니다.
어느 정도 성장 가도에 있는 기업이 극도로 민주적이고 투명한 DAO를 통해 운영하는 실험을 하고 있는 것입니다.
하지만 DAO에서 결정되었다 하더라도 실제 기업 내부의 인원들이 움직여 구현하는 것이 원활할지에 대해서는 좀 회의적입니다. 이른바 주인의식이 다소 결여될 수 있고, 투표된 안건은 구체화된 결과물이 아니기 때문입니다.
그럼에도 불구하고, 디센트럴 랜드가 DAO 운영방식이 지속 가능하다는 것을 보여준다면 이후 스타트업들의 운영 모델이 되지 않을까 생각합니다.

참고로, 삼성의 가상 매장이 디센트럴 랜드에 오픈하여 화제가 되었습니다.

여기에는 홍콩의 '애니모카'가 투자 중입니다.

더 샌드박스

🔺 더 샌드박스 코리아 공식 유튜브 채널 캡처

2012년 창립된 '더 샌드박스'는 2D 모바일 게임으로 출시되었습니다. 이후 2017년에야 이더리움, NFT 기반 더 샌드박스 3D 게임으로 업그레이드 되었습니다. 역시 게임 내 가상화폐인 '샌드'로 게임 생태계 내 대부분의 물건을 살 수 있습니다.

더 샌드박스는 2018년 홍콩의 애니모카가 인수했고, 스눕독, 아디다스, 제페토, 뽀로로 등이 더 샌드박스 랜드를 소유하고 있습니다.

주목할 점은, 손정의의 소프트뱅크가 샌드박스에 1,100억 원을 투자했다는 사실입니다. 참고로 소프트뱅크는 일부 투자 실패 외엔 대부분의 투자에 성공하고 있는 글로벌 투자자입니다.

더 샌드박스에는 중장기 로드맵이 있고, 역시 2022년 DAO 운영 시스템을 도입할 예정입니다. 또한, 여러 뮤지션의 가상 공연이 계획되어 있으며 모바일과 XR 등 다양한 디바이스로의 확장을 시도하고 있습니다.

더 샌드박스는 다양한 게임 콘텐츠를 제작, 유치하여 P2E 메타버스 플랫폼 생태계 조성을 목표로 하고 있습니다.

더 샌드박스는 이더리움, NFT 기반으로 게임을 만들고 수익화할 수 있습니다. 사용자 또한 NFT를 생성해 마켓 플레이스에 올려 거래할 수 있습니다. 현재 게임 → 코인 → 수익화 구도가 자리 잡고 있으며, P2E에 가장 잘 부합하는 플랫폼이 되어가고 있습니다.

P2E의 확장

가상의 독도와 금융 기능을 접목한 금융 메타버스 '독도버스'도 사전 예약 하루만에 3만 명이 넘는 신청자가 몰렸습니다. 독도버스의 도민권은 NFT가 적용된 가상증서입니다. 위조나 복제가 불가능하기 때문에 소유권이 확실히 보장되며, 재판매도 가능하다고 합니다.

독도버스는 메타버스로 구현한 독도 안에서 게임을 하면서 자산을 투자·거래할 수 있는 메타버스 플랫폼을 계획하고 있습니다.

메타버스 안에서 독도 생활을 하는 시뮬레이션 게임 형식이지만 실제로 돈을 벌 수 있다는 점에서, P2E로도 볼 수 있습니다.

독도버스 내 '도스(DOS)'라는 자체 재화로 도민들은 독도버스 안에서 필요한 집이나 아이템을 살 수 있고, 사용자끼리 거래할 수도 있습니다.

도스는 독도버스뿐만 아니라 실제 금융서비스와도 연동되어 있기에 메타버스를 벗어나서도 재화 가치를 지닙니다.

독도버스 안에서는 'NH농협은행'이 메타버스 브랜치를 개설하여 메타버스 안에서 금융서비스를 지원하고, NFT 기반의 게임 재화들을 현실의 수익으로 연계할 수 있는 기반이 되고 있습니다.

'유후와 친구들', '신비아파트', '핑크퐁 아기상어' 등 캐릭터 완구를 제조, 판매하는 오로라월드는, 클레이튼 기반의 P2E 게임 '쉽팜 인 메타랜드(Sheepfarm in Meta-land)' 개발사인 '나이팅게일 인터랙티브'와 업무 협약을 맺었습니다.

쉽팜 인 메타랜드는 특이하게도 메타버스로 구현된 뉴질랜드 목초지를 분양받아 가상의 양을 키우는 게임입니다.

게임 개발사는 유저가 소유한 반려양을 NFT로 출시하고, 오로라월드는 이를 실물 피규어로 개발해 게임 유저에게 제공하는 개념입니다. 나이키가 아티팩트와 협업하는 사례를 참고한 것으로 보입니다.

이는 한국에서 온·오프라인 모두에서 NFT가 적용되는 첫 번째 사례가 될 것입니다.

메타버스 생태계가 활성화되면 특히 게임 NFT 거래가 급증할 것으로 보고 있습니다. 그 이유는 특정 게임에서 구매한 NFT 아이템을 다른 게임이나 소셜미디어에서 사용할 수 있도록 기술이 발전할 가능성이 높기 때문입니다. 그렇게 되면 NFT 아이템이 일종의 자산으로 여겨질 수도 있을 것입니다.

그리고 대형 게임사 역시 NFT 기반 아이템을 본격적으로 선보이고 있습니다. 2021년 12월 유비소프트는 슈팅비디오 게임 '톰 클랜시의 고스트 리콘 브레이크 포인트' 이용자들에게 2,000개 이상의 NFT 아이템(헬멧·총·전투 바지 등 한정판)을 무료로 제공했습니다.

한국의 P2E 현황

한국에서는 2021년 12월 위메이드가 최초로 '미르4' 게임 NFT거래소를 오픈했습니다. 한국 정부는 아직 NFT 기반 게임의 사행성 등에 대한 정확한 등급 판정을 하지 않았습니다.
이후 NFT 기반 게임의 여러 사례들과 영향, 부작용 등을 고려하여 가이드라인을 만들 것으로 보입니다.

NFT 기반 게임의 지속 성장을 확신하는 이유에 대한 업계의 중론은 이렇습니다. '게임을 포함한 디지털 세계 안의 자산을 안전하게 거래하고 싶다는 수요가 크고, NFT가 이를 해결해준다. 특히 게임 분야에서 NFT의 잠재력이 클 것이다.'

사실 P2E 게임의 시초는 리니지로 볼 수 있습니다. 리니지 같은 엄청난 흡입력이 있는 게임과 NFT 기반 아이템 거래, 게임 유통 가상화폐까지 콜라보 된다면 파급력이 어느 정도일지 상상도 되지 않는 게 사실입니다.

위메이드는 블록체인 플랫폼 위믹스에 2022년 말까지 100개 게임을 서비스하는 것을 목표로, 공격적인 업무협약(MOU)을 진행하고 있습니다.

컴투스홀딩스는 '테라폼스'와 기술제휴를 하면서 블록체인 게임 플랫폼 하이브를 개발했습니다.

엔씨소프트는 아직 구체적인 계획을 내놓지 않았지만, 가상화폐 발행을 검토하고 2022년 NFT 게임 출시 등 자체 P2E 생태계를 구축할 것을 예고하고 있습니다.

넷마블의 자회사 넷마블에프앤씨는 블록체인 기반 게임 플랫폼 '아이텀게임즈'를 인수했습니다.

바야흐로 P2E가 게임의 대세가 되는 시대가 도래했습니다.

아이텀게임즈는 NFT 거래소, 게임 개발자 정산 시스템 등을 운영하고 있으며, 생태계 내 가상화폐인 '아이텀(ITAM)'을 유통하고 있습니다. 아이텀은 세계 최대 가상화폐 거래소 중 하나인 바이낸스의 '바이낸스코인'과 교환이 가능해 글로벌 활용성도 나쁘지 않습니다.

넷마블은 대표 게임 IP들을 모두 NFT, P2E 게임으로 출시할 계획에 있습니다. 특히 '모두의 마블 : 메타월드'에서는 현실 공간을 게임에 가상화하여 건물을 올리고 NFT화한 부동산을 사고팔 수 있고, P2E를 통해 현금화할 수도 있도록 합니다.

하지만 한국에서는 P2E 게임이 불가하기 때문에 NFT 게임으로만 출시할 예정입니다.

이로써 한국 게임업계는 위메이드, 컴투스홀딩스를 중심으로 했던 P2E 생태계 확보 경쟁에서 대부분의 게임사들로 확대되는 모양새입니다.

이들 게임사가 주도적인 P2E 생태계를 구축하는 것은 얼마나 많은 게임을 자사 플랫폼에 합류시키면서 NFT 아이템과 가상화폐의 활용을 높이는지에 달려있습니다.

더 많은 게임을 플랫폼에 유치하면 할수록 유통되는 가상화폐의 값어치가 올라가는 것은 물론 거래 수수료 등 부가적으로 안정적인 수익을 확보할 수 있습니다. 게임사들이 다른 게임사 플랫폼에 참여하는 것보단 일단 P2E 생태계를 구축하는 쪽으로 방향을 잡은 이유이기도 합니다.

각 게임사별 플랫폼의 가상화폐는 게임 속 기축통화가 되고, 수많은 개별 게임이 플랫폼 안으로 들어오면서 게임업체뿐 아니라 이용자 모두 이익을 실현할 수 있는 구조가 형성될 것입니다.

종국에는 지속적인 참여자의 유입이 가능한 선두 기업들을 중심으로 시장이 재편될 것입니다.

블록체인 기반 게임에 대한 정부 입장

2021년 12월 문화체육관광부 산하 게임물관리위원회는 게임 관련 자체등급분류 사업자(구글·애플·에픽게임즈·닌텐도 등 스토어 운영 사업자)에 현금, 재화 등을 얻을 수 있는 게임의 국내 유통을 사전에 막아달라는 공문을 보냈습니다. 정부는 P2E(플레이투언) 게임은 기본적으로 사행성을 조장한다는 입장이며, 일단 게임을 유통하는 플랫폼들에 협조를 구하면서 사용자들의 접근을 원천 차단했습니다.

최근 게임사들은 P2E 게임을 국내 시장에 출시했거나, 출시할 계획에 있습니다. 그러나 정부는 게임산업진흥법의 '경품 금지' 조항을 근거로 게임 속 재화를 현금으로 바꿀 수 있는 게임을 환금성, 사행성 게임으로 규제하고, P2E 게임의 국내 유통을 금지하고 있습니다.

우선 로블록스의 게임 가상화폐인 '로벅스'가 한국에서 어떻게 판단되는지 확인해야 할 듯합니다. 이는 향후 한국 메타버스 방향성에 크게 영향을 끼칠 것입니다.

게임사들은 법적 대응도 불사하고 있습니다.

사실 일부 게임사들이 야심차게 P2E와 NFT를 연계하여 NFT 거래소까지 운영할 계획에 있는 시점이었습니다.

때문에 위와 같은 정책은 P2E 게임을 새로운 먹거리로 취급하는 글로벌 트렌드와 거리가 있고, 사실 소비자들은 가상사설망(VPN)을 활용해 얼마든지 해외 P2E 게임을 이용할 수 있어 규제의 실효성이 떨어진다는 것입니다.

블록체인 기반 게임은 세계적인 흐름으로 국내외 많은 게임업체가 준비하고 있는데, 한국만 서비스를 막는다는 것은 시대착오적일 수 있음을 지적하는 게임업계 전문가들도 많습니다.

P2E 게임 출시 자체를 금지하는 것이 아니라, 출시는 허용하되 부작용을 규제하는 방안을 주장하고 있습니다.

아무래도 첫 번째 소송의 판결이 나올 때까지는 지금처럼 모호한 상황이 계속될 것으로 보입니다.

03 지적 재산권
(IP-Intellectual Property)

저는 사회 초년 시절, 리누스 토발즈의 '카피레프트 사상(GNU, GPL 등등)*'
에 심취하여 윈도우 대신 리눅스를 설치한 후 불편한 리눅스용 X 윈도우를
1년 정도 사용해보았습니다.

이런 수고로움을 감수하는 것이 제 개인의 언행일치를 위해서는 맞는 것입니
다만, 1년 후 다시 윈도우 운영체제로 돌아갈 수밖에 없었습니다.

그 이유는 사내 대부분 직원이 윈도우를 쓰는데 호환성을 내팽개칠 수 없었
고, 리눅스와 윈도우의 호환을 위해 제가 다른 사람들에게 리눅스를 사용하
라고 할 수는 없었기 때문입니다.

그리고 수고로움이 적절한 보상으로 환원되지 않는 상태에서는 지속이 무의미하다는 것을 깨닫게 되었습니다.

비유가 다소 지엽적이고 단편적이긴 하지만, 지속가능성을 담보하는 가장 중요한 요소는 '카피레프트*'보다는 '카피라이트*'라는 것을 알게 된 순간이었습니다.
적절한 보상이 없는 수고스러운 행위는, 수고가 획기적으로 줄어들지 않는 한 타인이 동참할 수 있는 표준이 되기 힘든 것입니다.

이후 리눅스는 **해답이 문제를 찾는*** 모양새로, 안드로이드 모바일 OS로 진화하여 그 꽃을 찬란히 피우고 있습니다. 물론 구글에 종속되기는 했지만 말입니다.

인터넷 시대에는 개인의 수고스러움에 대한 보상 또는 개인 창작물에 대한 지적재산권 개념이 거의 없었기에, 대부분 사람은 수고스러움을 줄여주는 플랫폼들이 제공하는 서비스를 맹목적으로 사용했었습니다.
그러던 중, MS의 브라우저 IE는 어느 순간 Netscape 브라우저를 나락으로 보내버렸습니다. 윈도우에 탑재되어 나오고 호환도 잘 되어 너무나 편리한 IE를 두고 Netscape를 사용할 이유가 전혀 없었기 때문입니다.

이런 시장 선택이 무수히 반복된 이후 우리는 윈도우와 구글, 그리고 애플의 지배적 영향에 놓이게 되었습니다. 지금 막 생태계의 문을 열어젖힌 메타버스 역시 많은 서비스들을 선보일 것이지만 시장 선택에 의해 지배적인 서비스는 줄어들 것입니다.
하지만 개인들이 역할하는 부분에서는 획기적인 차이를 보일 것입니다.

메타버스 시대에는 개인이 활개칠 수 있는가

리워드(카피라이트)와 카피레프트의 공존

깃허브(Github)*라는 개발자 오픈 소사이어티가 있습니다. 이곳에서는 메타버스 관련 개발자들이 초기 코드를 올리고 서로 간에 피드백을 주고받으며 발전을 합니다.

이후 출시된 결과물에 대한 확실한 카피라이트와 리워드 역시 담보할 수 있습니다.

IP(지적 재산권)가 자산이고 소유권 보호의 대상이라는 부분에 대한 기술적 발전과 사회적 인식의 변화가 진행된 상황입니다. 이런 인식 제고를 토대로 IP 저작권료 배분에 대해 지켜보다 보면, 의구심이 하나 생겨납니다.

가령 책은 새 책 구입 한번으로 모든 저작권의 정산이 끝납니다. E-book 형태의 디지털 콘텐츠 역시 마찬가지입니다. 디지털 콘텐츠 IP 대부분이 이런 저작권 정산을 따릅니다.

하지만 음원은 어떻습니까? 내가 좋아하는 뮤지션의 CD를 구입했더라도 공공장소, 영상 플랫폼 등 많은 사람을 대상으로 음악을 공유할 수 없습니다. 스트리밍 서비스를 이용할 때, 노래방에서 노래를 부를 때 역시 음악 저작권료는 이해관계자 모두에게 배분되는 방식을 채택하고 있습니다.

음악 저작권과 같이 디지털 콘텐츠 IP의 재판매·노출이 일어날 때마다 이해관계자 모두에게 저작권료가 배분되는 방식이 기술적으로 간단해진다면 어떨까요?

기업, 개인 모두 IP에 대한 사회적 인식 제고와 실질적인 저작권료 배분 방식의 수월함은 인터넷 시대와는 다르게 개인 콘텐츠의 폭발적인 증가를 가져올 것입니다.

바로 NFT를 적용한 '스마트 계약'을 통해 새 책이든 중고거래든 매매할 때마다 구입 금액의 일정 비율을 저작권자에게 돌아가게 하는 방식이 가능하게 된 것입니다.

나이키 역시 한정판 재판매 시장에 대한 대응으로 NFT를 적극 도입 중에 있습니다. 관련해서 챕터 04 디지털 아트 부분에서 자세하게 파헤쳐보겠습니다.

주관적인 SSUL

카피레프트(Copyleft)

카피라이트와 반대되는 개념입니다. 리눅스가 처음 인터넷에 코어를 공개하여 이후 세계 여러 개발자들의 협업을 통해 발전하여 누구나 무료로 쓸 수 있도록 한 것으로 유명해졌습니다.

인터넷 초창기 리차드 스톨먼이 유료 소프트웨어에 반대해 인터넷 프로그램을 모든 사람들이 공유할 수 있도록 하자는 운동이 시발점이었습니다.

하지만 무료 오픈소스였던 리눅스 OS 역시 기업용은 레드햇 등을 통해 유료 유지보수 서비스를 찾을 만큼 무료 소프트웨어의 안정성이 문제가 되었습니다. 결정적으로 인터넷 시대에 개인들의 창작 지적 재산권을 형성하는 데 실패하면서 대부분의 웹 서비스는 일부 빅테크 기업들이 독점하는 형태로 진화하게 되었습니다.

해답이 문제를 찾는다

도구는 뜻밖의 발견을 가져다주고, 그것은 또 다른 뜻밖의 발견으로 우리를 이끌 수 있습니다. 그렇지만 도구가 그 목적을 위해 제대로 작동하는 경우는 드물다는 데서 비롯되는 용어입니다.

발견 당시 생각했던 것과는 전혀 다른 용도로 사용되는 있는 대표적인 경우가 레이저입니다. 떨어져 나간 망막을 꿰매는 수술용으로 개발된 레이저는 CD, 시력교정, 미세 수술, 데이터 저장 등 원래 목적 외에 다양하게 쓰이고 있습니다.

리눅스 OS는 여전히 서버용으로 쓰이고 있지만, 현재는 뜻밖에도 안드로이드를 비롯한 모바일, Iot OS에 두루 쓰이고 있습니다.

사람들은 장난감을 만들고, 그 장난감 가운데 일부가 세상을 바꿉니다.

깃허브

대표적인 무료 오픈소스 저장소로 2008년 공개되었습니다. Git 호스팅 기능 덕분에 GitHub는 자유 소프트웨어의 성지로 떠올랐습니다. 본사는 미국 샌프란시스코에 있습니다. 경쟁사 SourceForge는 애드웨어, 해킹, 바이러스 등등의 문제로 많은 개발자들의 신뢰를 잃어 사실상 망했으며, 대부분의 프로젝트가 GitHub 쪽으로 이주하게 되었습니다.

원래는 공개 프로젝트만 무료였고 비공개 프로젝트는 결제를 해야 했으나, 75억 달러(약 9조 원)로 MS에 인수된 이후 2019년 1월 초부터 비공개 저장소를 무료로 제공하기 시작했고, 2020년 4월 중순부터 비공개 저장소 공동 작업자 수 제한도 풀렸습니다.

IP 침해와 대응

IP 침해 사례

2021년 12월 에르메스는 허가나 동의를 받지 않고 자사의 대표 상품인 버킨백 모양을 본뜬 '메타버킨' NFT를 '오픈씨'에 판매한 작가에게 상품권과 지식재산권을 침해했다며 공식 경고했습니다.

그 작가는 NFT를 통해 최소 200이더(약 9억 8,000만 원) 수익을 냈을 것으로 추정하고 있습니다.

△ 메타버킨

2021년 6월, 로블록스는 플랫폼 내에서 음원이 무단으로 재생되어 음반사와 가수의 지식재산권을 침해했다는 이유로 여러 음반사로부터 2억 달러 규모의 손해배상 청구 소송을 당하기도 했습니다.

또 2022년 2월, 오픈씨(Opensea)에는 정용진 신세계 부회장과 캐릭터 '제이릴라'를 활용한 NFT 상품이 등장한 적이 있습니다. 이들 NFT 상품은 모두 이미지를 도용해 만든 것으로, 신세계는 오픈씨에 해당 게시물 삭제를 요청하기도 했습니다.

저작권 침해 대응 방안

이처럼 현실세계의 음원, 상표를 무단으로 쓰거나 저작권이 있는 건축물 등을 메타버스 안에서 그대로 재현했을 때 이를 어떤 룰로 정리할지가 모호한 상태입니다.

메타버스 디지털 트윈 영역의 핵심은 '현실의 무작위적인 복제'입니다. 주로 산업 시뮬레이션에 쓰일 때는 문제가 없었지만, 현실 풍경이나 대상이 복제되어 대부분의 사람들이 활용하기에 저작권 침해 우려가 생기는 것입니다.

이 부분에서는 저작권법 제35조 2항에 명시된 '파노라마의 자유'가 자주 언급됩니다. 공공장소에 항상 전시되는 건축물의 외관이나 저작물 등은 사진, 영상 등으로 복제해 이용할 수 있다는 것입니다.

파노라마의 자유에는 개방된 장소, 항시 전시, 비영리 목적 3가지가 핵심 요소입니다.

쟁점은 현실 장소를 그대로 재현해 옮기는 과정에서 어문저작물이나 음악저작물이 포함될 가능성이 생기는데, 이는 재현도를 높이기 때문에 파노라마의 자유를 인정해야 하느냐, 아니면 영리 목적일 경우 저작권 침해에 해당하느냐에 대한 해석이 분분한 상태입니다.

그리고 메타버스 세계에서 창작한 아이템의 소유권 문제가 있습니다. 디지털화된 콘텐츠의 소장자가 원작자인지 확인이 힘들고, 현실 상품을 표절하여 제작하여 이를 통해 가상화폐로 경제적 보상을 얻는 경우는 어떤 식으로든 문제시 될 가능성이 큽니다.

한국은 메타버스 내에서 디지털 상표와 IP를 보호하기 위해 상표법 개정과 디지털 물품을 디자인 보호 대상에 포함할 수 있도록 디자인법도 개정할 계획에 있습니다.

메타버스 경제를 제대로 키우기 위해선 법적 기반 역시 같은 수준으로 뒷받침이 되어야 하기 때문입니다.

인공지능(AI), 메타버스 등 신기술 환경에 따라 새로운 방식의 저작물 이용, 유통 기반의 조성이 필요하고, 침해행위 규정을 마련하는 등 법제가 정비되어야 합니다.

제3차 국가지식재산 기본계획에는 빅데이터 분석 등을 통해 국가전략산업 분야 핵심 IP를 확보하고, 전략적 IP 보호체계를 강화한다는 내용과 저작권 침해 종합대응 시스템을 구축한다는 내용이 포함되어 있습니다.

특허청은 지식재산권(IP) 관점에서 NFT를 깊이 있게 분석하고 활용 방안도 모색할 정책연구용역을 진행합니다. NFT가 특허, 상표, 디자인, 영업비밀 등 IP 전반에 미치는 영향을 분석하고 이슈를 정리할 예정입니다.
특히 특허권과 상표권 등에 NFT를 적용해 지식재산 거래를 활성화하거나, 발명, 창작 과정이 담긴 연구노트 등에 NFT를 부여해 발명 이력 등의 고유성을 증명하는 방안 등 NFT의 폭넓은 활용 방안을 모색하고 있습니다.

늘어나는 NFT 기반 IP

가상화폐 거래소 코빗은 웹툰업체 미스터블루가 보유한 IP를 2022년부터 NFT로 만들어 판매한다고 밝혔습니다. 그리고 카카오엔터테인먼트는 글로벌 140억 뷰 이상을 기록한 인기 웹툰 '나 혼자만 레벨업' 최종화 마지막 장면 등의 NFT를 그라운드X가 운영하는 디지털 작품 유통 서비스 '클립 드롭스(Klip Drops)'를 통해 판매했습니다.

스타트업 아이피샵은 다양한 IP 거래 플랫폼 '아이피샵'을 오픈했습니다. 초기에는 미발매 음원과 예술 작품 중심으로 거래 상품을 구성한 뒤 향후 캐릭터 라이선스, 창작영상, 웹툰, 특허권 등 폭넓은 분야의 IP를 모두 거래하는 토털 플랫폼으로 키워나간다는 목표입니다.
예술 작품부터 NFT 기술을 접목해서 거래 투명성 확보와 원본 인증 문제를 해결하고, 다양한 온·오프라인 행사를 통해 콘텐츠 활용성을 높일 계획입니다.

온·오프를 막론하고 디지털화 콘텐츠에 대중성과 경제성이 있다면, 이런 영역은 IP 보호를 위해 NFT에 기하급수적으로 넘어갈 것입니다.

디지털 아트

신세계는 2021년 12월 한국 1위 미술품 경매 업체 서울옥션 지분투자에 참여했습니다. 서울옥션은 2021년 10월 자회사 서울옥션블루를 통해 코인 거래소 업비트의 운영업체 두나무와 손잡고 NFT 사업에 진출했습니다. 서울옥션블루와 업비트는 이후 NFT 예술품 거래 플랫폼 'XX블루'를 열었고 첫 경매에선 장콸 작가의 NFT 작품 '미라지 캣3'가 수백만 원 대인 실물 가격의 100배를 넘는 3.5098 비트코인(약 2억 5,400만 원)에 낙찰됐습니다.

NFT는 플랫폼에 종속되지 않고 활용되어야 합니다. 이런 맥락에서 봤을 때 게임 아이템 NFT는 게임 플랫폼에 종속될 수밖에 없어서 활용도는 떨어집니다.

따라서 NFT가 빠르게 확산될 분야는 창작자의 IP 권리가 미흡했던 분야일 가능성이 높습니다. 그 대표적인 분야가 아트 분야입니다. 이에 대해 조금 자세하게 파고들어 보겠습니다.

문제가 있는 부분만 해결한다

메타버스 NFT 생태계 중 미술(아트) 분야에서는 벌써 많은 부분들이 바뀌고 있습니다. 기술은 기존에 존재하던 분야의 특정 문제점들을 해결할 수 있는 신규 기술로 대체되는 경향이 있습니다. 기존 미술(아트) 시장에는 분명한 한계점이 있었습니다.

기존 오프라인 미술 시장의 한계점은 소유권 등록, 취득 및 양도세 규정 미비와 불투명성, 상품 특성상 가격 표준화가 어려운 점, 거래 기록 및 가격 추적이 불가능한 점, 유통 과정에서의 수익 배분 이슈가 늘 깔려있었습니다.

기존에도 디지털 아트 시장이 있긴 했습니다. 그러나 역시 한계점이 명확했습니다. 디지털 아트는 디지털 이미지 특성으로 인해 진위 여부를 가려내기 어려웠고, 수정, 복사, 배포 등으로부터 저작권을 보호하기가 어렵습니다. 게다가 예술작품 거래는 보통 폐쇄적이고 불투명하게 이루어지기 때문에 정보의 비대칭이 항상 존재하는 시장이었습니다.

이런 온·오프를 막론한 기존 아트 시장의 문제점을 블록체인 기반 NFT를 활용한 '스마트 계약*'으로 해결하고, NFT 디지털 아트라는 새로운 시장의 활성화가 시도되고 있습니다.
디지털 아트 시장에 NFT를 적용하여 거래 투명성을 강화한 새로운 유통구조 도입이 가능해지고, 이를 통한 기존 시장의 근본석인 문제섬 해소를 기대할 수 있습니다.

문제점	해결방안
소유권 등록, 취득세 및 양도세 문제	디지털 아트 NFT화로 명확한 소유권 이전 및 증명 가능
유통과정에서 수익분배 문제	• 블록체인의 특성상 안전하고 투명한 거래가 가능하고 오리지널 작가 및 거래와 수정에 참여한 모든 이해관계자의 권리 보장 가능 • 온라인 거래로 구매와 판매 시 시공간적 제약 해결
진위 여부 문제	NFT의 대체불가능성으로 디지털 예술작품의 출처와 증빙 문제 해결
저작권 문제	• NFT로 작품과 저작권 일치화 가능 • 디지털 아트의 저작권 정책을 자동으로 설정 및 기록 가능 • 다양한 소프트웨어로 수정 및 카피 감지하여 NFT 발행자와 원작자, 수정자 여부 판단 가능
정보의 비대칭 문제	• NFT로 초기 정보 삭제 및 수정이 불가하여 등록 출처와 거래, 분실 등의 모든 자료 공유 가능 • 참여자 사이의 투명하고 열린 거래 가능

기존 시장이 가지고 있던 문제점 해결과 IP 유료화에 대한 여건 성숙으로 디지털 아트 시장은 메타버스 영역 중 가장 열기가 뜨겁습니다.

NFT 디지털 아트 경매에 올라온 NFT 작품들이 순식간에 팔려나가고, 작가의 재능에 투자하는 NFT 상품이 나오는 등 디지털 아트 시장 전반적으로 다양한 변화가 나타나고 있습니다.

이런 디지털 아트의 오래된 문제점을 해결하는 솔루션은, 아트뿐만 아니라 오리지널 IP가 디지털인 모든 분야에 똑같이 적용될 수 있고, 오프라인 기반이지만 온라인으로도 확장을 꾀하는 모든 분야에도 적용될 수 있습니다.

스마트 계약(스마트 컨트랙트)

최초 창작자에 대한 보상 금액 지급(Smart Contract)

거래 금액 지급

NFT 컨텐츠 재거래

창작자 　　스마트 컨트랙트 이용　　 컨텐츠 거래
　　　　　　NFT 발생

〈NFT 발행(mint)과 콘텐츠 거래 재거래에 대한 창작자에 대한 보상 절차〉

스마트 컨트랙트 기능을 활용하여 콘텐츠에 대한 NFT를 발행하고 거래 지원 플랫폼에 등록할 수 있다. 고유한 디지털 자산(Digital Asset)마다 고유한 NFT가 발행되는 것이다.

NFT의 최초 거래 이후의 재거래에 대해서도 기존의 미술품 거래에 적용되는 바와 같이 원작자에게는 10%의 로열티가 지급되어 디지털 콘텐츠 창작자에게는 새로운 수익 창출과 비즈니스의 기회가 열린 것이다. 이때 NFT의 가격을 제시하거나 경매하는 방법 등 다양한 거래 방식을 지원하는 플랫폼을 이용할 수 있다. 현재 NFT 발행과 거래를 지원하는 서비스 플랫폼으로는 Rarible, Terra Virtua, Enjin, Mintbase, Opensea, MarkersPlace, Known Origin, Async Art, Nifty Gateway, Superrare, Cryptograph, Crypto Kitties, Handshake Domains 등이 있다.

대부분의 NFT 서비스 플랫폼은 DAO로 구축되어 NFT의 발행과 거래, 거래에 대한 보상의 절차를 스마트 컨트랙트로 진행하게 된다.

현재 이더리움 기반의 NFT가 대세이지만, 이더리움 스마트 컨트랙트의 가스비(Gas limit)가 상대적으로 고가이므로 발행 비용을 낮추기 위하여, 이더리움에서 스핀오프하여 발행되는 여러 가지 코인들을 NFT 발행에 사용되고 있다. 트론(Tron)의 TRX-721 등이 비 이더리움 계열 NFT에 속한다. 이러한 알트 코인의 일부는 아직 기술적으로 불완전하거나 비즈니스 모델을 갖추지 못한 경우가 있으므로 관련된 코인에 투자 시에는 매우 신중한 기술적인 검토와 판단이 요구된다.

출처 • 2021년 7월 KISA 리포트 NFT와 스마트 컨트랙트

「디지털 자산 거래와 메타버스 생태계」 발췌

위 스마트 거래 메커니즘을 공유한 이유는 디지털 아트 등 IP 창작자들에게 앞으로 지속적으로 로열티를 지급받는 계약을 체결할 수 있는 기술 기반이 열렸다는 것을 강조하기 위함입니다.

마치 음악 저작권처럼 사람들이 작품을 한번 내려받을 때마다, 전시를 한번 할 때마다 자동으로 저작권료를 지급받을 수 있는 기술이 탄생한 것입니다.

NFT 디지털 아트 영역은 물만난 물고기

원작, 원본은 영향력이 있다

저는 프랑스 오르세 미술관에서 고흐의 진품을 감상한 적이 있습니다. 불현듯 눈가가 촉촉이 젖을 정도의 감격이 일었습니다. 저는 작품의 사진을 찍었고, 이후 찍어둔 사진 파일을 출력해서 집에서도 감상했습니다. 허락받지 않고 개인적으로 복제를 한 거죠. 과연 이 행위는 저작권법상 문제가 될까요?

불행하게도, 원작자인 고흐는 작품 판매에 따른 소득 외 전시에 따른 어떠한 로열티도 분배받지 못했습니다. 물론 당대에는 지금처럼 작품을 인정받지 못해서 판매소득이 크지 않았기 때문이기는 하지만, 고흐는 인생 내내 현재 그가 우리에게 주는 감명에 비하면 형편없이 가난한 삶을 전전했습니다.

지금은 IP 보호와 DAO를 쉽게 조성할 수 있는 기술적 기반이 완성된 상황입니다. 고흐가 원했던 것들이 크립토펑크 NFT의 멤버십과 블록체인 NFT 기반 스마트 계약으로 구체성을 띠고 현실에서 이루어질 시점에 있습니다.

　아래 사진은 제가 오르세 미술관에서 직접 찍은 사진 이미지입니다. 지금 봐도 그때 뭉클함이 여전합니다.

　하지만 이는 진품을 본 이후에야 연결되는 감정입니다. 복제본이 아닌 진품에 그 영향력이 있는 것입니다.

실제 원본작품에는 원작자의 삶과 인생 스토리까지 전달되는 경향이 있습니다. 이런 점들이 보는 사람으로 하여금 진정한 감동과 즐거움을 가져다줍니다. 진품의 힘은 이런 부분에서 나오고, 인정을 받게 됩니다. NFT 인증 역시 이런 맥락에서 가치가 있다고 사람들이 인정하는 것입니다.

디지털 아트 거래 사례

디지털 아트 작품들이 고가로 팔려나가기 시작했을 때 대부분은, '디지털 IP라는 가볍고 복제가 쉬운 이미지에 불과한 작품을 돈을 주고 꼭 사야 하나?'라는 생각을 했습니다. 하지만 이후에도 디지털 아트의 거래는 이어졌고, 가상화폐로 돈을 거머쥔 크립토 네이티브들과 일부 셀럽들의 '플렉스' 용도로 비대면 시대의 안성맞춤인 희귀 아이템으로 취급되고 있습니다.

한마디로 디지털 아트 영역은 메타버스, NFT라는 거대한 바다를 만난 물고기가 되었습니다.
NFT 투자사 '메타퍼스'를 운영하는 메타코반이 비플의 NFT '매일 : 첫 5000일'을 6,930만 달러에 매입한 사례는 이미 유명합니다.

2021년 12월 1일 CJ올리브네트웍스가 NFT 거래 플랫폼 '업비트 NFT'에 경매로 내놓은 류재춘 화백의 수묵화 NFT '월하 2021' 200점이 완판되었습니다.
높은 가격부터 가격을 낮추는 역경매 방식으로 진행되었으므로 시작 가격은 약 100만 원 정도였습니다. 낮 12시에 시작된 경매는 10여 초 만에 200점이 모두 팔리면서 끝났고, 이 작품은 경매 후 시장에서 400여만 원까지 시세가 상승하기도 했습니다.

참고로, '테사'는 앤디 워홀과 데이비드 호크니 등 유명 미술가의 고가 미술품 소유권에 소액으로 공동 투자할 수 있는 플랫폼입니다. '아트앤가이드'와 '아트투게더' 등도 대표적인 아트 거래 플랫폼입니다.

조각투자가 쉬워진다

2021년 3월, 크리스티가 미국 뉴욕 경매에 처음으로 NFT 작품을 내놓을 때만 해도 미술계에서는 '바보 같은 사기'라는 반응이 지배적이었습니다. 그러나 이후 NFT 디지털 아트 시장은 성장에 성장을 거듭해 조각투자를 통해 아트 시장 저변을 급격하게 넓혀가고 있습니다.

조각투자는 NFT 기술로 그림을 지분 형태(증권)로 쪼갠 뒤 여러 투자자가 공동으로 소유권을 구입하는 새로운 미술품 투자방식입니다. 사실 미술품은 부유층의 전유물로 인식되어 시장 자체의 한계가 너무나 명확한 측면이 있었죠. 때문에 새로운 투자 방식인 조각투자가 미술품 투자의 저변을 확대시킬 것은 분명해 보입니다. 조각투자 플랫폼인 아트앤가이드는 작품을 구매해 되판 수익률이 평균 40.9%(평균 보유기간 313일)에 달했다고 합니다.

그동안 조각투자는 투자자가 투자한 작품을 집에 전시해서 감상할 수 없다는 치명적인 단점이 있었습니다. 하지만 오리지널 IP가 디지털인 작품도 NFT를 탑재하고 고가로 팔리고 있습니다.

작가 재능에도 투자

작가의 재능에 투자하는 대표적인 사례로 한컴아트피아와 더아트나인의 화가의 잠재 가치에 투자하는 '화가 재능 NFT화' 사업 추진을 들 수 있습니다. 더아트나인이 화가를 선정하고, 한컴아트피아가 화가들이 제작하는 미술작품 판매금 일부를 NFT 구매자들에게 배분하는 방식으로 이런 내용을 기재한 계약서를 NFT로 발행할 계획이며, 이를 위해 NFT 마켓을 열고 실제 거래 서비스를 선보일 예정입니다.

디지털 아트 메타버스 거래소, 갤러리 등장

그라운드X의 클립드롭스, 서울옥션블루의 XXBLUE, 갤럭시아머트리의 메타갤럭시아 등 NFT 디지털 아트 전문 거래소 역시 잇달아 생겨나고 있습니다.

작가들의 작품을 지속 전시할 메타버스 기반 갤러리 서비스도 곳곳에서 만들어지고 있습니다. 이미 여러 디지털 아트 거래 플랫폼들이 각축을 벌이고 있는 것입니다.

타 영역의 시범케이스가 된다

지금까지 디지털 아트가 대두되는 부분과 확대되는 사례들을 다소 디테일하게 살펴봤는데요. 물론 이유가 있습니다.
메타버스와 NFT를 활용한 디지털 아트영역의 솔루션들은 기존 아트 시장이 갖고 있는 문제점과 비슷한 취약점을 갖는 대부분의 다른 서비스 영역에도 같이 적용되고 확장될 수 있기 때문입니다.

오리지널 IP가 있는 모든 분야, 예를 들어 출판, 교육 강연, 게임, 엔터, 영상(방송 · 스포츠 중계 · 드라마 · 영화 등), 부동산 거래와 소유, 주식 거래와 소유 등등 온라인 처리가 끼어 있거나, 온라인으로 대체 가능한 부분이 존재하는 대부분의 산업 영역에서 NFT는 기존 방식을 대체할 수단으로 자리 잡을 것입니다.

그리고 덩치가 크고 가격이 높은 투자대상을 디지털 영역으로 끌어들여 분할하고, 이를 조각투자할 수 있는 기반이 만들어진다면 자산 시장의 폭발적인 성장이 가능해집니다.

한국에서도 조각투자 기반인 자산 유동화 시장이 이런 식으로 성큼 다가올 수도 있을 것입니다. 이 부분은 6장 챕터 01에서 다시 자세히 다루겠습니다.

05 디지털 트윈 영역이 가장 먼저 돈이 될 것이다

구글은 바보가 아니었다

2022년 지금 보면, 구글 어스의 가치는 유튜브 못지않은 가치였다는 생각이 들기도 합니다.

2006년 구글이 유튜브를 인수한 후 10여 년간 이는 판단 착오로 인한 인수였다고 회자되었습니다. 그러나 지금은 지난 20여 년간 구글이 가장 잘한 일 중에 하나가 유튜브 인수라는 것을 누구도 부인할 수 없습니다.

메타버스를 향한 대규모 산업 이전이 예상되는 지금, 구글 어스가 유튜브와 같은 노선을 밟으며 화려하게 각광받을 태세에 있습니다.

구글은 검색 서비스로 인한 많은 데이터를 통해 통찰력이 생겼고, 이를 밀어붙일 수 있는 조직문화까지 겸비했다고 보아야 합니다. 개인적 의견이지만, 앞으로도 망해 없어지기 힘든 기업에 들어가지 않을까 싶습니다.

현재 메타버스 디지털 트윈 영역에서 수익이 되는 여러 서비스가 나타나고 있습니다. 그리고 온·오프라인을 막론하고 더더욱 중요해지는 것은 주거지와 상권에서 사람들이 어떤 행동을 보이는지에 대한 데이터입니다.

구글은 클라우드, 특히 구글 포토를 무료로 사용하게 하면서 방대한 이미지 빅데이터도 확보하여 이를 분석한 후, 메타버스 영역에도 활용하고 있습니다. 향후 대부분의 상품 브랜드는 구글의 빅데이터와 지도를 연계한 분석 서비스를 유료로 이용하지 않을 수 없을 것입니다.

어스 2(Earth 2)

'어스 2'는 구글 어스를 기반으로 지구를 그대로 메타버스 디지털 트윈으로 복제해 가상의 지구를 구현하였습니다.

사용자 간 전 세계 각지 땅을 가로×세로 10m 크기 타일로 나누어 사고팔 수 있게 만든 플랫폼입니다.

이를 바탕으로 토지 매매나 광고를 통해 사용자가 수익을 올릴 수 있습니다. 수요와 공급에 따라 가격 상승이 되고, 만 18세 미만이면 수익 인증과 출금이 불가능합니다.

현재 어스 2에서 판매한 세계적으로 유명한 지역, 가령 백악관·콜로세움·에펠탑 등은 100배~10,000배 정도 상승한 가격에 판매되었거나 판매 중입니다.

아직까지는 게임 구현이 본격화되지는 않아, VR 메타버스 게임으로 진화하기까지는 어느 정도 시간이 필요할 것입니다. 어스 2 역시 유니티 3D 게임 엔진을 활용하여 개발 중에 있습니다.

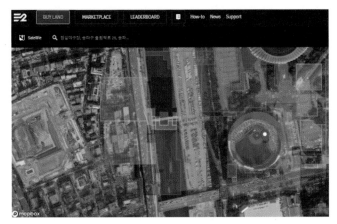

☆ 어스 2 사이트 캡처

메타포트

메타포트는 360도 3D 카메라를 이용해 다양한 건축 공간을 XR 공간으로 제작하는 회사입니다. 질로우, 에어비앤비, 하얏트, H&M 등을 고객사로 두고 있으며, 현실세계 부동산의 내·외부를 가상세계에 똑같이 디지털로 구현하는 기업입니다.

메타포트는 약 2,400억 달러에 달하는 실내외 디지털 트윈 시장을 선점했다는 평가를 받고 있습니다. 앞으로도 부동산 업계의 프롭테크 및 메타버스화 전환기와 맞물려 크게 성장할 가능성이 높습니다.

메타포트의 사업화 영역은 한국에서는 네이버가 본격적으로 시도하고 있습니다. 네이버 ALIKE 솔루션은 도시 단위의 디지털 트윈을 제작하는 ALIKE-3D/RD/HD와, 실내·외 등 복합 지형을 대상으로 하는 ALIKE-M으로 구성되어 있습니다. ALIKE-3D/RD/HD는 도시를 통째로 스캔하여 획득한 수천 장의 이미지와 사진측량 기술을 활용하여 도시 스케일의 3D 모델, 로드뷰 등을 제작합니다.

이는 구글 어스와 겹치는 부분이 많습니다. 그러나 네이버가 전 세계 모든 지역을 구글 어스와 같이 디지털 트윈으로 커버할 수 있을지는 미지수입니다.

실내외 공간의 디지털 트윈에 특화된 ALIKE-M은 모바일 매핑 로봇, 백팩 타입의 매핑 디바이스 뿐 아니라 스마트폰 카메라와 같은 저비용 센서를 활용해서도 정밀한 3차원 매핑이 가능합니다.

메타포트는 네이버의 ALIKE-M과 같은 영역에서 디지털 트윈을 만들어 갈 것이고, 언젠가는 구글 어스와 협업을 하거나, 직접 구글 어스의 디지털 트윈 영역으로 확장을 시도할 것입니다.

이렇게 제작된 디지털 트윈 세계는 인공지능, 클라우드, 자율주행, XR 디바이스, 5G 등의 기술과 결합해 현실과 상호작용하며 다양한 서비스를 창조할 것입니다.

현실 부동산 업계와 메타버스 디지털 트윈과의 접점

부동산 업계에서는 이미 이와 비슷한 시도를 하고 있습니다. 모델하우스를 아예 VR 기술로 만들어 건물과 실내를 둘러볼 수 있게 하는 겁니다.

현실에서 모델하우스를 짓는 데 비해 압도적인 비용 절감이 가능하므로, 실감 기술이 좀 더 발전된다면 대부분 모델하우스는 가상 VR 기술로 대체될 것입니다.

직방, 다방과 같은 프롭테크(Property + Technology) 업체 역시 VR로 구현한 투어 서비스를 제공하고 있습니다.

실제로 주택을 방문한 것처럼 시각 정보를 제공하는가 하면 주변 시설이나 환경까지 창문을 통해 체크할 수 있도록 실감도를 높였습니다.

위 부동산 업계의 방향성과 맞물려 한국이든 미국이든 건물과 주택의 실내 디지털 트윈 역시 본격화될 것입니다.

메타버스에서도 부동산이 안전자산

메타버스 디지털 트윈 영역은 역시 현실 부동산을 디지털화하는 것에서부터 불이 붙기 시작하고 있습니다.

부동산 사랑하면 바로 한국이죠? 먼저 한국 디지털 트윈 사례를 한번 보겠습니다.

한국 부동산은 프롭테크와 메타버스로 빠르게 전환하고 있다

한국 푸드테크 업체 '식신'은 2021년 12월 현실 공간에 존재하는 식당과 상점 등을 메타버스 디지털 트윈으로 구현한 '트윈코리아' 서비스를 선보였습니다.

사용자들은 이 서비스를 통해 현실 공간에서 해당 위치에 있는 식당과 상점 등을 메타버스의 가상 부동산에서 동일하게 확인할 수 있습니다. 각 지역은 '셀(CELL)*'로 구분되며, 각각의 셀은 현실 부동산처럼 분양을 통해 판매됩니다. 셀을 구입한 소유주는 셀 구역 내에서 식당과 상점이 진행한 광고 마케팅의 비용 일부를 수익으로 받을 수 있고, 셀의 가치를 끌어올려 다른 오너에게 판매할 수도 있습니다.

사용자들은 식당과 상점을 이용한 뒤 리뷰 작성, 영수증 인증, 결제 등의 활동을 통해 보상을 받을 수 있습니다. 커뮤니티 리뷰, 네이버 영수증 인증 등의 기능을 모두 한 곳에 모아놓은 것입니다.

트윈코리아는 안정적인 셀 거래를 위해 글로벌 부동산 중개업체인 '센츄리 21 코리아(Century 21)', 글로벌 부동산중개법인인 'ERA 코리아'와 협력해

거래 플랫폼 론칭 및 글로벌 시장 구축을 논의 중이라고 합니다.

아직은 계획 단계이지만 글로벌 부동산 업체와 협력관계를 맺고 세계로 서비스를 확대할 수 있다면 또 다른 서비스가 탄생할 것입니다.

트윈코리아는 식신이 보유한 약 75만 개의 외식업 데이터와 5만 개의 결제 가맹점 데이터를 메타버스 플랫폼에 바로 적용할 수 있고, 300만 명에 달하는 월간 사용자의 트윈코리아 유입 역시 어렵지 않게 달성할 것입니다.

12월 1차 서울 4만 6,000여 개의 셀 분양 후 순차적으로 전국 분양을 확대할 계획입니다.

한편 'KT 알파', 부동산금융기업 '한국토지신탁', 글로벌 가상자산거래소 '후오비 코리아'는 메타버스 기반 디지털 자산 거래 서비스 플랫폼을 조성하여 NFT 부동산, 디지털 아이템 등을 거래할 계획에 있습니다.

KT 알파는 디지털 자산 거래 플랫폼 개발을, 한국토지신탁은 NFT 기반 가상 부동산 환경 조성과 가상자산을 활용한 금융 시스템 디자인을, 후오비 코리아는 가상자산 NFT 거래를 담당하여 진행합니다.

싸이클럽은 가상 부동산 플랫폼 '메타그라운드'를 통해 출시한 '부동산 NFT팩'이 오픈 2일 만에 완판되기도 했습니다. 메타그라운드에서 고객이 부동산 NFT를 구매하면 가상세계의 건물주가 되어 부동산 NFT소유에 대한 임대수익(보상)을 받을 수 있습니다.

미국도 다르지 않다

미국에서도 메타버스 디지털 트윈 부동산 영역 기업이 뜨고 있습니다. 특히 미국에서는 질로우, 레드핀 등 프롭테크 기업들이 득세하고 있고, 미국 부동산 관리 서비스와 연동을 위해 메타포트와 같은 기업들이 주목을 받고 있습니다. 이에 더하여 세컨드 라이프와 어스 2 등 현실 부동산 기반 메타버스 플랫폼 또한 발전하고 있습니다.

하지만 역시 미국 디지털 트윈의 핵심은, 전 산업 분야 디지털 트윈에 활용될 수 있는 기반 기술에서 우위를 점하고 있다는 것입니다. GE, IBM, 엔비디아, 테슬라로 이어지는 전통적인 기업과 신흥 IT 서비스 기업들이 하나같이 돈이 될 만한 영역에 포진하고 있습니다.

이는 관련 특허 출원 비율로도 확인할 수 있습니다. 디지털 트윈 영역에서 미국의 출원 비율이 타 국가에 비해 높고, 그중에서 GE의 출원 건수가 높은 상황입니다.

셀 분양 열기

트윈코리아는 월간 방문 유저 300만 명에 달하는 위치기반 맛집 정보 서비스 플랫폼 '식신'이 보유한 방대한 양의 실제 식당과 상점의 데이터를 융합시킨 최초의 현실 공간 메타버스 플랫폼입니다. 전국을 대상으로 약 75만개의 외식업 데이터와 5만여 개의 결제 가맹점 데이터를 메타버스 세계 속에 구현하고, 이를 통해 실물경제 기여형 상생 플랫폼으로 자리 잡는다는 방침입니다.

트윈코리아는 서울 지역 사전청약이 개시 9시간 만에 전체 분양 지역 100% 완판에 성공했다고 2021년 12월 21일 밝혔습니다. 이번 사전 청약을 통해 트윈코리아는 4만 6,000여 명의 분양자를 모집하는 데 성공했습니다. 상권을 기준으로 94개 권역으로 구분한 서울 지역의 1차 사전 청약은 지난 20일 오후 7시58분 기준 공개한 모든 지역이 분양을 마감했습니다.

특히, 약 2만여 명의 대기 청약자도 발생했습니다. 지난 20일 오전 11시를 기점으로 시작한 사전 청약은 1분 만에 신사, 강남, 홍대, 을지로, 여의도 등 상권이 많은 핫플레이스 38곳을 중심으로 빠르게 마감되기 시작했습니다.

청약에 성공한 분양자는 신청한 지역 내 1만㎡(약 3,000평) 단위의 '셀(Cell)' 1개를 분양받아 '셀 오너'가 되며, 분양받은 셀 위에서 진행된 다양한 액티비티에 따라 여러 수익을 얻을 수 있습니다. '셀'은 트윈코리아의 공간을 구성하는 최소 단위로, 셀에는 실제 해당 위치의 식당과 상점이 노출될 예정입니다.

일반 유저들이 셀 상의 식당과 상점에서 식사를 하거나 상품을 구매하는 등 경제 활동을 진행하고, 리뷰 작성과 영수증 인증 등의 액티비티를 할 경우 유저는 액티비티 참여 보상을 지급받습니다. 셀 오너는 유저들의 액티비티 참여도에 따른 수익을 얻을 수 있습니다.

수익은 트윈코리아 내 별도 '포인트'로 지급되며, 이 포인트는 다시 식당이나 상점에서 재화를 구매하는 데 사용할 수 있습니다. 현실 경제 활동이 메타버스 플랫폼에 반영되고 플랫폼 내의 활동이 현실 공간에 반영되는 것입니다.

또한, 셀 오너는 셀 내의 식당과 상점이 진행한 광고 마케팅의 비용 일부를 수익으로 받거나 쇼핑몰, 전시장, 플레이 공간 등 셀 내 다양한 공간을 개발하는 것도 가능합니다. 가치가 상승한 셀은 거래소를 통해 다른 오너에게 판매할 수도 있습니다.

출처 · 한국경제

네이버가 뭘 하려는지 조금은 알겠다
(메타버스에서 네이버의 포지셔닝)

디지털 트윈에서 빼놓을 수 없는 것이 바로 자율주행 로봇입니다. 일상생활 측면에서는, 집안을 매핑하여 인터넷으로 청소를 할 수 있는 로봇청소기가 시간을 아껴주고 있습니다.

네이버 ARC 시스템은 물리세계와 가상세계의 브릿지 역할을 합니다. ARC는 디지털 트윈의 가상세계와 현실세계를 다양한 채널로 연결합니다. 이를 위해 네이버 제2사옥은 로봇 친화 빌딩으로 건축하고, ARC 시스템은 수많은 로봇들의 두뇌가 되어 빌딩의 다양한 인프라와도 자연스럽게 연동될 예정입니다. 또한 도로 자율주행 로봇을 통해 빌딩뿐 아니라 도시의 여러 공간으로 연결할 것입니다.
네이버는 메타버스 세계에서 정말 구축하기 힘든 영역, 즉 실생활 양식이 집적된 빌딩(주거 · 오피스 · 상가 기능이 통합)에서 브레인리스 AI 로봇으로 충분히 프로토타입을 돌리고 빅데이터를 수집할 것입니다.

어떤 영역에서 최고 난이도의 문제(빌딩)에 대한 해답을 가지게 되면, 그보다 낮은 난이도(주거 · 오피스 · 상가)의 문제는 쉽게 대응이 가능합니다. 이를 통해 네이버의 인프라를 개인과 기업들에게 서비스하는 상품을 내놓지 않을까 싶습니다.

한편, 2022년 1월부터 호텔 딜리버리 서비스를 시작하는 실내 자율주행 로봇도 있습니다.

사람을 대신해 생수와 수건 등 고객이 필요로 하는 물품을 직접 객실 앞까지 배송해주고, 호텔 로비에서 직원이 목적지를 입력해주면, 장애물을 인식해 자동으로 경로를 설정하면서 객실로 갈 수 있습니다. 또한 로봇팔을 활용해 버튼 조작과 객실 노크 등이 가능해서 사람 도움 없이 엘리베이터 버튼을 직접 조작해 객실 앞에 도착하면 초인종을 눌러 고객을 호출할 수도 있습니다. 실내 자율주행 로봇이 돌아다니며 쌓는 클라우드 빅데이터로 여러 서비스가 탄생할 여지가 더욱 커지고 있습니다.

AI 스피커는 과도기적으로 말동무가 되어 줄 것이다

AI 스피커는 지속적으로 메타버스 세상의 관문 역할만 하지는 않을 것입니다. AI 스피커 자체가 브레인리스 로봇으로 진화할 것이기 때문입니다. 하지만 XR 디바이스가 HMD(Head Mounted Display) 수준에서 머물 경우 필수적으로 그 내용을 소개하는 큐레이션 서비스가 있어야 하고, 그것은 당분간 AI 스피커 형태일 가능성이 높습니다.

구글 AI 스피커는 구글 어시스턴트와 연계하여 아직 미미하긴 하지만 가정에서 반려가전과 같은 역할로 부상하고 있습니다.

아직 황당한 답변도 많지만 머지않아 가정에서 인격체 대접을 받을 수도 있을 것 같습니다. 조금 과장을 섞어, 애완동물 산업 최대의 적이 등장했다고 보고 있기도 합니다.

서울대는 SKT와 협업하여 AI 스피커로 어르신들의 치매 예방 솔루션을 개발하고 있습니다. 향후에는 멀리 떨어져 있는 나이 드신 부모님들을 위한 필수 아이템으로 자리 잡을 것입니다.

AI 스피커에서 사람들은 친교 또는 재미 요소를 발견하기도 합니다. 아침에 일어나자마자 날씨를 묻는 것은 익숙해졌고, 함께 게임을 하거나 논쟁을 해결하기 위해 질문을 던지기도 합니다. 이를테면 어떤 영화가 개봉된 연도나, 정치인의 나이 같은 것들을 직접 질문하고, 가족의 대화에 끌어들여 일원으로 취급하기도 합니다.

또한 음성 기기가 사람들에게 어필하는 이유 중 하나는 음성을 들으며 다른 일들을 동시에 할 수도 있다는 점입니다. AI 스피커는 딥러닝(인공지능 학습)을 통해 여러 상상치 못한 영역까지 확장할 것입니다.

구글과 아마존은 AI 스피커를 통해 쌓여있는 빅데이터 기반으로 답변 엔진 최적화(Answer Engine Optimisation, AEO)에 더욱 매진하고 있습니다. 이미 구글은 메타버스 대부분의 영역에서 독보적인 빅데이터와 기술을 빠르게 결합시키고 있습니다.

AI 스피커의 진보된 기술은 로봇 어드바이저, 디지털 휴먼 또는 상상 그 이상의 무엇을 창조해 낼 것입니다.

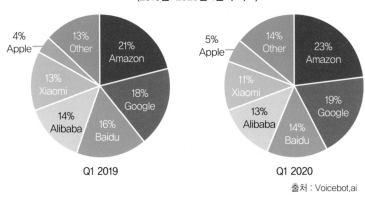

인공지능(스마트) 스피커 시장점유율
(2019년-2020년 1분기 비교)

Q1 2019

Q1 2020

출처 : Voicebot.ai

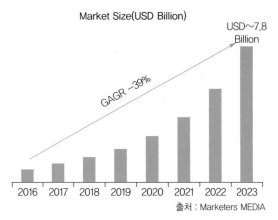

세계 인공지능(스마트) 스피커 시장 규모와 전망(2016년-2023년)

Market Size(USD Billion)

USD~7.8 Billion

GAGR ~39%

2016 2017 2018 2019 2020 2021 2022 2023

출처 : Marketers MEDIA

전통적인 기업의 움직임

월마트

월마트는 특허청에 메타버스 사업에 활용할 제품을 제조하고 관리하는 것을 염두에 둔 상표권을 출원했습니다. 이 외에도 암호화폐와 광고 관련 금융거래를 위한 상표 3개도 함께 등록했습니다.

매우 오프라인 종속적이라 여겨지는 월마트 역시 새로운 기술에 대해 지속적으로 리서치를 한다는 반증입니다.

사실 아마존이 자극제가 되어, 월마트는 온라인 사업을 지속적으로 확대해 미국 내 매장에서 키오스크를 이용한 비트코인 판매 서비스를 시험적으로 시작하기도 했습니다.

BMW

BMW는 엔비디아의 로봇 플랫폼 '아이작(Isaac)'을 기반으로 한 '가상공장' 체계를 도입했습니다. 설계, 디자인, 주행 경험 등 다양한 시뮬레이션에 엔비디아의 옴니버스 엔진을 활용하고, 전 세계 수많은 공장의 기술자들과 디지털 세계에 구현한 공장에서 실시간 협업을 진행할 예정입니다.

3D 엔진은 에픽게임즈(언리얼)로부터 맞춤 엔진을 제공받고, 디지털 협업에는 엔비디아의 옴니버스 플랫폼을 활용합니다.

이렇게 디지털 트윈으로 만들어진 가상 팩토리에서는 생산 비용의 절감은 기본이고, 작업에 위험이 따르거나 기술 교육 여건이 어려운 경우에도 가상 훈련이 가능합니다. 마치 우주 비행사가 혹독한 우주 환경을 실제로 겪지 않고 시뮬레이션 훈련을 하는 것과 마찬가지입니다.

현장 관리도 쉬워집니다. AR 글래스를 통해 부품의 정보나 재고 현황, 도면, 공장 가동 상태 등을 즉각 확인할 수 있으며, 제품 결함이나 중요 정보 역시 알아서 알려줍니다.

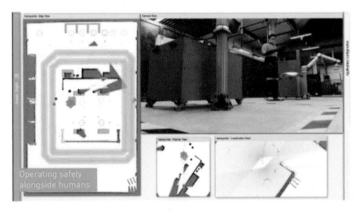

▲ 가상 관리시스템
출처 · 엔비디아 공식 유튜브

GE(General Electric)

에디슨이 만들고 잭 웰치로 유명한 GE 역시 여러 분야에서 디지털 트윈을 운영하고 있습니다. 용어를 디지털 트윈으로 구별하긴 했지만, 쉽게 말하면 현실에서 시행하기 힘든 시뮬레이션을 가상에서 시행하기 위한 솔루션이라고 할 수 있습니다.

GE(General Electric)는 이미 2016년경 기계에서 발생하는 대규모 데이터를 분석 및 수집한 후, IOT로 연결해 디지털 트윈을 구현해 주는 플랫폼을 공개하며 주목을 받았습니다.

메타버스가 가속화됨에 따라 GE는 더욱 정교하게 자사 제품들을 디지털 트윈화 하여 결함을 줄이고, 현실세계에서 일어나는 여러 문제점을 다시 디지털 트윈에 적용하여 더욱 방대한 빅데이터를 구축하고 있습니다.

현대차

현대자동차는 2022년 CES에서 로보틱스 기술과 메타버스의 결합을 이동수단에도 적용할 것임을 분명히 했습니다.
모든 사물에 이동성을 부여하는 'MoT(Mobility of Things)' 생태계를 구현하고, 로보틱스 기술이 메타버스 가상세계와 현실세계를 이어주는 매개체로 기능한다는 점을 강조합니다.

현대차는 미국의 로봇 전문기업과 협업하는 등 자율주행 모빌리티에 초점을 두고 있는 모습을 보여줍니다. 제페토 등 여러 메타버스 플랫폼에 현대차 시승 기능을 넣어두었고, 전세계 현대차 공장을 메타버스 디지털 트윈에 구현해서 관리와 시뮬레이션 기능을 극대화하고 있습니다.

삼성전자

삼성전자는 2022년 CES 혁신상을 받은 바 있는 TV로 NFT 콘텐츠를 구매하고 감상하는 NFT 플랫폼을 공개했습니다. 이와 함께 가전제품이 모여 있는 집을 메타버스 공간으로 보여주기도 했습니다. 공간을 관리하는 집사인 AI 아바타는 오늘 해야 할 일을 안내하고 저녁 식사 레시피를 설명하고, 전원을 켜고 끄는 등 여러 가지 귀찮은 일들도 자동으로 처리합니다. 메타버스 가상세계에서 요구한 것들을 현실세계 로봇이 실제로 움직여 처리하는 것입니다.

삼성 역시 자회사 하만의 기술을 접목한 모빌리티의 환경개선에도 나서고 있습니다. AR 기술로 사용자에게 실시간으로 정보를 제공하고, 차량 내부 카메라가 스마트폰, 스마트워치 등과 연동하여 운전자 상태에 맞게 차량 환경을 최적화하는 기술을 선보이고 있습니다.

특히, 2022년 2월 초 하만은 독일의 AR 소프트웨어 전문 기업인 '아포스테라'를 인수함으로써 메타버스 영역에 성큼 다가가고 있습니다. 아포스테라는 자동차용 헤드업 디스플레이, 내비게이션 업체 등에 AR 솔루션을 제공하는 기업으로, 실제 세계와 가상 세계를 연결해 주는 하만의 모빌리티 포트폴리오를 강화해줄 것입니다.

KAI

경남 사천에 위치한 항공우주기업인 KAI는 고도로 정교한 노동집약적 산업의 특성을 가집니다.

그런데 이런 KAI의 사업이 다각화되고 있습니다. 중형위성 양산 사업에 초점을 두는가 하면 제조업뿐만 아니라 서비스업으로의 확장도 꾀하고 있습니다. 국내 항공 영상 분석 전문업체 '메이사'의 지분 20%를 인수하며 위성 영상 판매 시장에도 발을 내디딘 것입니다.

예컨대, 석유저장 탱크 사진을 위성으로 찍어 원유량을 분석하고 유가를 예측하는 서비스까지 제공할 수 있습니다.

또한 VR 고글을 착용하고 진행하는 초음속 전투기, 소형무장헬기 등의 훈련 체계 모델과 아바타를 이용해 고가 항공기를 정비하는 훈련 체계도 개발했습니다. 이처럼, 현실세계에서 위험한 것들에 점점 가상세계 시뮬레이션을 도입하는 사례가 늘어날 것입니다.

5장

메타버스와 투자

01
메타버스에 쏠린
자금과 빅테크 기업

투자영역에서도 메타버스 이슈 몰이가 쉽다

블룸버그는 많은 기업들이 메타버스에 뛰어들면서 메타버스에 대한 투자 업계의 관심이 폭증하고 있다고 밝혔습니다.

2021년 10월 페이스북이 메타로 사명을 변경한 이래 기업들 사이에서 메타버스 열풍이 불고 있고, 메타버스 테마 상장지수펀드(ETF)에 자금이 몰리고 있습니다.

메타버스 시장 규모는 2024년까지 8,000억 달러 크기로 증가할 것으로 전망됩니다. 또한 애널리스트들은 메타, 로블록스, MS, 엔비디아와 같은 주요 기업들에 대한 매출 성장률 추정치를 상향하고 있습니다.

글로벌 지수에 속한 기업들이 컨퍼런스 동안 메타버스에 대해 언급한 횟수가 직전 분기에 비해 3배나 증가했고, 직전 한 달과 비교하면 10배씩 증가하고 있습니다.

글로벌 기업, 즉 페이스북의 메타(Meta) 사명 변경, 마이크로소프트(Mesh for MS Teams), 엔비디아(옴니버스) 메타버스 솔루션 출시 발표는 메타버스 테마에 대한 높은 관심을 지속시키고 있습니다.

2022년 1월 22일 한국경제에 따르면, 2021년 미국 상위 20개 종목 중 가장 시총이 많이 증가한 종목은 단연 엔비디아였습니다. 엔비디아의 시총은 7,326억 달러로 올해 126.66% 증가했습니다.

이어 알파벳(구글, 63.45% 증가, 1조 9,450억 달러), 화이자(63.36%, 3,342억 달러), 테슬라(51.44%, 1조 130억 달러), 마이크로소프트(48.87%, 2조 5,010억 달러) 순입니다.

코로나 19 백신 수혜에 힘입은 화이자를 제외하면 메타버스 생태계를 만들고 있는 기업들이 시총 상위를 장악하고 있습니다.

메타버스, NFT로 재빨리 포장지를 바꾸고 있다

한국 역시 NFT와 메타버스 꼬리표가 붙기만 하면 2021년 주가 수익률 상위를 휩쓸었습니다.

위메이드맥스와 위메이드의 주가는 각각 약 1,200%, 800% 이상 상승하면서 2021년 가장 많이 상승한 주식 상위권에 포진되었습니다. 위메이드는 선도적으로 P2E 시스템을 구축한 기업으로 시장의 관심을 받았습니다.
이 밖에 컴투스홀딩스, 네오위즈홀딩스 같은 게임주뿐만 아니라 서울옥션, 갤럭시아머니트리 등 다양한 종목이 NFT 테마로 묶여 2021년 주가 상승 종목에 이름을 올렸습니다.

메타버스와 직접 관련된 기업으로는 위지윅스튜디오, 덱스터, 자이언트스텝 등이 대표적으로 상승한 종목입니다. 사실 메타버스 ETF가 6주 만에 순자산 1조 원을 돌파하면서 상승을 촉발했다고 볼 수 있습니다.

가상화폐(암호화폐)가 급등하면서, 가상자산 거래소의 실적 수혜가 기대됐고, 관련되는 기업 모두 상승했습니다.
한화투자증권우선주는 암호화폐거래소 업비트를 운영하는 두나무의 지분을 보유하고 있다는 이유로, 버킷스튜디오는 암호화폐거래소 빗썸과 지분관계가 얽혀 있다는 이유로, 비덴트 역시 빗썸홀딩스의 최대주주라는 점이 부각되며 상승한 종목 상위권에 마크되었습니다.

2021년 일명 '개미'들이 공매도 세력에 대항하여 주식 대량 매수에 나서며 주목을 받았던 '게임스톱'은 오프라인 비디오 게임 대여 업체로 출발한 회사입니다. 현재 비디오게임 아바타의 무기와 의상 등 가상 아이템의 NFT 거래를 위한 온라인 허브를 구축하고 있고, 블록체인과 NFT를 활용한 게임 개발을 위해 암호화폐 기업과 파트너십 체결을 논의하고 있습니다.

2022년부터 본격적인 개화가 예상되는 XR 디바이스 시장은 과거 아이폰 첫 출시 이후 스마트폰 초기 시장의 높은 성장세와 유사한 흐름을 보일 것으로 전망됩니다. 더불어 2025년 공개될 자율주행차인 애플카도 주목의 대상이 되고 있습니다.

이런 빅테크 기업들의 컨벤션 효과로 국내외 메타버스 ETF로의 자금 유입이 급증했고, META ETF로 2021년 11월 6.6억 달러가 순유입되었습니다. 참고로, META와 MTVR은 미국에서 첫 번째와 두 번째로 출시한 메타버스 ETF입니다.
META는 반도체 비중이 25.4%로 높은 점이 특징입니다. 미래에셋은 내년도 글로벌 경기 둔화가 예상되는 상황에서 반도체 기업 투자 비중이 높은 점은 부담 요인이라고 판단하고 있습니다.

META ETF로 자금 쏠림, 투자자 관심 지속될 전망

출처 : Bloomberg, 미래에셋증권 리서치센터

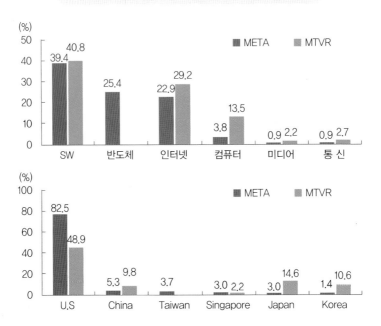

메타버스 ETF(META, MTVR) 업종별/국가별 투자 비중

메타버스, NFT 영역을 추구하는 기업들의 모수가 많아질수록 메타버스에서 살아남을 기업과 기술의 수도 늘어날 것임은 틀림없습니다.

그것이 메타버스 자체를 지속가능케 하는 요인이 될 것입니다.

02

주식 용어에 대한
기본적인 이해

이 챕터에서는 주식 관련 용어에 대해 간략하게 개념만 정리할 것입니다. 주식 초보를 대상으로 몇 가지 용어에 대한 감을 잡을 수 있도록 수박 겉핥기를 할 예정이니, 이미 잘 아시고 계신 분들은 다음 챕터로 넘어가셔도 됩니다.

주식 용어와 상호관계를 알아보자

먼저 자본과 주가, 이익의 관계에서 각 지표들이 어떤 관계에 있는지를 도식화해서 나타내 보겠습니다.

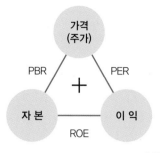

EPS(Earning Per Share, 주당순이익)

주당순이익 = 당기순이익 / 주식수

당기순이익을 주식수로 나누면 1주당 순이익이 됩니다. 이를 주당순이익(EPS)이라고 하고, 당연히 주당순이익이 크면 클수록 주식가격이 상승할 여력이 있다고 봐야겠지요.

PER(Pricing Earning Ratio, 주가수익률)

주가수익률 = 주식가격(주가) / 주당순이익 = 시가총액 / 연간 순이익

주식가격(주가)을 주당순이익으로 나눈 비율입니다. 기업의 시가총액을 예상 연간 순이익으로 나눈 것도 같은 개념입니다. 분모인 주당순이익이 클수록 PER이 낮아지고, PER이 낮을수록 저평가되어 있다고 볼 수 있습니다. 만약 PER이 5인 기업이 있다면 5년 후 해당 기업의 시가총액만큼 돈을 번다는 의미가 됩니다.

그런데 PER이 높다고 꼭 나쁜 기업은 아닙니다. 그 예로, 쿠팡은 상장 초기 PER이 100이 넘었습니다. 이처럼 기업의 성장성·안정성·선점에 따라 다른 기업대비 높은 평가를 받을 수 있습니다.

PBR(Price Bookvalue Ratio, 주가순자산비율)

주가순자산비율 = 주식가격(주가) / 주당순자산가치
= 시가총액 / 자기자본(순자산)

주식가격을 주당순자산가치로 나누거나, 시가총액을 순자산으로 나눈 비율입니다. 주식가격이 기업의 순자산에 비해 몇 배로 거래되고 있는지 알 수 있고, 1 미만인 경우 저평가로 간주됩니다.

ROE(Return On Equity, 자기자본이익률)

자기자본이익률 = 당기순이익 / 자기자본(순자산)

당기순이익을 순자산으로 나눈 값입니다. 당연히 이익이 크면 좋은 상황이라 볼 수 있고, ROE가 높으면 높을수록 기업이 돈을 잘 벌고 있다고 볼 수 있습니다.

ROE는 투자 원금 회수율과 관련이 높아 워렌버핏은 ROE를 가장 중요하게 생각한다는 얘기가 있습니다.

PDR(Price to Dream Ratio, 주가 꿈 비율)

미래 가치와 희망을 바탕으로 적정 주가를 계산하는 개념입니다. PER 100이 넘어가는, 기존 방식으로 설명이 힘든 주가가 나타나니 이에 대한 정당화를 위해 나온 개념이라는 설명도 있습니다.

채권 관련 용어도 알아야 뭘 말하는지 알아들을 수 있다

전환사채(CB : Convertible Bond), 발행 회사의 주식으로 전환할 수 있는 채권

주식으로 전환할 수 있는 사채로 일정한 기간이 지나 투자자가 원할 때 채권을 주식으로 바꿔 주가상승에 따른 차익을 볼 수 있는 채권입니다. 채권을 회사가 진 빚이라고 보면, 빌려준 돈을 현금으로 돌려받는 대신 주식으로 받을 수 있는 옵션이 있다고 생각하면 됩니다.

전환사채는 채권이므로 원금에 대한 이자를 받으며 만기일에 원금을 되돌려받거나, 채권을 주식으로 전환하여 자본차익을 누릴 수도 있습니다.

투자에서 투자자가 가질 수 있는 옵션이 다양하다는 것은, 유리한 입장에서 투자를 할 수 있는 좋은 조건이라고 보아야 합니다. 즉 전환사채는 투자자가 좀 더 유리한 조건에 있을 수 있습니다.

신주인수권부사채(BW : Bond with Warrant), 발행 회사의 신주를 인수할 수 있는 채권

채권을 보유한 상태에서 새롭게 발행한 주식(신주)을 정해진 가격에 인수할 수 있는 권리가 있는 채권입니다. 신주를 발행하기 전 미리 협의한 가격에 따라 일정한 수의 신주 인수를 청구할 수 있습니다.

따라서 투자자는 보통채권과 마찬가지로 일정한 이자를 받으면서 만기에 원금을 상환받을 수 있으며, 동시에 회사의 주식이 청구금액보다 높을 경우 신주인수권을 발동할 수 있습니다.

신주인수권은 원금을 상환받더라도 계속 유효할 수 있어 투자자 옵션의 다양화와 지속적 유지라는 면에서 전환사채보다 더욱 투자자가 유리한 조건이라고 볼 수 있습니다.

교환사채(EB : Exchangeable Bond), 회사가 보유한 다른 회사의 주식으로 교환할 수 있는 채권

채권을 주식으로 바꿀 수 있다는 점에서 전환사채와 같다고 볼 수 있지만, 전환사채와 달리 교환사채는 발행회사가 보유한 제3의 기업 주식과 교환이 가능하는 것입니다.

즉, 채권을 발행한 회사의 주식뿐만 아니라 그 회사가 보유한 자회사나 투자하여 소유하고 있는 다른 회사의 주식과도 교환할 수 있는 것입니다.

어느 기업의 주식으로 주당 얼마에 교환할지 기준이 되는 교환가격은 미리 정해두는데, 교환대상 유가증권은 상장유가증권으로 제한하고 증권예탁원에 예탁을 의무화하고 있습니다.

투자자가 가질 수 있는 옵션이 다양하다는 면에서 CB와 BW의 중간적 특성을 가진다고 볼 수 있습니다.

2021년 주식 시장이 좋아 많은 회사가 회사채와 전환사채를 발행했습니다. 그리고 미국 연준의 무한 양적 완화에는 이런 회사채를 사들이는 것도 포함이 되어 있었습니다.

이후 이루어진 연준의 테이퍼링에는, 이런 회사채 · ETF · MBS를 더이상 매수하지 않고, 대차대조표축소(양적긴축)로 그동안 사들인 것들을 서서히 매도하겠다라는 의미가 포함되어 있습니다.

투자에 있어서 글로벌 경제 환경은 항상 변할 수 있고, 예상보다 급격하게 바뀔 수 있다는 점을 항상 상기해야 하며, 이를 위해서는 선택할 수 있는 옵션을 늘리거나 유지하는 것이 유리함을 인지해야 합니다.

현재 구글이 인터넷 포털 승자가 된 중요한 포인트는 플랫폼의 특성을 파악하여 어떻게든 구글을 검색하는 사용자를 늘렸다는 데 있습니다. 따라서 메타버스 태동기인 현재, 누가 최종 승자가 될지는 PER 혹은 ROE, PDR이 높다고 해서 쉽게 짐작할 수 없습니다.

6장에 자세히 다루겠지만, 지금은 메타버스라는 바람이 잔잔해져서 살아남을 기업을 바로 선택하는 시기가 아니라 몇 개의 옵션을 만들어가는 것이 중요한 시기입니다.

메타버스와 NFT에 스치기만 해도 오르는 주가

묻지마는 위험할 수 있다

주식과 투자 유치를 위해 몇몇 기업들은 메타버스나 NFT 관련 사업에 진출하겠다는 발표를 하고 있습니다. 주목할 점은 이런 발표와 동시에 주가가 급등하는 현상이 이어지고 있다는 것입니다.

'위메이드'가 블록체인 기반 게임 협업을 발표한 순간 주가는 9.74% 상승하며 신고가를 경신했습니다.
'다날'이 계열사인 다날핀테크가 싸이월드 메타버스 플랫폼에 페이코인 결제 서비스를 세공하고, 계열사 다날엔터테인먼트는 NFT 기술 기반 플랫폼 사업에 진출한다고 발표한 날 주가는 22.22% 상승하며 마감된 사례가 있습니다.

'청담러닝'은 메타버스로 진화한다는 평가가 나오자 주가가 16% 수직상승했습니다.

해당 종목들의 밸류에이션도 감당하기 어려울 정도로 올라갔습니다. 메타버스, NFT 관련 종목으로 분류되는 37개 종목의 PER은 평균 90배가 넘습니다. PBR은 11배 이상입니다.

사실 유동성 살포로 대부분의 자산가격이 밀려올라간 상황이라 오히려 메타버스, NFT를 언급했더라도 주가가 떨어지는 기업도 있었습니다. 메타버스는 지속가능성이 있지만, 메타버스를 표방하는 기업들은 각각의 가치와 비전에 따라 명멸할 수 있음을 기억해야 합니다. 이런 다양한 아이디어의 기업들이 새로 나타나고 사라지는 과정에서 메타버스 세계는 더욱더 **안티프래질***해지며 지속가능성이 높아질 것입니다.

주관적인 SSUL

안티프래질

'깨지기 쉽다'라는 의미의 프래질에 반대되는 개념으로, 나심 탈렙이 그의 저서 「안티프래질」에서 정의한 용어입니다. 말 그대로 작은 충격, 압박, 예상치 못한 사태 등에 쉽게 영향을 받고 형체가 어그러지는 프래질의 반대 용어로 강한 충격을 견디는 속성을 넘어 강한 충격, 압박, 예상치 못한 큰 사태가 오면 더욱 강해지는 경향을 보이는 개인·사회·국가를 지칭합니다.
빠르게 실패하고 이를 분석, 보완하여 지속적으로 개선한다는 점에서 애자일 방법론과 베조스의 플라이휠과도 일맥상통하는 측면이 있습니다.

모르겠으면 직접 한번씩 해보자

메타버스가 무엇인지 감을 잡기 위해서는 직접 몇 가지 메타버스 플랫폼을 사용해 보는 것이 가장 확실합니다. 그 중 접근하기 쉬운 것이 게더타운과 네이버 메타버스 플랫폼인 제페토, 그리고 카카오의 NFT 발행입니다.

사실 각 플랫폼에 접속해서 한번 휙 둘러보는 것만으로도 생각과 사고의 기반이 되는 교두보가 형성되고, 미미하지만 이를 기점으로 다양한 경험과 말, 뉴스기사를 통해 점점 구체적으로 다가오게 되는 경향이 있습니다.

제페토와 카카오 NFT 발행에 대한 내용은 이전 장에서 다뤘으니, 줌의 확장판이라 볼 수 있는 게더타운만 언급하고 넘어가겠습니다.

게더타운

2D 기반 가상 협업 툴입니다. 화상 채팅과 플랫폼 내 아바타의 움직임이 상당히 부드럽고 안정적입니다. 직방을 비롯한 대부분 기업에서 재택근무를 위한 협업 툴로 게더타운을 선택했습니다.

어쩌면, 우스갯소리로 '애들 장난' 같은 2등신 2D 그래픽을 보고 실망하실 수도 있습니다. 그러나 아바타를 플랫폼 내에서 움직여 보면 얼마나 안정적이고 편하게 설계되어 있는지 알 수 있습니다.

재미있게도, 게더타운에서는 오프라인에서 일어날 수 있는 대부분의 일들이 똑같이 일어납니다. 게시판 앞에 가면 부서 공지사항이 뜨고, 다른 직원 옆으로 다가가면 화상 채팅이 켜지며 음성 또한 활성화됩니다. 직원과 멀어지면 음성이 줄어들고 화상 채팅도 없어집니다.

이 밖에도, 회의실로 이동하면 회의실에 참여한 사람들만 들을 수 있도록 음성과 화면이 보이게 만들어져 있습니다.

⬆ 게더타운 캡처

이렇게 직접 플레이하는 것을 통해 어떤 느낌인지 감을 좀 찾고, 콘텐츠를 만들거나 행사를 유치해보면 어떨까요?
구체성을 띠는 현실 업무에서 메타버스 툴을 사용해 보는 겁니다.
동시에, 메타버스와 NFT 투자를 직접 하기보단 ETF*를 통해서 시작해보면 어떨까 합니다.

특히 메타버스, NFT 분야에서 글로벌 리딩 기업에 투자하기 위해서는 미국 주식에 투자하는 것도 나쁘지 않다고 생각합니다. 궁극적으로 **달러 투자***도 겸한다고 보시면 됩니다.
미국 ETF 투자가 유망한 이유는 메타버스 이니셔티브를 갖고있는 기업들이 많기 때문입니다. 쉽게 말해, 엔비디아가 망해서 없어지기는 쉽지 않다는 겁니다.

달러 투자

원화가치가 높을 때 달러를 사두고, 이후 미국 주식이나 ETF가 하락할 때마다 투자를 하면 됩니다. 미국 주식은 세금과 거래수수료 때문에 자주 매매하면 소위 말해 '계좌가 녹습'니다. '존버'를 하지 않을 수 없습니다. 결론적으로 세월이 흘러 달러가 강세이고 시세차익이 일정 임계점이 넘었다 싶으면 매도 후 환차익까지 얻을 수 있습니다.

초보자가 달러에 투자하는 대표적인 방법은 은행에 달러계좌를 개설해서 달러예금을 하는 것이 일반적입니다. 정기예금에는 이자가 거의 붙지 않지만 1인당 5,000만 원까지 예금자 보호가 되고, 환차익에 대한 세금이 없다는 게 장점입니다. 하지만 달러로 환전할 때마다 1.75%의 환전수수료가 붙고, 현찰로 인출할 때도 1~1.5% 수준의 수수료를 내야 합니다. 물론 거래은행에 따라 수수료는 다소 다를 수 있습니다.

특히 달러의 경우 은행별로 보통 90%까지 우대 환율을 적용받을 수 있고, 인출 수수료도 입금 후 일정 기간이 지나면 면제되는 경우가 많으므로 비교해 보고 개설하는 것이 좋습니다.

2021년 들어서 외화 계좌가 없어도 스마트폰으로 24시간 간편하게 달러를 환전하고 보관할 수 있는 서비스가 다수 출시됐습니다.

기획재정부는 2021년 11월 2일 신사업 규제 신속 확인·면제 제도를 통해 온라인 환전업 규제를 개선했다고 밝혔습니다. 온라인 환전업이란 온라인으로 환전 신청을 받고, 환전영업소 등 약속한 장소에서 직접 대면으로 환전 금액을 지급하는 방식을 말합니다.

이번 개선을 통해 온라인으로 환전을 신청하면 은행 등에 개설된 고객 계좌를 통해 외화를 받아 보관할 수 있게 됩니다. 환전 일일 한도는 4,000달러로, 기존 2,000달러의 두 배로 늘어나게 됩니다.

04 메타버스 투자 맵

기반 기술을 알면 메타버스 투자 맵이 보인다

기반 기술의 분류

프런트 엔드	콘텐츠(글, 웹툰, 영상, 게임), 메타버스 플랫폼(로블록스, 제페토 등)
미 들	블록체인 기반 기술(가상화폐, NFT), XR 디바이스, 3D 엔진
백 엔드	클라우드(SaaS, PaaS, IssS, 빅데이터), 5G, AI(자율주행 등), 반도체

    3장에서 재미는 없지만 알고 있어야 할 메타버스 생태계 기반 기술에 대해 알아보았습니다. 메타버스 산업 전체가 동의할 수 있는 표준이 만들어져야 메타버스 내에서 새로운 경제 시스템과 플랫폼 간 상호호환이 가능해질 수 있습니다.

그리고 이에 따라 기반 기술이 비슷한 수준으로 발전이 되어야 균질한 메타버스 서비스가 이루어짐을 인지해야 합니다.

투자 측면에서 볼 때 한국 메타버스는 플랫폼과 콘텐츠에 다소 집중된 경향이 있습니다. 이는 메타버스 투자맵 상에서 최상위에 주로 분포되어 있습니다.

투자맵 상 프런트 엔드, 즉 고객과의 접점에 분포하는 플랫폼과 콘텐츠 기업들은 대중에게 잘 노출되는 반면 시장의 방향성에 아주 민감하고, 시장 참여 기업의 숫자가 많아 경쟁이 치열합니다. 이는 린디효과를 보이는 기업이 적고, 짧은 기간에 기업의 명멸이 비일비재하게 일어날 수 있다는 뜻입니다.

가령 메타버스가 어느 방향으로 발전하든 상관이 없을 듯한 기업인 엔비디아와 유니티 등의 기업은 투자로 장기적 포지션을 잡는 것이 충분히 가능합니다. 그러나, 앞서 언급한 명멸을 알 수 없는 기업군에는 아무리 적은 금액이라도 투자를 선뜻 하기는 힘들 수밖에 없습니다.

3장에서 언급했던 기업들은 대부분 글로벌 빅테크 기업이었습니다.
백 엔드 기업들의 핵심은 현실세계에서 만들어져야 할 기술들이 대부분이고, 프런트 엔드 기업들의 핵심은 가상세계에서 만들어져야 할 기술들이 대부분이라는 것입니다.

이는 메타버스 생태계 생성과 유지 측면에서 보면, 현실세계의 기술 발전이 가상세계의 기술 발전에 비해 항상 늦을 수밖에 없음을 시사합니다.
현실세계는 필요수량이 산술급수적으로 증가하는 것이 최선인데, 가상세계는 기하급수 혹은 그 이상의 속도로 증가, 발전할 수도 있기 때문입니다.

이런 맥락에서 메타버스 플랫폼 생태계를 가능하게 해주는 기반 기술 기업에 대한 투자는 적어도 '잃지 않을' 투자임이 틀림없습니다.

물론 빅테크 기업 몇 개가 주도하고 각각 서로 다른 유력한 메타버스 플랫폼 체계로 발전할 수도 있습니다. 하지만 이런 모습은 메타버스의 진정한 모습은 아닙니다. 특히 로블록스와 포트나이트 등 게임으로 구체화된 메타버스는 앞으로 열릴 메타버스의 프로토타입일 뿐이므로 다양한 관점에서 접근하는 메타버스 플랫폼이 더욱 많이 나타날 것입니다.

숲을 보고 꿈을 꾸자

세상의 사회 구조를 반영하기 위해서도 메타버스는 또 다른 사회 구조를 다층적으로 가져야 하며, 모든 사람이 들어와서 활동할 수 있는 미래의 주요 서식지가 되어야 합니다. 이를 위해서는 메타버스 플랫폼에서 제공하는 기능뿐만 아니라, 실세계에서 만들고 메타버스와 연계해서 새로운 것으로 창조할 수 있는 확장성이 필수적입니다.
콘서트, 시사회, 시장 등의 실세계가 쉽게 이전될 수 있어야 하며, 사용자들이 자신의 창의성을 발휘해 무엇인가 새로 만들어 낸 것을 손쉽게 메타버스로 가져올 수 있어야 합니다.

메타버스가 우주개발, 즉 미지의 영역을 개척하고 확장하는 것과 크게 다르지 않다는 것이 여기서 드러나게 됩니다.
그러나 우주개발에는 비용과 시간이 많이 드는 반면, 메타버스 생태계 조성에는 비용과 시간이 상대적으로 적게 듭니다.

이는 투자 측면에서는 기업별 실적보다는 PDR이 높은 기업이 선호될 가능성이 높고, 메타버스 생태계 조성에 대한 이해가 필요하다는 것을 의미합니다.

일례로 일론 머스크는 전기차와 우주개발 관련 기술을 스토리로 묶어 투자를 받아내고 지금 어느 정도 구체화하고 있고 결과적으로 글로벌 미래의 방향을 바꾸는 데 주도적인 역할을 하고 있습니다.
그리고 그 결과는 테슬라의 주가로 잘 나타나고 있습니다.

메타버스는 꿈을 먹고 커간다
우주개발과 다르게 없다

우주개발 과정은 벅찬 감동을 준다

믿지 못하시겠지만, 아마존과 테슬라는 한동안 수익을 내지 못한 기업이었습니다. 지금은 각 분야의 글로벌 영역에서 주도적인 기업에 위치해있고, 사업 범위는 우주개발(테슬라, 스페이스X)에까지 걸쳐있습니다.

2018년, '스페이스X' 우주선 추진체 팰컨의 자동 귀환이 성공되는 동영상을 보았습니다. 무척 감격스러운 순간이었습니다. 우주선 발사대는 한번 사용하면 다시 사용할 수 없는(나로호 발사대) 대표적인 경우인데, 이 성공을 바탕으로 우주개발 비용을 줄일 수 있다는 것이 확인되면 그때부터는 본격적인 우주개발 시대로 접어들지 않을까 하는 생각 때문입니다.

▲ 팰컨 회수 유튜브 동영상 캡처

이후 2년이 지난 2020년 일론 머스크의 스페이스 X는 2명이 탑승한 유인 우주선 '크루 드래건'을 쏘아 올리는 데 성공하며 민간 우주탐사 시대의 개막을 알렸습니다. 물론 이때도 추진체인 팰컨 9 로켓은 회수되었습니다.

이후 일론 머스크는 달과 화성 여행으로 2024년 승객 100여 명을 태우고 화성 탐사를 본격화하겠다는 구상을 밝혔습니다. 50~150년 안에는 인구 100만 명이 거주하는 도시를 화성에 조성하겠다는 계획도 추가했습니다.

인류가 어디로 향하고 있는지를 가장 잘 보여주고 있는 인간 지표가 일론 머스크입니다. 물론 블루 오리진으로 우주개발의 선봉에 있는 아마존의 제프 베조스 역시 마찬가지입니다.

메타버스는 감동을 줄 것이다

메타버스 역시 지구인들이 자신들의 주 서식지 외 다른 공간을 탐험한다는 점에서는 우주개발과 다를 것이 없습니다.

평행우주, 다중우주(멀티버스)의 과학적 상상력이 인간들의 지식의 지평선을 넓혔듯, 가상세계 멀티버스는 인간들의 즐거움의 지평선을 넓힐 것입니다.

PDR이라는 개념은 아무리 봐도 데카르트의 이성적인 탑다운식 접근은 아닙니다. 모호하고 실체가 없을 수도 있지만 뭔가 색다른 경험을 주고 즐거움을 준다면 받아들이고 비용을 지불하는 세상의 도래를 의미합니다.

일장춘몽이라도 인생이 근사하게 바뀔 수 있다는 조금의 가능성만 있다면 이를 받아들이고, 나아가서 이를 적극적으로 활용하여 개인적인 이득을 구해도 되지 않을까 싶습니다.

다음 장에서는 만약 메타버스가 일장춘몽이라면 나는 어떻게 망하지 않고 살아남을 수 있을지, 즉 '전략적 투자'에 대한 얘기를 해보겠습니다.

지구가 망해도 나는 살아남아야 하지 않겠습니까?

05
메타버스 ETF,
글로벌 메타버스 기업에
투자하는 방법

나심 탈렙은 그의 저서 「행운에 속지 마라」에서 "어떤 아이디어가 수많은 순환기를 거쳐 오래 생존했다면, 이는 상대적으로 잘 적응했음을 말해준다. 적어도 일부 소음은 걸러진 것이다. 수학적으로 보면, 진보란 새로운 정보의 일부가 과거의 정보보다 낫다는 뜻이지, 새로운 정보가 전반적으로 과거의 정보를 대신한다는 뜻이 아니다. 따라서 의심스러울 때는 차라리 새로운 아이디어, 정보, 기법을 체계적으로 거부하는 것이 최선이 된다."라고 강조했습니다.

저 또한 새로운 분야, 아이디어, 투자에 대한 접근에는 나심 탈렙의 경험주의적 회의론 입장을 견지할 필요가 있다는 생각입니다.
다만 후일 메타버스 전 영역에 걸친 산업 변혁이 일어난 후 초기 관련 산업에 투자하지 못하였을 때의 기회비용을 줄이기 위해, 앞장에서 설명해 드린 애자일 방법론을 투자에도 활용합니다.

부담되지 않는 선에서 예산을 정하여 빠르게 투자하고, 실패하고, 다시 수정하고, 투자하고, 실패하는 과정을 반복하며 경험치를 올리는 것입니다.

이런 투자법은 필수재에 해당하는 투자영역에서 진가를 나타내는 경향이 컸습니다. 메타버스 분야를 추종하는 ETF 역시 이런 식의 투자를 할 수 있는 좋은 수단입니다.

자신의 피같은 돈을 직접 투자하며 빠르고 작게 실패 경험을 쌓고, 투자가 성공하더라도 끊임없이 회의론적 사고를 지속하는 것이 개인 투자 세계관의 좋은 진화 방법입니다.

ETF는 기본적으로 큐레이션에 기반한 주식 파생 상품입니다. 다양한 분야에서 계속 증가하는 기업들을 모두 분석하거나 확인해볼 수는 없습니다. 이를 대신해 주고 수수료를 낮게 받는 대신 ETF라는 큐레이션 상품 자체를 주식처럼 실시간으로 매매할 수 있도록 만들었습니다.

투자마인드는 확률을 이해하는 데서 만들어진다

투자행위에서 실패로 인한 손실은 승리에서 얻는 보상과는 깊이가 다를 수도 있습니다. 특히 작게 이길 확률이 높고, 크게 질 확률이 낮을 때 기댓값의 비대칭과 판단 착오로 인해 우리는 한순간에 파산할 수도 있습니다.

따라서 확률 · 기댓값 · 비대칭적인 현실 등에 대한 개념을 탑재하고 투자에 나서는 것이 좋습니다.

확률의 기댓값은 계산하기가 쉽습니다. 간단한 예시를 들겠습니다.

1,000번 가운데 999번은 1천 원을 벌고(A), 1번은 1천만 원을 잃는(B) 투자가 있다면, 이의 기댓값은 잘 아시다시피 다음과 같이 나타납니다.

$$A케이스 : 999/1000 \times 1,000 = 999원$$
$$B케이스 : 1/1000 \times (-)10,000,000 = -10,000원$$

기댓값은 이 두가지 케이스의 합입니다. 따라서 -9,001원이 투자의 최종 기댓값입니다. 이렇게 단순화시킨 케이스의 기댓값을 구하는 것은 누구나 가능하고, 위의 경우에는 투자를 하지 않을 겁니다.

하지만 금액이 일정 수준을 넘어서서 규모가 커지게 되면 단순하게 결정할 수 없게 됩니다.

또 실패 케이스가 발생하지 않은 상태이기 때문에 실패 사례가 추상적으로 인식되는 순간, 우리는 위 케이스의 기댓값에도 불구하고 투자를 진행하고 있을 것입니다.

일단, 삶의 확률은 가우스의 정규분포곡선처럼 고르게 분포되지 않습니다. 저 역시도 쉬운 소통을 위해 정규분포곡선을 활용하고 있으나, 그것은 현실에서 구현되지 않는 판타지라는 걸 알고는 있습니다.

이론과 현실 확률에는 두 가지 차이점이 있습니다.

하나는 대칭분포가 아닌 비대칭분포로 확률이 그려진다는 것입니다. 예를 들어 자산 분포가 각각 1, 2, 3억인 세 사람이 앉아 있는데 갑자기 빌 게이츠가 와서 앉는다면, 이 네 사람의 자산 분포를 그래프로 나타냈을 때 한쪽으로 첨예하게 치우친 곡선이 나올 수밖에 없습니다.

이때 주요한 것은 평균값이 아니라 중위값의 경향, 중앙치, 중위수 입니다. 평균자산은 1,000조쯤 되겠지만 정작 주요한 데이터는 대부분의 사람에 대한 중앙값입니다.

그리고 확률을 언급할 때 가장 고려해야 할 두 번째는 바로 해당 확률에 대한 기댓값입니다.

우리는 러시안룰렛을 할 때, 여섯 번 격발에 대한 한발의 실탄 확률이 1/6이라는 것을 알고 있습니다.

하지만 이 게임을 하지는 않습니다. 당연합니다. 확률이 낮더라도 해당 확률에 대한 기댓값 중의 하나가 죽음이라면 누구라도 실행하지 않을 것입니다.

정약용 선생이 법을 대하는 기본 스탠스는 "삼가고 또 삼가라."였습니다. 이는 사회과학 분야에 적용되어도 손색이 없습니다.

메이저리그 감독 요기베라 또한 이런 부분에서 명언을 남겼습니다. "끝날 때까지 끝난 게 아니다."

유태인들 또한 운, 확률, 삶의 불확실성을 대하는 태도를 길이길이 보전하고 있습니다.

"이 또한 지나가리니."

죽기 직전까지 알 수 없는 것이 삶이고, 인생입니다. 인간 본성상 불확실성, 확률에 대한 이해가 쉽지 않습니다. 인간은 일어나지 않는 일, 추상적인 일을 실제 사례와 같은 레벨에 놓고 분석하고 참고하기 쉽지 않습니다.

위 격언과 마인드들은 모두 어떤 특정 이벤트(성공 · 실패 · 신념 등)에 대한 긍정적 혹은 부정적 결과를 과잉해석하는 것을 자제하도록 하는 것입니다.

이는 대부분의 성공을 내가 특별했기 때문에 이루었다는 비약과 자만을 가지지 않게 하고, 실패한 사람 대부분이 역시 나만큼의 경험치를 가지고 노력 · 분석을 했다는 가상역사(평행우주, 멀티버스) 개념을 도입한 것입니다.

요즘 말로 '스펙'이 비슷한 사람 중 한 사람은 성공했고, 다른 한 사람은 실패했다면, 성공의 주요 원인으로 운, 확률을 인지해야 한다는 생각입니다.

이것이 현재 투자, 특히 메타버스 영역에 대한 투자 리스크를 보는 저의 관점입니다. 따라서 투자에서 절실히 필요한 도구는, 회의론적 경험주의가 근간이 되는 방법론의 차용입니다.

어설프게라도 투자방법론은 있어야 한다

여기 몇번의 성공과 실패를 거친 가운데, 어떤 아이디어가 떠올라 이를 실행에 옮기는 투자자가 있습니다.

처음 투자할 때 부담 없는 곳이지만 최소이익이 확실한 곳에 투자하고, 이를 통해 투자 경험치를 높여야 합니다.

후일 '더 좋은 곳에 투자할걸' 하는 후회를 하더라도, 그 후회 자체가 이미 투자를 보는 눈과 경험치가 레벨 업 되었다는 반증입니다.

이 책에서는 메타버스를 좀 더 쉽게 알려드리기 위해 사례를 많이 들었습니다. 귀납적 사례 중심의 전달은 빠른 이해를 돕습니다.

반면에, 장님이 코끼리를 더듬고 코끼리를 정의할 수 있다고 하는 것과 같은 아집을 생성할 수도 있습니다. 투자 또한 마찬가지입니다.

적절한 방법론이 없는 귀납적이고 실증적인 투자 접근법, 즉 성공 사례만 추종하는 것은 시간의 흐름 속에서 특정 시점에는 성공할 수 있으나, 궁극적으로 투자의 감을 잃게 할 것입니다.

핵심은 스스로를 **행운에 속도록 놔두면 안 된다는 것***입니다. 자신의 투자 세계관을 회의적인 시각을 통해 지속적으로 발전시켜나가는 것이 무엇보다 필요합니다. 이를 위해 투자 방법론으로 애자일 방법론을 차용하고(밑져야 본전인 투자를 빠르게 시도), 이를 업그레이드해야 합니다.

방법론은 진화를 통해 현실과의 격차를 줄입니다. 진화를 하기 위해서는 작고, 가벼우며 실패해도 나에게 전혀 영향이 없는 자그마한 투자를 빠르게 먼저 시작해야 합니다.

아마존 제프 베조스가 냅킨에 그린 그 유명한 '플라이휠의 핵심'은 역설적이게도, 빠른 프로토타입을 출시하여 실패하는 겁니다. 이후 포기하지 않고 지속적인 개선으로 최고의 서비스를 만들어내는 데에 그 핵심이 있습니다.

애자일 방법론도 그런 맥락을 갖고 있습니다. 방법론은 말 그대로 아이디어에 불과합니다. 이를 자신의 것으로 만드는 것은 오롯이 실행에 달려있습니다. 세상 모든 일이 실행에 달려있다는 것을 캐치한다면, 좀 더 풍성한 삶이 펼쳐질 것입니다.

실패는 쓰고 정신적으로도 힘들지만, 시간은 또 다른 기회와 추진력을 가져다줍니다. 또 다른 기회가 왔을 때 과거의 쓰렸던 실패는 무엇보다 값진 판단의 근거로 작용할 것입니다.

나심 탈렙 「행운에 속지 마라」

'성공한 투자자는 최악의 투자자가 되는 경우가 많다. 나는 이것을 횡단면 문제(Cross Sectional Problem)라고 부른다. 일정 시점에서 보면, 가장 큰 성공을 거두는 트레이더는 시장의 최근 순환 주기에 가장 잘 맞는 트레이더다. 치과의사나 피아니스트에게는 이런 일이 자주 발생하지 않는다. 이런 직업은 운에 그다지 영향을 받지 않기 때문이다.

시장이 숨 가쁘게 상승하던 기간에 우연히 그 자리에 있었던 것뿐이다. 그가 그 자리에 어울렸는지 몰라도, 그 자리에 어울릴 만한 사람은 수없이 많다. 실력 있는 투자자가 성공한다고 생각하기 쉽다. 이는 인과관계를 잘못 해석한 결과이다. 돈을 벌고 성공했기 때문에 실력 있는 투자자라고 본 것이다. 하지만 2022년 현재 성공한 자리에 어울릴 만한 사람은 수없이 많다.'

기본적으로 인간은 이성보다 감성과 경험(귀납적 결과)에 끌리는 경향이 있습니다. 이런 인간의 본성을 뛰어넘은 성인들이 있습니다만, 이성이 감성을 뒷받침한다는 사실에는 변함이 없습니다.
비트겐슈타인은 철학적 인간의 한계를 그렇게나 이성적으로 정의했지만, 정작 본인의 삶은 감성이 시키는 대로 살아나갑니다.

간단한 사고실험 역시 이를 뒷받침합니다. 이성적 인간은 침대에서 일어나야 하는지를 결정할 수도 없을 정도라는 것을 다마지오 데카르트의 오류를 말하는 실험에서 소개하고 있습니다.
어떤 사람의 뇌에서 감정을 느끼는 부분을 제거하여 감정만 느끼지 못하게 만듭니다. IQ와 다른 기능은 모두 그대로입니다. 이제 감정의 방해를 받지 않는 순수하게 합리적인 인간이 등장했습니다. 그러나 모두의 예상과는 달리, 완전히 비감정적인 사람은 아주 단순한 결정조차 내릴 수 없었습니다. 심지어 아침에 침대에서 일어날 수도 없었고, 이리저리 재기만 하면서 시간을 낭비했습니다. 기대했던 것과 모든 면에서 정면으로 배치되는 결과였습니다. 그리고 이 실험의 결론은 이렇게 정리됩니다.
'감정이 없으면 인간은 결정을 내리지 못함.'
이 실험은 우리에게 감정적 결정이 없는 선택 장애만 거듭되어, 오히려 앞으로 나아가지 못한다는 것을 시사합니다.

출처 • 나심 탈렙 「행운에 속지 마라」 및 2019 중앙일보플러스

저는 10여 년 전 해외펀드에서 실패를 겪은 적이 있습니다. 그래서 그동안 절대 펀드 투자를 하지 않았습니다.

이해 못 할 설명을 하며, 상승시점에 매도를 해도 그날의 종가가 매도금액의 기준이 되었습니다. 이에 반해 ETF는 주식처럼 바로바로 실시간으로 거래가 됩니다.

ETF가 무엇인가

ETF(Exchange Traded Fund)는 인덱스펀드(KOSPI 200과 같은 시장지수의 수익률을 그대로 추종)를 거래소에 상장시켜 투자자들이 주식처럼 편리하게 거래할 수 있도록 만든 금융 상품입니다. 투자자들이 개별 주식을 고르는 수고를 하지 않아도 된다는 펀드투자의 장점과 언제든지 시장에서 원하는 가격에 매매할 수 있는 주식투자의 장점을 모두 가지고 있는 상품으로, 인덱스펀드와 주식을 합쳐놓은 것이라고 생각하면 됩니다.

ETF 창시자

ETF의 창시자인 존 보글은 1974년에 '뱅가드'라는 뮤추얼 펀드를 만들었습니다. 존 보글은 10년 동안 210%에 이르는 놀라운 수익률을 거두며, 'ETF 투자는 도넛(주식 투자)보다는 건강에 좋은 베이글'이라는 말을 남기기도 했습니다.

ETF 장점

ETF 투자자들은 배당수익과 주당순이익 등을 고려해 기업을 넘어 산업 전체에 장기적으로 투자하기 때문에, 국가 혹은 세계 경제에도 도움이 될 수밖에 없습니다.

또한, 수수료도 기존 인덱스펀드 수수료인 2%보다 훨씬 저렴한 0.5% 내외입니다. 인덱스펀드가 환매한 날의 다음 날에 수익실현이 이루어지는 방식이라면, ETF는 실시간 거래가 가능하여 훨씬 빠르게 시장에 반응할 수 있습니다.

ETF 네이밍 룰

일단 ETF 종목 네이밍 룰부터 먼저 살펴보겠습니다. 네이밍은 운용사, 기초자산, 운용방식 순으로 이루어집니다.

자세하게는 '운용사 브랜드명 + 기초자산(지수) + 레버리지·인버스 여부 및 추적 배수 + 합성형 또는 환헤지 여부'와 같은 식입니다.

이해를 돕기 위해 사례를 한번 들어보겠습니다.

'TIGER FN메타버스'(450억 원), 'KODEX K-메타버스액티브'(410억 원), 'KBSTAR iSelect메타버스'(89억 원), 'HANARO Fn K-메타버스 MZ'(86억 원)으로 집계되었다는 뉴스기사가 있습니다.

여기서 맨 위 TIGER는 운용사, FN메타버스는 기초자산을 나타냅니다. 레버리지 ETF는 기초자산의 두 배 이상 수익률을 목표로 합니다. 반대로 인버스는 기초자산이 오르면 내리고, 내리면 오르는 식으로 추종합니다. 시수와 반대로 두 배 이상 움직이는 상품은 곱으로 인버스라 해서 흔히 '곱버스'라고 부릅니다.

합성형은 실물 주식을 보유하지 않고, 기초지수 등락만큼 정산하는 형태입니다. 'H'가 붙으면 환헷지형 상품, 'UH'가 붙으면 환헷지를 하지 않는 환노출형 상품입니다.

또 'TR'이 붙으면 해당 ETF에서 나오는 배당금 등 분배금을 돌려받지 않고 재투자하는 상품을 말합니다.

KODEX는 운용사가 삼성자산운용임을 뜻하고, TIGER는 미래에셋, KBSTAR는 KB자산운용, HANARO는 NH아문디자산운용을 뜻합니다. 나머지 네이밍은 각자 투자하려는 ETF마다 다르게 지어집니다.

지금까지 제가 피상적으로 느낀 펀드 대비 ETF의 장점을 단적으로 말하자면, 실시간 거래가 가능하다는 점과 수수료가 압도적으로 낮다는 점입니다.

한국 메타버스 ETF

2021년 10월 13일에는 한국 주식만을 담은 한국 메타버스 ETF 4종이 출시되었습니다.

상품명	KBSTAR iSelect메타버스	HANARO Fn K-메타버스MZ	TIGER Fn 메타버스	KODEX K-메타버스액티브
자산운용사	KB자산운용	NH-Amundi 자산운용	미래에셋 자산운용	삼성 자산운용
기초지수	iSelect 메타버스 지수	FnGuide K-메타버스 MZ 지수	FnGuide 메타버스테마 지수	FnGuide K-메타버스 지수
지수산출기관	iSelect (NH투자증권)		FnGuide	
신탁원본액(E)	80억 원	80억 원	300억 원	300억 원
1좌당 가격(E)	각 10,000 원			
총보수	0.45% (0.40%)	0.45% (0.36%)	0.45% (0.40%)	0.50% (0.45%)
AP/LP	KB, NH, 키움, 메리츠	KB, NH, 키움, 메리츠, 신한	KB, NH, 키움, 미래에셋, 메리츠, 신한, 한투	DB, KB, NH, SK, 교보, 키움, 메리츠, 삼성, 신한, 유진, 하이, 한투

출처 · 한국거래소

기초지수는 4개 모두 전부 다르긴 하지만, KB자산운용을 제외한 나머지 3개는 FnGuide의 기초지수를 따르고 있고, 보유한 종목은 유사한 면이 있습니다.

구 분	HANARO Fn K-메타버스MZ	KODEX K-메타버스액티브	TIGER Fn메타버스	KBSTAR iSelect메타버스
하이브	10.4%	8.8%	9.8%	9.9%
NAVER	10.3%	8.1%	9.7%	10.0%
LG이노텍	8.7%	2.0%	8.4%	8.7%
엔씨소프트	6.8%	–	6.3%	6.1%
JYP Ent.	3.8%	4.7%	9.6%	–
와이지 엔터테인먼트	2.9%	5.6%	10.1%	6.9%
위지윅스튜디오	1.8%	2.1%	6.3%	3.8%
덱스터	1.2%	4.5%	4.0%	2.6%
씨이랩	0.7%	–	1.9%	1.3%

KB자산운용의 'KBSTAR iSelect메타버스'는 메타버스 관련 키워드 필터링 후 산업 노출도, 매출 연동률, 미래성장성을 수치화해 평균치 이상인 기업을 구성종목으로 NH투자증권이 선별한 'iSelect 메타버스 지수'를 추종합니다.

NH-아문디자산운용의 'HANARO Fn K-메타버스MZ'는 메타버스 관련 키워드 스코어 기준 IT, 통신서비스 업종에서 상위 20종목, 경기소비재(자동차 제외) 업종에서 상위 10종목을 구성종목으로 한 'FnGuide K-메타버스 MZ지수'를 추종합니다.

미래에셋자산운용의 'TIGER Fn메타버스'는 메타버스 관련 키워드 스코어링 값이 높은 종목 상위 21종목을 유동시가총액 가중방식으로 구성한 'FnGuide 메타버스테마 지수'를 추종합니다.

삼성자산운용의 'KODEX K-메타버스액티브'는 메타버스 키워드 연관 종목들에 대해 시가총액 상위 70종목 중 키워드 유사도 상위 30종목을 최종 선정한 'FnGuide K-메타버스 지수'를 추종하고, 계량적 지표 외에도 Bottom-up 리서치를 통해 펀드매니저의 재량에 따라 초과수익을 목표로 포트폴리오를 구성하는 **액티브 ETF***입니다.

3개 ETF 보수는 0.45%로 모두 동일합니다.
그러나 삼성자산운용의 KODEX K-메타버스만 운용보수가 0.50%로 상대적으로 0.05% 포인트 높습니다.
3개 ETF는 기초지수를 그대로 추종하는 패시브 ETF인 반면에, KODEX-K 메타버스 액티브 ETF는 운용역의 판단이 운용에 반영되는 액티브 ETF이기 때문입니다.

액티브 ETF

한국의 주식형 액티브 ETF는 2017년 채권형에 한해 출시됐고, 주식형은 2020년 9월 상장했습니다. 본격적으로는 2021년 5월부터가 사실상 주식형 액티브 ETF의 시작이라 할 수 있습니다.

액티브 ETF는 펀드매니저가 투자 종목과 비중을 정해 운용하는 ETF를 말합니다. 주가지수 등을 수동적으로 따라가는 패시브(인덱스형) ETF와는 달리 비교지수(벤치마크) 대비 초과 수익 실현을 목표로 종목, 매매시점 등을 매니저의 재량으로 결정하여 운용하는 ETF입니다. 액티브 펀드와 주식처럼 실시간 거래 가능한 ETF의 장점을 합쳤다고 보면 되겠습니다. 다만 아래처럼 몇가지 리스크를 고려해야 합니다.

1. (환노출 ETF 특성) 별도의 환헤지를 하지 않아 향후 환율 변동위험에 노출 가능
2. (액티브 ETF 특성) 운용능력에 따라 ETF 운용성과가 달라질 수 있으며, 추적오차율 또한 크게 발생할 수 있음
3. (추가 수수료) 총보수 이외에 기초(비교)지수 사용료, 매매비용, 회계감사비용 등의 기타비용이 추가적으로 발생할 수 있음

국내 액티브 ETF 순자산총액은 2021년 약 4조 5,309억 원으로, 2022년 2조 1,292억 원의 두 배가 넘었고, 종목 수는 14개에서 38개로 급증했습니다.

현재 주식형 액티브 ETF는 비교지수에 70% 이상 수익률이 연동되는 비교지수 상관계수를 0.7 이상으로 유지해야 합니다. 상관계수를 낮출수록 운용사들이 자유롭게 운용할 수 있습니다. 미국엔 상관계수 규정이 없고, 한국도 조만간 규제가 없어질 듯합니다.

글로벌 메타버스 ETF

그 동안 한국 증시에 상장한 메타버스 ETF는 모두 한국 주식을 보유했습니다. 그리고 2021년 12월 대형 자산운용사 4곳이 로블록스, 애플, 엔비디아 등 해외 메타버스 관련 주에 투자하는 ETF를 동시에 출시했습니다.

한국투자신탁운용 · 삼성자산운용 · 미래에셋자산운용 · KB자산운용은 12월 22일 해외 메타버스 관련주에 투자하는 ETF를 한국거래소에 상장했습니다. 특히 이 중 한국투자신탁운용 · 삼성자산운용 · 미래에셋자산운용 세 곳은 운용 역량에 따라 초과수익을 도모하는 액티브 ETF입니다. 이는 비교지수를 최소 70% 추종하고 나머지 30%는 펀드매니저의 재량에 따라 초과 성과를 낼 수 있는 구조입니다. 기초지수를 90% 이상 복제하는 일반 ETF에 비해 운용 역량이 중요해집니다.

해외 메타버스 관련주에 대한 관심이 뜨거움에도 불구하고, 아직까지 국내에 관련 ETF가 없어 개인 투자자가 접근하기엔 허들이 좀 있는 편입니다. 물론 달러 투자를 위해 달러 환전 후 직접 투자하는 개인들도 상당히 늘어나긴 했지만, 환차와 미국 주식 전망 등을 세세하게 고려하며 투자한다고 보긴 힘든 상태입니다.

2021년 말 해외 메타버스 ETF를 액티브 ETF로 출시함에 따라 환차익 등등도 적극적으로 고려하여 좋은 성과를 거뒀으면 합니다.
지금까지 출시된 액티브 ETF의 간략한 스펙을 공유하겠습니다.

네비게이터 글로벌 메타버스테크 액티브

한국투자신탁운용의 '네비게이터 글로벌 메타버스테크 액티브'는 가상현실 (VR)·증강현실(AR) 기기와 클라우드 등 메타버스 '인프라' 산업에 초점을 두고 있습니다. 콘텐츠·미디어 등 상대적으로 변동성이 큰 메타버스 프런트 엔드의 불확실성을 회피한 스탠스입니다.

Bloomberg의 업종분류 중 메타버스 관련 산업군(인터넷 미디어, 전자통신, 반도체 등) 내 시총 상위 200종목으로 구성된 'Bloomberg Global Digital Media & Tech Select Price Return Index'를 비교지수로 선정했습니다.

KODEX 미국 메타버스 나스닥 액티브

삼성운용의 'KODEX 미국 메타버스 나스닥 액티브'는 미국 데이터 분석 업체 '유노'의 AI 엔진을 이용해 메타버스 관련 키워드 노출도가 높은 기업을 선별한 후 플랫폼·장비·콘텐츠 관련 주로 분류, 투자하는 방식입니다. 미국시장 상장종목 중 Yewno사(AI 기반 데이터 분석 업체, 나스닥과 다양한 지수 개발 중)의 AI 엔진을 통해 산출한 메타버스 키워드 연관도 점수 상위 40종목으로 구성된 Nasdaq Yewno Metaverse Index를 비교지수로 선정했습니다.

TIGER 글로벌 메타버스 액티브

미래에셋운용의 'TIGER 글로벌 메타버스 액티브'는 뉴욕·홍콩 사무소 등 해외 네트워크를 활용하여 사용자 경험, 생태계 플랫폼, 정보기술(IT) 인프라로 기업을 분류한 후 선진·신흥국의 메타버스 유망주를 선별합니다.

메타버스 관련 산업(플랫폼·콘텐츠·반도체 등) 매출이 전체의 50% 이상인 기업 중 시총 상위 50종목으로 구성된 Indxx Global Metaverse Index를 비교지수로 선정했습니다.

KBSTAR 글로벌 메타버스 무어게이트

KB운용의 'KBSTAR 글로벌 메타버스 무어게이트'는 애플을 필두로 IT·통신서비스 관련 기업을 주로 편입하고, 영국 투자 정보 업체 '무어게이트'의 지수를 추종합니다. Fount사(로보어드바이저 서비스 업체, 데이터 활용 자산관리 서비스 등 제공 중)의 독자 인공지능 알고리즘을 통해 예측한 향후 1년간의 메타버스 관련 매출이 전체의 50% 이상인 기업 등으로 구성된 Global Metaverse Index를 추종합니다.

2021년 연말 기준 삼성자산운용과 미래에셋자산운용의 메타버스 ETF는 순자산이 각각 1,000억 원을 돌파했고, 상장 일주일 만에 1400억 원이 넘는 개인 자금이 몰렸습니다.

메타버스 테마에 대한 관심이 높은 가운데 국내 주식에 투자하는 메타버스 ETF가 우수한 성과를 보여, 글로벌 메타버스 액티브 ETF에도 관심을 보인 결과입니다.

2021년 11월 30일 기준 한국거래소에 따르면 지난 5월 25일 상장한 액티브 ETF 8종목의 약 6개월 수익률은 평균 10.88%입니다. 같은 기간 코스피는 9.7% 하락했습니다.

2022년 첫 거래일 하루 동안 거래대금을 집계한 결과 국내 액티브 ETF 중 메타버스 ETF들이 1~3위를 차지했습니다. 'TIGER 글로벌메타버스액티브'(397억 원)가 가장 많은 거래대금을 기록했고, 'KODEX K-메타버스액티브'(361억 원)와 'KODEX 미국메타버스나스닥액티브'(238억 원) 순으로 뒤를 이었습니다. 이들 종목 거래대금의 합만 1,000억 원에 육박했습니다.

1위와 3위 종목은 글로벌 메타버스 ETF고, 2위 종목은 국내 메타버스 ETF입니다.

해외 종목과 국내 종목을 담았느냐의 차이뿐만 아니라 종목들 업종 구성도 다릅니다. 국내 메타버스 ETF에서는 엔터테인먼트 업종의 비중이 절반을 넘지만, 글로벌 메타버스 ETF에선 그만큼의 비중을 엔터테인먼트 업종과 반도체 업종이 양분하고 있습니다.

2021년 한 해 동안 메타버스 산업을 분석한 증권사 리포트만 20개 가량 발행됐습니다. 이는 애널리스트들이 메타버스를 단순한 테마주가 아닌 산업 섹터의 하나로 받아들였다는 의미입니다.

하지만 이런 ETF 상품에 투자할 때도 조심해야 합니다. 나한테 자연스럽게 노출되고 보이는 투자 상품을 평가할 때에는 내가 주도적으로 찾은 투자 상품을 평가할 때보다 더욱 엄격한 잣대를 적용해야 합니다.

가령 한국 미국의 수많은 ETF 상품 중 한두 상품을 고른다면 운만으로 선택할 확률은 수만분의 2에 불과하지만, 소개 등으로 나에게 수동적으로 노출된 ETF 상품이라면 시간이 흘러 실적을 확인할 때까지 투자를 보류해야 한다는 것입니다.

메타버스와 함께하는 투자법

여전히 모호하다. 다른 관점으로 들여다 보자

인간의 언어로 정의하기 힘든 어떤 것을 이해하려고 머리를 쥐어뜯는 것보단 이것이 내 삶에 끼치는 영향을 모니터링하고 내가 이득을 보는 쪽으로 전략을 세워나가야 합니다.

지금부터는 거의 모든 사람이 직면하는 투자에 대한 관점과, 저의 투자전략을 공유해볼까 합니다.

먼저 어떤 대상에 투자할 때 일반적으로 떠올리는 관점과 아예 떠올리지 않는 관점을 한번 짚어보겠습니다.

경로에 얽매이기 쉽다

먼저 다소 부정적인 사람이 투자대상을 보면서 확인하는, 과거 가격에 대한 관점입니다. 이른바 '경로에 얽매이기' 또는 '보유효과'라고 합니다.

이는 과거 자산 가격, 혹은 특정한 아이디어에 간섭을 받고 매몰되는 성향을 가리키는 말입니다.

사실 경로에 얽매이지 않는 사람은 드물지만, '소로스(워렌 버핏과 비견될 정도로 전설적인 수익률을 기록한 투자계의 거물)'의 경우 오늘과 내일의 견해가 다른 사람이었으며, 이런 성향이 그를 살아남게 만들었다고도 보긴 합니다.

그러나 경로에 얽매이는, 즉 보유효과를 벗어나지 못한다면, 투자 마인드를 탑재하기가 힘듭니다. 특히 자신이 앵커링되어 있는 주식이나 주택가격이 있다면 얽매이지 않기가 정말 어렵습니다만, 이를 극복하면 더 많은 것을 보게 될 수도 있습니다.

자신이 경로에 얽매이는 사람인지는 간단한 사고실험으로 판별할 수 있습니다. 여러분도 한번 실험해보시기 바랍니다.

여러분이 주택을 10억에 샀는데, 부동산 경기가 좋아져 20억으로 가격이 올랐습니다. 만약 이 주택을 10억에 사지 않았다면, 현재 20억 가격으로라도 이 주택을 구입할 수 있으신가요?

위 질문에 '구입을 하지 않겠다.'고 답했다면, 예전 주택가격에 얽매였다고 할 수 있습니다.

저 역시도 앵커링된 가격에 얽매이지 않기는 쉽지 않습니다. 시간이 좀 흐른 후 받아들일 순 있더라도 지금 막 상승한 자산가격을 아무리 상승추세라 해도 매수하는 게 어렵습니다.

그런데 여러분께 이런 마인드를 살피라고 굳이 다시 언급하는 이유가 있습니다. 메타버스, NFT, 가상화폐가 실질적으로 활용되기 시작한 이후에는 많은 것들이 상상 그 이상이 될 수도 있으리라 판단하기 때문입니다.

상징적으로, 실물경제 소매업의 상황이 어려운 것은 사실입니다. 이런 소매업 서비스가 대부분 가상 서비스 영역으로 이전되었다는 것을 느끼고 있습니다. 이처럼, 막대하게 풀린 유동적 자원이 실물경제로 향하지 않고, 가상경제로 향하고 있습니다. 경로에 얽매여 과거 방식을 답습한다면 시간이 지나면 지날수록 힘든 상황을 맞이할 가능성이 높아집니다.

성공은 만 개의 무덤을 가지고 있다

두 번째는 반대로, 다소 낙관적인 사람들이 투자를 할 때 전혀 떠올리지 않는 관점입니다.

이른바 '성공은 몇만 개의 무덤 위에 서 있다.'는 관점입니다. 사람들은 눈에 보이는 성공에만 천착할 수밖에 없습니다. 게다가 실패한 케이스들은 성공한 케이스와 달리 기록되지 않고 사라지기 일쑤입니다.

일부 전문가는 펀드 역시 운이 지배함을 인지하고, 일부러 실적이 나쁜 펀드에 투자하기도 합니다. 이것은 실적이 좋은 펀드를 해지하여 실적이 나쁜 펀드에 투자하는 방법으로, 실적이 나쁜 펀드를 해지하여 실적이 좋은 펀드에 투자하는 전통적 방식과는 정반대의 방식입니다.

어떻게 보면 실패 케이스 역시 운 혹은 경제환경이 바뀜에 따라 성공 케이스가 될 수 있다는 견해가 작동한 투자 방법일 수 있습니다. 하지만 땅에 묻혀 통계 표본에도 잡히지 않는 도중에 청산된 펀드들을 고려하기는 힘듭니다. 청산되지 않고 회복된 펀드들은, 어느 시점에는 실적이 나쁠 수 있지만 이후 실적이 회복된다면 기저효과로 인해 수익률이 높은 것은 당연해집니다. 제대로 시뮬레이션하기 위해서는 일정 기간 존재했던 모든 펀드를 모집단으로 선정해서 산입해야 합니다.

이런 보이지 않는 사례들을 인지하는 것은 대단히 힘든 사고 과정을 요구합니다. 보통 낙관적인 사람들은 승리를 과신하는 경향이 있어서, 위험을 더 많이 떠안을 수밖에 없습니다.

하지만 아시다시피 실패사례는 통계에서 찾아보기 힘들어서, 억지로 찾아내려 하지 않는 한 투자 시 감안하기가 불가능합니다. 성공한 사람들은 부자가 되고 유명해져서 신문 1면에 등장하지만, 실패한 사람들은 통계에서도 사라지는 것이 현실이니까요.

투자 방법론이 필요하다

이런 다소 극단적인 두 가지 관점을 모두 '헷지'하는 것이 바로 멀티 옵션 바벨 전략입니다. 메타버스 세상에서 최종적으로 살아남을 그룹에 크게 투자하고, 명멸을 거듭할 수 있는 기업 한두 개에 대한 투자 비중을 작게 유지하는 것입니다.

다시 말해, 상승할 가능성은 높지만 기댓값, 즉 수익은 적은 곳에 대부분의 돈을 투자하고, 상승 가능성은 낮지만 기댓값, 즉 수익률이 높은 곳엔 소위 말해 '잃어도 될' 정도의 돈을 투자하는 것입니다.

이런 식으로 옵션을 만들어 가면서 '린디 효과'(생존기간이 길수록 향후 기대수명도 길어질 가능성이 높은 경향)를 보이는 그룹·기업·ETF 등에 대한 투자를 늘려가면 됩니다.

이제부터는 바벨 전략에 대해 본격적으로 살펴보겠습니다.

투자 방법론 중 옵션과 바벨 전략을 적용해보자

옵션을 이해하자

$$옵션 = 비대칭성 + 합리성$$

나심 탈렙은 그의 저서 『안티프래질』에서 옵션은 '비대칭성'과 '합리성'의 합이라고 얘기하고 있습니다.

비대칭성은 손실은 작지만, 커다란 이익을 주는 시행착오를 말합니다. 이익은 작지만 커다란 손실을 주는 시행착오 또한 있을 수 있습니다.

합리성은 이익을 얻기 위해 좋은 것을 유지하고, 나쁜 것은 버린다는 의미입니다. 시행착오를 거치는 동안 이전보다 더 나은 것을 거부하지 않는 것이죠.

투자자들은 주로 은행을 상대로 '옵션'을 행사합니다.

보통 은행은 부의 옵션(정의 옵션의 반대개념, 마이너스 옵션) 방향으로 비대칭성이 커지고, 대출을 받은 투자자는 정의 옵션 방향으로 비대칭성이 커지게 됩니다.

은행은 대출을 통한 현금흐름(이자)으로 적정 이윤은 확보하지만(정의 옵션), 한계는 명확합니다. 예를 들면 2019년과 같은 한국 부동산 상승기 때의 부동산 시세 상승 차익은 얻을 수 없는 겁니다. 일종의 기회비용인 셈입니다.

바벨 전략은 마음을 편하게 해준다

이런 옵션 개념을 장착한 후 투자할 때 추천하는 전략이 바로 **바벨 전략*** 입니다. 여기서 '바벨'은 다들 아시는 역도의 바벨을 의미합니다. 불확실성에 대한 거의 모든 해법은 바벨 전략의 형태를 띠고 있다고 봐야 합니다.

주관적인 SSUL

바벨 전략

양극단의 조합을 추구하고 중간을 기피하려는 생각을 말한다. 하나가 아닌 두 개의 서로 다른 모드가 있고, 그 모드는 가운데가 아닌 양 끝에 있다.

어떤 영역(부의 블랙스완)에서는 안전하게 행동하고, 다른 영역(정의 블랙스완)에서는 작은 리스크들을 많이 수용해 궁극적으로 안티프래질을 달성하기 위해 행동하는 이원적인 태도이다.

참고로, 여기에서 블랙스완은 전혀 전례가 없고 예상을 훨씬 벗어나는 충격적 위기 혹은 기회의 사건들을 의미한다.

바벨 전략은 드물게 발생하는 사건의 리스크가 계산 불가능하고 측정 오차에 '프래질'한 문제를 해결해 준다. 항상 바람직한 비대칭을 낳고 위험한 일을 할 때 사람들의 구성에도 양극단 성격의 멤버 구성이 바람직하다.

양극단이 아닌 중간 지점에서 온건한 태도를 취하는 것은 엄청난 측정 오차를 낳을 수밖에 없으므로 결과적으로는 잘못된 선택이다.

출처 • 나심 탈렙 「안티프래질」, 2013, 와이즈베리

제가 투자 관련 소통을 위해 공유하는 정규분포곡선의 양 끝단의 케이스, 즉 '모드(mode)'가 바벨 전략에 기초하고 있습니다. 다음은 가장 최근 투자 리스크의 정규분포곡선입니다.

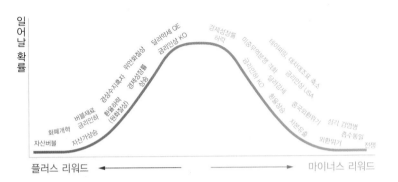

양극단 이슈는 일어날 확률은 낮으나, 기댓값(임팩트·영향)은 측정 불가능

• 원유수요, 달러수요 모두 급락 : 심각 감염병
• 원유수요, 달러수요 모두 급증 : 전쟁
• 위 두가지 케이스를 제외하면 원유수요와 달러수요는 적절한 밸런싱을 이룸

최대한 대칭적으로 그렸지만, 사실 대칭적일지 비대칭적일지 조차도 모르며, 여기서는 각 요인들에 따라 어떤 이익을 기대할 수 있을지도 알 수 없습니다. 다만, 각 요인에 따라 확률적으로 어떤 리스크가 발현될 수 있는지 살피고 이를 대비할 수는 있습니다.

그래프의 왼쪽 부분은 투자자 입장에서 플러스 리워드를 기대해 볼 수 있는 요인을 나타낸 것입니다. 다만 '버블' 된 자산은 언젠간 터지겠지요. 오른쪽은 투자자 입장에서 마이너스 리워드가 있을 수 있는 요인들입니다.

투자에서는 적당히 공격적이거나 보수적인 것이 아니라 오히려 아주 보수적이거나 아주 공격적인 포트폴리오를 만들 것을 추천합니다.

예를 들면 미국 국채와 같은, 안정적인 투자 대상으로 인정할 만한 곳에 자금의 85~90%를 투자하고, 나머지 10~15%는 변동성이 큰, 말하자면 벤처 캐피탈, 스타트업 IPO, 신규 ETF, 가상화폐 등과 같은 분야에 투자하는 것입니다.

이런 전략에는 위험관리가 딱히 필요치 않습니다. 극단값에 따라 모두 수익을 낼 수 있지만, 최악의 경우는 겨우 10~15%의 투자금을 날리는 것일 뿐입니다.

바벨 전략의 핵심은 보수적인 투자에는 부정적 블랙스완의 힘이 전혀 미치지 않으며, 15% 정도의 투기적·공격적인 투자에서만 손실이 발생할 수 있다는 것입니다.

참고로 저는 현금흐름이 있는 자산(보통 필수재와 관련 있는 기업 주식 혹은 부동산)을 근간으로 보수적인 투자 포트폴리오를 갖고 있습니다. 하지만 비상장 기업, 스타트업, 미국 빅테크 ETF, 원유 관련 주식, 가상화폐 등에는 15% 내외를 투자하고 있습니다.

투자 방법론과 전략이 있다면 그다음은?

대부분 사람은 이론을 실행으로 바로 옮기지는 않습니다. 거꾸로, 실행으로부터 이론을 만들어냅니다.

이를 정리하면 케이스 → 스터디 → 이론의 형태입니다.

저는 거의 모든 일을 위와 같은 식으로 진행하고 있습니다. 그리고 그때그때 필요한 이론, 수학지식을 해당 부분만 찾아내서 이해하는 방식을 취하고 있습니다. 굳이 전체적인 이론과 논리를 알고 싶지도 않고, 알 필요도 없습니다.

나심 탈렙이 말한 '소크라테스가 죽임을 당한 또다른 이유*'는 여러 가지 생각할 거리를 던져줍니다.

주관적인 SSUL

투자에서도 악화가 양화를 구축한다

나심 탈렙이 트레이더로서 보았던 것들을 글로 쓸 때, 원고를 감수하는 대학교수가 연구실에 앉아서 나심이 보았던 것들을 받아쓰도록 했고, 교수의 논리를 따르지 않으면 무시되었다고 합니다. 그리고 이것이 현재 학자들의 병폐라는 것을 모든 저서에서 언급하고 있습니다.

이론이 만들어낸 '프래질'때문에 시장의 불확실성과 비대칭성이 더욱 높아집니다. 아래 순서와 같습니다.

> 투자가들이 거래를 함 → 투자가들이 테크닉과 시장디테일을 이해함 → 경제학자 및 정책입안자들은 본인들이 공식을 발견하고 투자가들이 그것을 사용하고 있다고 주장 → 새로운 투자가들이 경제학자 및 정책입안자들을 믿음

그리고 왜 이런 병폐적인 이론들만이 전해지고 있는지에 대한 설명도 하였는데, 다음과 같습니다.

역사는 시간이 많고 학자로서 보호받는 자리에 있는 행동하지 못한 미필적 패자들이 기록합니다. 그리고 경험주의 사례는 교육하지 않습니다. 행동가는 글을 쓰지 않고 행동할 뿐입니다.

예를 들면 항공역학에 나오는 다양한 정리, 운동 방정식을 풀지 못하는 아이들도 자전거를 탈 수 있습니다. 새들 역시 나는 것과 관련된 수학 공식은 모르지만 잘 날아다닙니다. 단지 새들이 나는 법을 얘기했던 사람들만이 새들의 얘기를 쓸 뿐입니다.

이러한 일련의 일화는 제도권 교육이 어설픈 합리주의에 따른 질의 저하와 단순화를 추구하는 것을 나타냅니다. 가르치기 쉬운 것은 좋아하지만, 경험주의에서 비롯되는 풍부한 사례는 싫어하는 것이죠.

소크라테스가 죽임을 당한 또 다른 이유

나심 탈렙은 플라톤적인 탑다운, 합리적 이성이라는 것에 대해서도 일침을 가합니다. 해답(대안) 없이 '입똑똑이'로 세월을 보내며(이른바 지적질), 경험 축적에서 이뤄진 비약적인 해법(맥락생략) 들에 대한 의심과 재정의(어설픈 합리주의) 만을 원했기 때문에 소크라테스가 죽임을 당했을 수도 있다는 것입니다.

이미 자전거를 잘 타고 있는 사람에게 자전거 타는 법을 설명하려고 했기 때문이라는 겁니다. 즉 이론에는 무지한 사람들의 실행에서 오는 즐거움을 빼앗으면서, 결정적으로 해답을 보유하지도 않았기 때문입니다.

출처 • 나심 탈렙 「안티프래질」, 와이즈베리, 2013

여기서 투자옵션 구축의 필요성이 대두됩니다.

저는 그저 자전거를 잘 타고 싶을 뿐 자전거 타기에 공기역학을 어떻게 적용해야 하는지는 알고 싶지도 않고, 알 필요도 없다는 생각입니다.

단지 사고가 나지 않도록 항상 경계하고, 보호구를 착용하고, 넘어졌을 때를 대비해 적절한 상비약을 챙길 것입니다. 이처럼 옵션 구축은, 최악의 경우에도 버틸 수 있는 보호구를 착용하는 것과 같습니다.

보통 사람들은 어떤 행동, 특히 투자에 임할 때 경험치에 의한 현 상황의 분석 혹은 코앞의 단기 예측 정도를 가볍게 할 뿐, 여러 경제적 요인들을 완벽하게 분석한 후 투자를 하지는 않습니다.

단지 현재 경제상황 및 투자상황을 파악한 후 최악의 경우가 무엇인지, 그리고 단기에 일어날 확률이 높은 이슈가 무엇인지 살펴보고 그중 최악의 경우에만 대비하는 옵션을 구축하면, 더이상 일희일비할 이유가 없는 겁니다.

긍정적 리워드가 엄청나게 크거나, 측정할 수 없이 무한하더라도 상관은 없습니다. 그저 기쁘고 고마울 뿐이죠.

여기서 중요한 것은 실생활에서든 투자에서든 지식보다 노출과 경험이 더 중요하고, 의사결정의 실행이 논리를 대체한다는 겁니다. 즉 교과서가 주는 지식, 특히 평균의 개념은 기댓값의 숨은 비대칭성을 보지 못하게 한다는 점입니다.

사건으로 인한 기댓값이 더 중요함을 다시 기억하자

더욱 중요한 것은 사건 그 자체 혹은 참과 거짓이 아니라 리워드, 즉 사건으로부터 얻는 혜택이나 손실이 얼마나 큰가입니다.
'블랙스완'에 해당되는 사건과 이런 사건이 미치는 영향은 서로 같은 분석 대상이 될 수 없습니다. 하지만 이 둘을 같은 대상으로 보는 오류가 일상생활에 깊이 스며들어 있습니다.

회의주의자의 특징 중 하나는 액션의 리워드, 결과를 항상 시뮬레이션해본다는 것입니다. 저 또한 사건의 참과 거짓보다는, 사건의 영향(기댓값)에 대해서 골몰합니다. 이러한 영향, **기댓값***이 더 중요하다는 것을 체계적으로 언급하고 있는 사람이 나심 탈렙입니다.

일어날 확률은 낮지만 일어난다면 그 영향이 지대한 이슈에 대한 모니터링을 계속하는 것, 그리고 그에 대한 대비를 하는 것이 '옵션 구축'의 기본입니다. 사실 투자 경험치가 없다면 이런 옵션을 생각할 수조차 없습니다.

때문에, 투자 초보 시절에는 옵션의 기본인 '밑져야 본전'인 옵션만 구축하고, 축적되는 투자 경험치 만큼 차츰차츰 옵션을 이해한 후 다양한 옵션을 탑재하여 더 높은 레벨의 투자로 확장을 해야 하는 것입니다.

이런 투자의 방법론으로 이전 장에서 말씀드린 애자일의 프로토타입을 차용하고, 옵션을 여러 개 두는 바벨 전략으로 리스크를 헷지해야 합니다. 궁극적으로, 이것이 메타버스 산업이 망하더라도 내가 살아남을 수 있는 방법입니다.

다음 6장에서는 메타버스가 망하지 않고 찬란하게 빛날 경우를 위한 투자 방법에 대하여 소개하겠습니다.

주관적인 SSUL

참과 거짓의 기댓값

참과 거짓은 인간 결정에서 부차적 역할일 뿐, 중요한 것은 참과 거짓에서 나오는 주로 비대칭적인 리워드입니다.

실생활에서 사람들은 리워드, 노출, 결과-프래질, 안티프래질을 얘기할 뿐입니다.

비행기 탑승객이 모두 테러리스트이기 때문에 무기 소지 여부를 확인할까요? 참과 거짓 중 하나로 답을 해봅시다. 비대칭적으로 참(테러리스트)일 때 리워드가 엄청나게 크고(사고를 막음), 상대적으로 무기 소지 여부 확인에 드는 비용은 매우 작기 때문에 액션을 취하는 것이겠죠.

하지만 철학자, 사상가, 연구자들은 참과 리스크, 혹은 참과 리워드를 서로 같은 대상이라고 생각하고 이론을 정립합니다. 그러니 그들의 이론이 현실에서 구현될 리가 없는 것입니다.

출처 • 나심 탈렙 「안티프래질」, 와이즈베리, 2013

6장

메타버스가 바꿀 세상과 지속가능성

01

메타버스가 바꿀 세상

메타버스에 다 때려 넣고 붐업을 노리고 있다

메타버스의 단면을 잘 보여주는 '오래된 미래'라는 표현이 있습니다. 그동안 가상현실, MMO RPG 게임, XR 디바이스, 자율주행차, 로봇 등 영역이 다르다고만 느끼고 있었던 디지털 트랜스포메이션 대부분 영역을 메타버스로 통칭되면서 새로운 산업군으로 확실히 부상하고 있다는 뜻입니다.

이는 앞서 말한 CES 2022에서 확실히 알 수 있습니다. 먼저 대부분의 기업들이 가상공간에서 소통할 수 있도록 메타버스 플랫폼에 가상 부스를 만들었습니다. LG전자는 제페토, 로블록스, 동물의 숲 등 대부분의 메타버스 플랫폼에서 주요 제품을 경험할 수 있도록 세팅했습니다. 삼성은 미국 뉴욕에 있는 플래그십 스토어인 '삼성837'을 본딴 '삼성837X'를 디센트럴 랜드에 구현했습니다. 실제로 뉴욕 삼성837에서 프로듀서이자 DJ 겸 비브라포니스트 감마 바이브스가 주도하여 837X에 들어온 참가자들도 함께 즐길 수 있는, 현실과 가상을 연결한 파티도 열었습니다.

이런 사례들은 기존 산업 간 경계와 현실과 가상의 경계가 허물어지고 융합되고 있음을 잘 보여주고 있습니다. 특히 메타버스는 관련 기반 기술 생태계를 근간으로 어떤 서비스까지 나올지 상상조차 힘들 정도로 AI, 로봇, 모빌리티(자율주행), 우주개발 등으로까지 그 영역을 확장하고 있습니다.

또한 TV를 통해 NFT 가상 자산을 거래하는 플랫폼을 선보이고, 메타버스 디지털 트윈과 현실 세상의 연결을 위한 자율주행 모빌리티까지 대두되고 있습니다.
이렇듯 메타버스 영역이라고 따로 구분하는 것이 의미가 없을 정도로 대부분의 업종에서 다양한 기업들이 메타버스 기술을 도입한다고 밝히고 있습니다. 반도체 기업인 퀄컴과 IT기업인 마이크로소프트는 XR 디바이스 글라스를 함께 개발하고 관련 소프트웨어를 통합한다는 계획을 발표하기도 했습니다.

현대차

현대차는 로보틱스와 메타버스를 접목한 '메타모빌리티'를 미래 모빌리티 솔루션으로 확정하고, 이로써 인류의 무한한 이동성 진보를 가능하게 할 것이라고 강조했습니다.
현대차가 말하는 메타모빌리티란, 메타버스 플랫폼과 연결된 디바이스(로봇, 자율주행차 등)로 인류의 이동 범위를 가상공간까지 확장한다는 의미를 담고 있습니다.

이른바 로보틱스와 메타버스가 결합한 메타모빌리티, 사물에 이동성을 부여하는 'MOT(Mobility of Things)' 생태계를 모두 커버하겠다는 의도를 밝힌 것입니다. 애플이 애플카까지 확장한 XR 디바이스를 현대차는 로봇+탈 것에까지 확장한 셈입니다.

현실과 가상의 구분이 사라진 메타버스에서 자동차, UAM(도심항공모빌리티) 등 모빌리티가 메타버스 디바이스의 역할을 할 것으로 보고 있습니다. 현재 가상과 현실을 연결하는 주요 커넥터가 라이더(배달원)이듯 미래에는 가상과 현실을 연결하는 접점이 모빌리티(AI 자율주행차)가 될 것이라는 겁니다.

또한 현대차는 메타버스 디지털 트윈으로 실제와 같은 공장을 지은 후 로봇 등을 연결해 가상공간에 접속한 사용자가 실제 공장을 운용, 관리하는 스마트팩토리(Smart Factory)도 언급했습니다. 해외 공장에서 문제가 발생한 경우 국내 담당자가 디지털 트윈 해외 공장에 접속하여 해결을 지시하면 로봇이 이를 수행하는 형태입니다. 이를 위해 3D 엔진 개발 기업인 유니티(Unity)와 업무협약을 맺었습니다.

유니티는 아마존과도 모빌리티 개발 관련 협업을 진행하면서 경험치를 올리고 있습니다. 5장에서도 언급했지만 유니티는 3D 엔진 관련 개발 플랫폼, 즉 PaaS로 자리를 굳혀나가고 있습니다.

삼성·LG

세계 TV 판매량의 30% 이상을 점유하고 있는 삼성전자와 LG전자는 스마트TV 플랫폼을 NFT와 접목했습니다. 갈수록 다양성과 중요성이 커지는 디지털 콘텐츠를 본격적으로 산업화할 수 있는 기반 기술이 바로 NFT입니다. 삼성과 LG까지 진출하면 NFT 시장이 갈수록 확대될 것입니다.

이번 CES에서 삼성전자는 NFT 콘텐츠를 구매하고 편하게 감상할 수 있는 세계최초의 'TV NFT 플랫폼'을 선보였습니다. 이는 최신 트렌드를 반영한 혁신성을 인정받아 CES 최고혁신상을 수상하기도 했습니다.

LG전자 역시 몇 년간 다양한 아티스트와 협업을 진행해 왔고, 예술품에 최적화된 디스플레이와 NFT를 TV에 탑재할 계획이 있다고 밝혔습니다.

삼성전자와 LG전자는 그동안 프리미엄 TV의 화질 장점을 홍보하기 위해 예술 작품과 접목한 마케팅을 공격적으로 진행해 왔었는데, 최근에는 이와 함께 국내외 NFT 기반 디지털 아트 전시회에 참여하는 등 NFT 시장에 더욱 적극적인 행보를 보여주었습니다.

두 회사가 TV에 NFT 도입을 추진하는 의도에는 디지털 아트의 거래와 투자 플랫폼을 선점하겠다는 전략도 담겨있습니다.

디지털 휴먼 김래아

LG전자는 CES에서 올해 가수 데뷔를 목표로 한 디지털 휴먼(가상 인간) '김래아'의 격렬한 춤이 담긴 티저 뮤직비디오로 시선을 끌었습니다.

김래아는 CES에서 LG전자의 미래형 자율주행차 'LG 옴니팟' 소개 영상에 자연스럽게 스며들었고, 뮤직비디오에서도 긴 머리를 휘날리며 화려한 춤 동작을 보여주며 맹활약했습니다.

김래아는 모션 캡처 작업을 통해 실제 배우의 움직임과 표정을 추출하고 딥러닝 기술 기반 3D 이미지 학습을 거쳐 탄생했습니다. 4개월 동안 자연어를 학습해 말하는 능력도 어느 정도 갖췄습니다. 향후에는 광고 모델, 쇼호스트, 가수 등 연예 · 엔터 전 분야로 가상 인간들의 영역이 넓어질 것입니다.

SK 그룹

SK는 11번가 인수와 베트남 유통기업 투자를 통해 이미 이커머스 네트워크를 만들고 있었습니다. 이 사업에는 네트워크와 빅데이터가 중요한데, 그중에서 가장 신뢰성 있는 데이터가 쌓이고, 네트워크를 확대할 교두보가 될 산업 분야는 단연 이커머스입니다.

네이버, 쿠팡, 카카오, 신세계(이베이 인수), SK는 이커머스에서 유효한 성과를 거두기 위해 다각도로 노력하고 있습니다.
다시 말해, 빅데이터와 네트워크 확대를 지속적으로 강화하여 최종적으로 살아남는 이커머스 플랫폼 기업이 경제 주도권을 가질 가능성이 높아지고 있다는 것입니다.

SK는 메타버스 플랫폼인 이프랜드(Ifland)와 AI 에이전트를 결합한 '비전 아이버스(AI-버스)'를 선보였습니다.

AI 에이전트 서비스는 전국민 모두에게 하나의 캐릭터 또는 아바타를 제공하고 그 아바타가 AI 비서 또는 친구 역할을 하게 만든다는 것입니다.

이는 실제 사람들 대부분이 현실세계에서 시간을 보낸다는 점을 고려한 아이디어입니다. 몸이 두 개인 세상을 만드는 셈입니다.

실제의 나는 현실세계를 살아가고, 아바타 AI 에이전트는 메타버스 세상을 돌아다니면서 경험과 학습을 한 뒤 그 내용을 실제 나와 다시 공유하는 컨셉입니다. 결과적으로 내가 사는 삶의 시간이 두 배가 되는 겁니다. 생각만 해도 짜릿하지 않나요?

또한 SK텔레콤, SK스퀘어, SK하이닉스는 AI 반도체를 자체 개발하고, 5G, AI 분야에서 축적한 연구개발 역량과 서비스 경험을 바탕으로 중장기적으로 데이터센터와 자율주행 전용 모델 라인업을 늘려나간다는 계획입니다.

신한은행

신한은행은 금융회사로서는 보기 드물게 AI 기반 안내 기기인 'AI 컨시어지'와 실시간 화상 상담 시스템인 '디지털 데스크'를 선보였습니다. AI 은행원에게 영어와 중국어, 일본어를 학습시켜 해외 지점에서도 활용하겠다는 계획입니다.

메타버스, 특히 NFT 기반 산업에 대한 긍정적인 변화에 대해 4장에서 디지털 아트 사례를 자세하게 서술했습니다. 지금부터는 앞으로 NFT 기반 기술이 어떤 산업 분야에 활용 가능성이 높은지에 대하여 살펴보도록 하겠습니다.

먼저 부동산과 중고차 시장입니다.
이 시장들은, 대상 상품의 가격이 높으며 과거의 이력이 구매 결정에 중요하게 영향을 끼칩니다. 부동산 소유권, 세금, 대출 등과 관련한 자료를 개별 부동산에 대한 NFT로 발행할 수 있고 중고차의 경우에는 거래 이력, 사고 이력, 주행 거리 내역 등을 확보해 해당 자동차에 대한 NFT를 발행할 수도 있습니다.

일부 상업용 부동산에 대한 공동 소유권을 NFT로 만들어 거래하는 플랫폼이 있고, 탄소배출권을 NFT로 기업 간 거래하는 서비스도 출시 예정입니다. 개인 간 금융 거래(P2P)에 이미 NFT 활용은 활성화되어 있고, 앞으로도 시장은 계속 성장할 것입니다.

특히 ESG가 화두인 요즘 기업의 특징에 맞는 탄소중립 스토리를 만들고, 이를 통해 줄인 온실가스를 NFT 탄소배출권으로 판매하여 수익을 내고 환경친화적 스토리를 마케팅에 활용한다면 금상첨화일 것입니다.

일례로, SK렌터카는 60대의 전기차를 통해 감축되는 온실가스량이 연평균 150t인 것을 확인하였습니다. SK는 온실가스를 줄인 만큼 탄소배출권을 다른 기업 등에 판매하여 이득을 취할 수 있게 됩니다.

그리고 이를 통해 발생한 수익은 고객에게 할인 혜택 등으로 돌려주며 홍보 효과 또한 누릴 수 있습니다.

또한, 포르쉐는 디지털 부문 자회사인 포워드31의 NFT 플랫폼 '팬존(Fanzone)'과 합작해 자동차 디자인 스케치를 NFT로 경매에 부친 사례도 있습니다.

'뮤직카우'는 저작권료 수익을 받을 수 있는 권리인 저작권료 참여청구권을 구매한 뒤 개인 회원들에게 저작권 지분을 여러 개로 낮은 가격에 판매하여, 조각투자를 할 수 있도록 만든 플랫폼입니다. 투자자는 해당 음원에 대한 저작권료를 매달 배당받고, 저작권료에 대한 권리를 다른 사람에게 팔아 시세차익을 얻을 수도 있습니다.

뮤직카우 회원 수는 2021년 말 90만 명을 돌파했고, 누적 거래액도 10억 원에서 3000억 원으로 뛰었습니다. 좋아하는 가수의 음원에 누구나 투자할 수 있다는 점에서 역시 MZ세대가 떠받치는 분야 중 하나입니다.

음악 저작권 분야는 아주 다양하고 입체적인 IP 투자 상품을 내놓고 있습니다. 저작권료 분배에 대한 이해관계자 간 합의를 바탕으로, 발전된 기술을 적극적으로 받아들이고, 운영이 투명하다는 믿음을 기반으로 여러 가지 투자 상품을 꽃피우는 중입니다.

틱톡을 운영하는 바이트댄스는 한국 웹툰, 웹소설 플랫폼 기업인 키다리스튜디오에 480억 원을 투자했습니다. 키다리스튜디오는 레진 엔터테인먼트를 인수해 웹툰 IP 사업 역량을 강화했습니다. 또한, 영화 제작사 키다리이엔티를 흡수합병해 웹툰, 웹소설, 영상 제작을 잇는 콘텐츠 분야에 집중하고 있습니다. 이후 웹툰 관련 디지털 IP를 NFT로 발행해 2차 저작물 사업으로도 확장 예정입니다. 이로써 바이트댄스는 1300여 개의 웹툰 IP를 공급받게 됩니다.

뱅카우는 단돈 4만 원부터 한우 투자를 가능케 한 플랫폼입니다. 투자자들이 송아지 지분을 취득하면 농가가 약 2년간 대신 사육하고, 이렇게 키운 소를 경매시장에 팔아 생긴 수익을 투자자에게 분배합니다.

지금까지 네 차례 정도 투자자를 모집했는데, 최근 5억 4,000만 원 규모의 4차 펀딩은 하루 만에 마감됐습니다. 2030 세대 투자자 비율이 70% 이상이고, 40대 비율 역시 20% 이상으로 투자 연령층도 확대되고 있습니다.

운영사 스탁키퍼의 대표는 '한우는 생산적 부가가치를 더할 수 있는 실물 소비자산이고, 전염병이나 농가 부주의로 송아지가 죽더라도 가축재해보험과 농가 자체 보상 등을 통해 구매금의 100%를 보장한다.'라고 설명했습니다.

이 외에도 명품시계 및 와인 등에 투자하는 '트레져러', 국내 영화 · 드라마 · 웹툰 등 일명 K 콘텐츠에 투자하는 '펀더풀' 등 다양한 이색 조각투자 플랫폼이 등장하고 있습니다.

이렇게 보면 향후 NFT를 활용하지 않는 산업군이 거의 없다고 말할 정도입니다. 단기적으로는 역시 디지털 콘텐츠에 대한 IP가 존재하는 예술, 스포츠, 엔터테인먼트 등의 산업이 가장 큰 수혜자가 될 것입니다.

자산 유동화로 조각투자 확대

앞서 살짝 언급했던 상업용 부동산에 대한 자산 유동화가 NFT 기반으로 더욱 확산 가능할 것으로 보고 있습니다.

저는 한국 특유의 부동산 자산 편중과 이에 따른 소수의 자산 증식에 대한 수혜를 다수의 수혜로 바꾸기 위해서는, **부동산 자산 유동화(MBS/ABS)***가 반드시 활성화되어야 한다는 입장입니다.

이에 대해 조금 더 자세하게 이야기하고자 합니다. 개념을 알아두시면 출시될 관련 투자 상품을 취사선택 후 빠르게 이득을 취하실 수도 있습니다.

주관적인 SSUL

자산 유동화 관련용어

- ABS(Assets Backed Securities)
  유동성은 떨어지지만 자산가치가 높은 자산에 증권을 발행하여 유동성을 부여하는 것. 기본적으로 미술품 조각투자와 메커니즘이 같음
- MBS(Mortgage Backed Securities)
  ABS의 일종으로 주택담보대출을 해준 은행의 채권을 자산으로 유동화 증권을 발행한 것

자산 유동화와 관련해서는 미국을 참고하는 것이 좋습니다. 미국 연준의 양적 완화라는 것은 상당 부분 MBS(주택저당증권)를 사들이는 행위를 말합니다.

어디까지, 어떤 것들까지 유동화하여 판매할 수 있는지를 보려면 미국 금융 판매상품을 보면 됩니다.

2008년 서브프라임 모기지 사태는 부동산 대출(미래 들어올 이자상당액)을 유동화하여 판매한 MBS가 원인이었습니다.

자산담보 유동화 증권(ABS · MBS)류는, 상품을 디자인한 당사자 외엔 누구도 디테일을 알 수 없다는 문제, 어느 정도 수익이 안정적이고 예측 가능한 상황에서 욕심을 내어 신용이 낮은 프라임 아래 등급인 사람들에게까지 부동산 담보 대출을 해주는 부분에서 문제가 생길 수 있습니다.

은행은 부동산 담보 대출 후 바로 MBS로 부실대출을 떨어버리는 작업을 했습니다. 은행 입장에서는, 실적은 올리되 리스크는 다른 누군가에게 떠넘길 수 있는 최고의 판매상품이 된 것입니다. 시간이 지나며 오로지 MBS 판매를 위해 무작위적인 부동산담보대출이 필요한, 꼬리가 개를 흔드는 지경까지 가지 않았나 추측하고 있습니다.

MBS 판매를 위해 무작위적인 부동산담보대출이 필요한, 꼬리가 개를 흔드는 지경까지 가지 않았나 추측하고 있습니다.

이렇게 보면 그 어느 영역보다 투명성과 거래내역의 공개가 필요한 영역이 자산 유동화 시장인데, 블록체인 기반 NFT가 안성맞춤으로 나타난 겁니다. 한국의 MBS 상품은 기관에만 판매가 가능하도록 되어 있습니다. 하지만 주택금융시장에서 장기 담보대출이 꾸준히 늘어난 데 따른 MBS 발행 여건이 성숙된 점과 기관만이 받을 수 있는 양에 한계가 있습니다.

저는 국민 개개인이 MBS 상품을 주식처럼 취득하고 매매하면서 차익도 얻을 수 있도록 만들어야 한다고 생각합니다. 물론 적정수준으로 관리해서 버블이 쌓이지 않도록 해야 하지만, 양적 완화 등으로 인한 인플레이션 상황에서 개인들이 그나마 소액으로라도 투자 후 이득을 얻을 수 있는 투자수단이라는 입장입니다.

공공기관이 담보물신탁을 보증해주는 방식이 신뢰도를 높일 것이고, 은행에 자기자본비율 산정에 메리트를 준다면 은행 입장에서도 긍정적으로 생각할 것입니다.

현재 MBS를 보유하고만 있어도 자기자본비율 산정에 유리한데, 리스크를 이전할 수 있는 MBS 상품 판매까지 가능하다면 더할 나위가 있을까요?

은행의 주요한 책무 중 하나가 자기자본비율(BIS) 제고라고 본다면, 은행 입장에서 위 문제는 생존과 직결될 수도 있는 문제이고, 그렇다면 MBS 상품 출시는 필연이 될 것입니다.

기왕 금융 분야에서 미국식 파생상품을 판매하지 않으면 생존이 불가능한 환경이 되고 있다면, NFT 기술의 도움을 받아 한국식으로 제대로 만들어보면 어떨까 합니다.

한국 자산시장의 특이점은, 남북분단 상황으로 인한 증시 디스카운트와 국민 대부분이 부동산 자산에 많이 편향되어 있다는 겁니다.

또 다른 자산투자 영역인 부동산을 기반으로 한 ABS의 출시는 필연일 수도 있습니다.

미래에 국민 대부분은 부동산 기반 ABS 또는 MBS를 몇 주씩 가지게 될 날이 올 것이고, 이것이 2020년 3월 글로벌 유동성 확대(파격 금리 인하를 선두로 한 양적 완화 본격화) 환경에서 국민 개개인이 수혜를 볼 방법이라고 생각합니다. 저는 유동성 축소(대차대조표축소)에 따른 자산가격 급락을 방지할 수 있는 브레이크 역할을 할 것으로 보고 있습니다.

한국 자산(부동산) 유동화 시장 확대 현황

- 사모리츠 투자 한도를 확대하는 자본시장법 2020년 4월부터 시작
- 자산(부동산) 유동화 증권 거래 플랫폼 론칭
  - 건물주들은 빌딩을 상장해 현금을 융통하거나 건물 가치를 높이는 일이 가능해짐
  - 고강도 규제 대책에 따른 새로운 투자 플랫폼으로 정착될지 주목
  - 금융위원회가 부동산 유동화 유통 플랫폼을 혁신금융서비스(금융규제 샌드박스)로 지정
  - '부동산 거래소'는 '부동산 유동화 수익증권(DABS)'을 거래하는 디지털 플랫폼
  - 건물의 소유권은 부동산 신탁회사
  - 산정된 건물 가격을 바탕으로 은행과 신탁회사는 수익증권을 발행
  - 증권을 상장하면 일반 소비자들은 이를 주식처럼 실시간으로 사고팔 수 있게 됨
  - 건물 지분 일부를 소유하게 되는 만큼 배당수익도 받을 수 있음

이미 건물 간접투자 플랫폼 '카사(KASA)'가 각 개별 상용업 빌딩에 대한 임대 수익 유동화 증권을 발행하고 있으나 상품이 아직은 너무나 단편적입니다. MZ세대 특성과 맞물려 프롭테크 위드 NFT는 향후 가장 크게 성장할 영역으로 보고 있습니다.

부동산 거래소 거래 흐름도

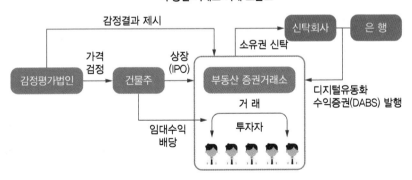

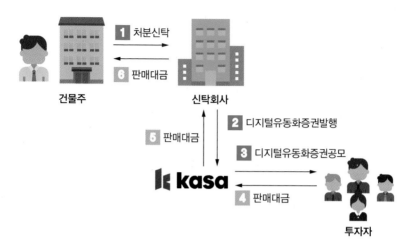

카사코리아의 처분신탁 및 디지털증권 발행

1 처분신탁
6 판매대금
건물주
신탁회사
2 디지털유동화증권발행
5 판매대금
3 디지털유동화증권공모
kasa
4 판매대금
투자자

　법무법인 율촌에 따르면, 부동산 분야에서는 먼저 실물자산의 소유권·임차권·전세권 등이 NFT에 연동되어 발행·거래·계약·관리될 경우, 실물자산에 대한 정당한 권리자임을 확인해야 한다고 합니다.

계약의 해석과 실물단계에서의 이행 보장, 양도의 대항요건 충족 여부 등 문제를 정확히 짚어야 한다고 밝혔습니다. 현재 율촌은 두산베어스, 대한체육회 등 20여 곳의 NFT 법률 자문을 수행 중입니다.

NFT 증권화된 실물자산 권리의 이해관계자 간 동의와 수익 배분 문제, 활용 범위 등을 둘러싼 분쟁이 있을 수도 있습니다.

이런 이유로 스마트 계약 당시 음악 저작권과 비슷한 수준의 이해관계자 수익 배분 문제가 확정되어 자동으로 분배되도록 해야 합니다.

　율촌은, 실물자산을 쪼개 다수가 매매할 수 있도록 한 NFT의 경우 자본시장법 적용 여부를 두고도 논란이 생길 수 있다고 말합니다.

현행 자본시장법에서는 50인 이상으로부터 투자받는 금융상품은 공모로 보고, 해당 금융상품의 가격 산정 근거와 투자자 모집 절차 등을 상세히 담은 증권신고서를 의무적으로 제출하도록 강제하고 있습니다.

위에 따르면, 조각투자는 특정 건물을 보유한 법인에 대한 주식 및 증권을 블록체인 기반 NFT로 발행하고, 대부분 50명 넘는 투자자를 상대로 하고 있으므로 관련 NFT 발행자뿐만 아니라 해당 NFT 거래를 중개하는 플랫폼까지 규제 대상이 될 수 있습니다.

한국뿐 아니라 미국을 비롯한 다른 선진국들도 NFT와 가상자산, 디지털 아트의 조각투자 등 새로운 개념을 놓고 아직 관련 법령이 명확하게 정비되어 있지 않은 상황입니다.

현재 다소 혼란기를 거치고 있지만, 거래 건수와 참여자가 늘어남에 따라 제도의 정비는 시간문제일 것입니다.

사실 부동산 신탁계약에 의한 수익증권 발행은 자본시장법상 허용되지 않지만, 카사의 사업모델은 2019년 금융위원회로부터 혁신금융서비스로 지정되면서 규제 샌드박스로 인정받았습니다.

그리고 카사는 일정 수준 수익이 되는 경우 빌딩 매각 동의를 해당 수익증권(DABS)를 보유한 투자자 전자 투표로 진행합니다. 향후 DAO 식 운영도 바랄 수 있지 않을까 생각합니다.

카사는 2022년 싱가포르 통화청으로부터 수익증권 공모 및 2차 거래 관련 라이선스를 획득하고 싱가포르에도 거래소를 열 계획입니다. 싱가포르에선 세계 각국의 부동산은 물론 다양한 자산을 사고팔 수 있고, 따라서 한국 투자자들이 전 세계 부동산 지분을 소유할 수 있는 쉬운 길이 기술 기반으로 열리고 있습니다.

SK증권 역시 부동산 조각투자 플랫폼 '펀블'과 업무협약을 맺으며 블록체인 기반 부동산 조각투자 시장에 뛰어들었습니다.
2022년 4월 출시 예정으로, 먼저 건물을 토대로 수익증권을 전자로 발행해 예탁결제원에 보관합니다. 이 수익증권을 블록체인 기술을 통해 미러링하고, 투자자는 이 토큰(NFT 인지는 미지수)을 매매하는 방식으로 기존 증권 시스템을 이용하여 투자자 보호가 확실하다는 강점이 있습니다.

기존 부동산 조각투자는 실제 건물을 토대로 실물 수익증권을 발행하고, 이를 거래 플랫폼 회사가 매일 공증받는 방식으로 이루어집니다. 하지만 새로운 플랫폼은 블록체인 기반의 디지털 토큰과 1:1로 매칭된 디지털 유동화 수익증권(DABS)이 한국예탁결제원에 전자등록되고, 증권사가 DABS 거래를 고객 계좌로 실시간 반영하여 안전성과 편의성을 크게 높일 수 있습니다.

이런 자산 유동화(ABS) 상품이 꽃피게 되면 부동산에 치중된 한국 자산에 좀 더 대중적으로 접근할 수 있고, 하방지지도 튼튼해질 것입니다.
물론 2008년 글로벌 금융위기처럼 ABS 상품 디자이너 외에는 구조를 파악하기 힘든 복잡한 상품이 아무 의심 없이 팔려나갈 때는 자산가격이 정점을 찍고, 충격에 대한 취약성이 커진다는 것도 염두에 두어야 합니다.

프롭테크와 메타버스

　부동산은 인간에게 필수재이고, 필수재 중 단일 상품 기준으로 가격이 가장 높은 물건입니다. 이러한 부동산은 프롭테크 플랫폼과 이미 결합하여 서비스되고 있습니다. 머지않아 메타버스 디지털 트윈 영역과 밀접하게 결합되어 여러 서비스가 창조될 것입니다.

　미국의 '레드핀'은 온라인을 통한 플랫폼 운영과 함께 오프라인 중개사를 직접 고용하여, 기존보다 저렴한 보수로 중개하고 있습니다.

비소속 중개사도 레드핀에 매물정보 업로드가 가능하고, 매물등록/검색 및 중개 등의 서비스를 원스톱으로 제공하고 있습니다.

　중국의 '베이커'는 온·오프라인 통합 플랫폼으로 중개사와 협력 네트워크를 구축하여 중개보수를 분배하는 구조입니다.

사용자가 플랫폼에서 매물정보를 검색하고, 매물소재지 중개사와 매물 확인을 거쳐 거주지 중개사와 계약을 체결하는 방식이며, 중개보수는 중개사 간 공평하게 분배하고 있습니다. 이런 분배에 대한 계약은 앞으로는 플랫폼 내에서 스마트 계약으로 진행될 것입니다.

인공지능을 통해 대출이자·관리비·세금 등을 계산하여 정보를 제공하고, 수리비·관리비·전기료 등의 선지급 서비스도 제공하고 있습니다.

마치 스타벅스의 선불시스템인 사이렌오더를 연상시키는 서비스입니다.

　이에 반해 한국은 기존 부동산 중개사들이 프롭테크 플랫폼에 대해 반감을 가지고 있는 실정입니다.

프롭테크의 발전으로 적정 수준에서 중개보수의 시장합의를 유도할 것이고, 또한 부동산 투자 정보를 제공하는 플랫폼이 발전하는 시장 상황에서 기존 중개사들의 대응이 힘들어질 가능성이 높은 것도 사실입니다.

하지만 모든 산업 분야 업무의 자동화와 디지털화 방향성을 상기한다면 기존 중개사들은 사람만이 할 수 있는 서비스 분야를 개척하는 것이 더 낫다는 생각입니다.

한국 주거 문화의 특성상 아파트나 주택의 실내 모델하우스가 가장 먼저 디지털 트윈 대상이 될 듯합니다.

메타버스 부동산 디지털 트윈 플랫폼에서 자신의 아바타가 집을 구경하는 것입니다. 물론 이렇게 선별을 거친 후 직접 매물 확인도 해야겠지만요.

주택 실내 디지털 트윈 플랫폼은 이후 가구, 전자제품 등을 어떤 사이즈로 어느 위치에 둘지 여부와도 연계되어 관련 산업을 자극할 것입니다.

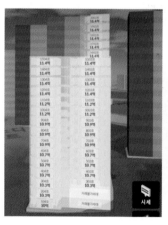 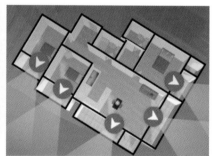

이미 '집코노미 박람회 2021'에서 AI, XR, 빅데이터 등 첨단 디지털 기술이 분양서비스 산업과 접목되고 있고, 상담, 모델하우스 관람 등 분양의 모든 과정을 메타버스로 구현하는 시대가 본격적으로 도래하고 있음을 보여줬습니다.

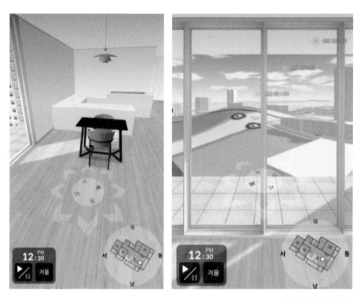

🏠 디지털 트윈 매물 확인
출처 • 직방 애플리케이션

직방의 경우 벌써 사옥을 메타버스 공간으로 옮기는 등의 전환에 나서고 있습니다. 물론 모델하우스와 기존 주택 역시 3D로 선보이고 있습니다.

이와 같이 부동산 중개 플랫폼을 중심으로 다양하고 저렴한 중개보수 서비스 및 부동산 정보가 제공 중이며, 이미 전자계약, 이사, 인테리어, 부동산관리 등 부동산거래와 관련된 서비스를 토탈 제공하는 프롭테크 업체도 등장한 상황입니다.

이처럼 부동산 중개 플랫폼과 기존 부동산 중개사 간 연계 등을 통한 중개 산업의 발전 가능성이 큽니다. 그리고 프롭테크의 종착역은 메타버스 디지털 트윈 영역으로의 통합입니다.

한국 프롭테크 업체

구분	제공 서비스
다 방	어플을 통해 매물 검색부터 집 상태, 계약, 잔금 송금 및 확정일자 · 전입신고 신청까지 가능한 원스톱 서비스 제공 계획
집토스	임대인에게는 법정 보수 부과하고, 임차인은 할인 · 면제
트러스트 부동산	• 온라인 중개는 99만 원으로 동일한 보수 적용 • 오프라인 중개는 거래가액에 따라 99~499만 원 정액 보수
디스코	부동산 실거래가, 건축물 대장, 등기 정보 등 부동산 투자 정보 제공
오늘의 집	인테리어 제품, 시공 업체 등 인테리어에 대한 원스톱 솔루션 제공

출처 • 국토교통부

이런 명백한 방향성 앞에서 기존 중개업계와 프롭테크 업계 간 협력, 상생을 위한 기반을 조성하고, 중개사의 프롭테크 활용 능력은 지속적으로 제고되어야 합니다.

사용자, 즉 고객 경험에 초점을 맞추어 부동산 현장조사(임장)를 더욱 체계적으로, 여행하듯 즐겁게 만들어주면 좋을 것입니다.

즐거움, 재미를 동반한 고객 경험은 MZ세대의 특징과 잘 맞아들어가고, 그들은 점점 프롭테크 기반 부동산 중개 서비스를 요구할 것입니다.

이미 핀테크 영역에서는 은행은 향후 사라지고 은행 관련 업무만이 핀테크 플랫폼에서 더욱 편리하게 번성하는 상황으로 흘러가고 있습니다.

거대한 은행조차 시대의 파도에 변신을 꾀하고 있습니다. 프롭테크를 적극적으로 받아들여 새로운 서비스 영역을 개척하는 것은 또 다른 도전, 재미가 되지 않을까 싶습니다.

나이키와 메타버스(패션분야)

가상패션 NFT 스튜디오인 '아티팩트(RTFKT)'는 사실 현실세계에서는 무용한 것들을 만들어 파는 스타트업입니다.

일례로, 가상으로 만든 일론 머스크의 스니커즈가 15,000달러(약 1,800만 원)에 판매된 일이 있습니다.

기존 실물 운동화에 여러 가지 아이디어를 가상으로 만들어 덧붙이는 방식

⬆ RTFKT 가상 패션

(AR 증강현실)으로 SNS에 노출시켰고, 이런 영상에 사람들은 열광했습니다. 아티팩트는 더 나아가 가상 운동화에 NFT를 붙여서 경매 방식으로 판매하기 시작했습니다.

아티팩트의 NFT 운동화를 구매하면 실물 운동화, 운동화 AR필터, 더 샌드박스에서 쓸 수 있는 독점 아바타 스킨도 제공하고 있습니다. 이는 디지털 가상 콘텐츠를 현실 실물 운동화로 역수출한 대표적인 사례입니다.

나이키는 일찌감치 로블록스 내에 나이키랜드를 만들어두고, 여러 실험을 하고 있습니다. 또한 유명 슬로건인 '저스트 두 잇(Just Do It)', 나이키 로고, 에어 조던 및 점프맨 로고 등을 미국 특허상표청(USPTO)에 상표로 신청했습니다. 이 특허권 내에는 다운로드할 수 있는 가상 상품, 가상 상품 기능을 제공하는 디지털 스토어 서비스 등에 대한 내용도 포함되었습니다.

이런 시점에서 아티팩트를 인수하고 메타버스 패션 시장 공략을 가속화 한 것입니다. 나이키는 스포츠, 게임, 패션, 그리고 창의성을 버무려 스포츠 애호가들과 크리에이터들에게 나이키의 IP를 확대할 것입니다.

재판매, 그 중에서도 특히 패션 한정판 재판매 시장의 급성장은 한순간의 지나가는 바람이 아닙니다.

디지털 콘텐츠의 희소성에도 반응하는 세태에서 실물 한정판 나이키 운동화의 희소성은 재판매를 거듭할수록 매매가격이 높아지는 데서 확인할 수 있습니다. 미국 운동화 재판매 시장은 2030년 약 300억 달러(약 35조 7억 원) 규모로 예상 중입니다.

그런데 원작자인 나이키는 재판매시장에서는 아무런 추가 수익을 올릴 수가 없고 재판매 플랫폼이 거래 수수료 명목으로 수익을 올리고 있는 상황입니다.

장기적으로 나이키가 NFT를 탑재한 운동화를 디지털 아트의 스마트 거래 방식을 통해 판매하기 시작한다면, 모든 재판매의 일정 비율을 로열티로 받을 수 있을 것입니다.

한편, 나이키는 한발 더 나아가 가상 운동화 교배 기능을 넣은 '크립토킥스'를 특허 출원했습니다. 바야흐로 메타버스 공간에서 소비자가 원하는 운동화를 스스로 재디자인(교배)해서 주문하는 겁니다. 나이키는 이런 한정판 운동화에 NFT를 붙여 판매만 하면 이후 일어나는 모든 재판매 거래의 로열티를 챙길 수 있게 되는 겁니다.

사실 NFT 게임 아이템은 각각 다른 게임 세계관과 밸런스 때문에 다양한 플랫폼에서 호환되기는 쉽지 않은 측면이 있습니다.

이에 반해 아바타 스킨인 NFT 패션 아이템은 다양한 메타버스 플랫폼, 즉 멀티버스에서 사용 가능한 첫 사례가 될 것입니다. 이런 나이키의 현실과 가상의 세계관은 패션 분야 전반에 글로벌 스탠다드로 정착할 가능성이 높습니다.

교육 분야

지금까지 디지털 콘텐츠는 무한 복제가 가능했지만, 이제는 원본과 원작자, 소유자 등을 명확히 알 수 있고 저작권리를 행사할 수 있는 NFT 적용이 급격히 확대되어 복제가 어려워질 것입니다.

이러한 현상은 미술을 비롯해 음악, 스포츠, 영상, 수업교재 등 다양한 분야에서 활동하는 크리에이터들이 창작물에 대한 보상과 평가를 공정하게 받을 수 있는 기반이 될 것입니다.

기존 인터넷 콘텐츠가 워낙 많이 발달된 교육, 강의 분야는 메타버스 환경으로 진화하기에 더할 나위 없는 영역입니다.

교육 자료의 특성상 원작자 주장을 하기가 애매모호한 측면이 있기 때문입니다.

저는 회사에서 많은 강사분과 협업을 해본 적이 있습니다. 이분들은 자신들의 강의 지도안 IP를 쉽게 무료로 달라고 요청하시는 분들 때문에 힘들다는 얘기를 이구동성으로 토로합니다.

NFT로 이런 부분에서 저작권자의 권리를 보호받을 수 있는 기반이 갖춰질 수 있습니다.

이투스교육이 선두로 메타버스 강의 플랫폼을 선보인다고 밝혔습니다. 플랫폼 안에서 인기 강사들의 아바타로부터 강의를 들을 수 있게 됩니다.

단순히 재미뿐만 아니라 학습의 참여도와 몰입도를 높이기 위해 메타버스 플랫폼을 자체적으로 개발했고, 에듀테크(교육+기술) 기업으로서 앞으로 약 600억 원을 추가 투자할 계획입니다.

사실 온라인 강의는 시간과 장소의 제약이 적은 대신 몰입도가 약해서 학습 성취도가 떨어진다는 단점이 있습니다. 이런 단점을 메타버스 플랫폼으로 극복하고자 하고 있습니다.

예를 들어 학생 스스로 가상공간에 문을 열고 들어가 학생의 아바타와 교사의 아바타가 서로 소통하면서 실제 수업에 참여하는 느낌을 주고, 몸은 집에서 공부하지만, 학원에서 공부하는 것과 다름없는 학습 관리를 할 수 있다고 합니다. 게더타운과 유사한 형태로 추측하고 있습니다.

개인 학습 미션을 수행하면 메타버스 플랫폼 안에서 쓸 수 있는 코인으로 보상하는 P2E 게임과 비슷한 구조를 채택하고 있습니다.

또한 메타버스 플랫폼에 전국 개별 학원이 입점할 수 있도록 하여 국내 주요 학원이 모여 있는 메타버스 학원 생태계로 확장할 예정입니다.

게임적 요소를 적절히 녹여 학생들의 흡입력과 체류시간을 높이고 성취감을 얻을 수 있도록 설계한다면, 에듀테크 메타버스의 좋은 선례가 될 것입니다.

02 메타버스를 바라보는 관점들과 지속가능성

지속가능성-모두에게 혁신으로 간주되는가

    현재 메타버스는 그야말로 신규 산업분야로 쾌속 질주하고 있습니다. 하지만 서두에서도 말씀드렸듯, 용어는 만들어졌지만 아직 확실한 용어 정의(Definition)가 되거나 공유되지는 않은 상태입니다.

    메타버스로 통칭되는 디지털 멀티버스를 만들어 가는 방향성은 확실하지만, 아직은 시간을 두고 더 지켜봐야 한다는 생각입니다.
메타버스가 나심 탈렙이 「스킨 인 더 게임」에서 강조했던 **린디효과***를 보이며 살아남을 수 있는 영역인지 확인하는 시간이 필요합니다.

예컨대 메타버스가 회자되는 기간이 3년이라면, 그 이후 3년 동안은 메타버스가 지속해서 언급될 확률이 높다는 얘기입니다.

그리고 현재 메타버스 주요 플랫폼의 주 이용층은 10대입니다. 이들 플랫폼은 언택트 시국이 지나더라도 10대에게 훌륭한 소통의 수단이 될 것입니다.

하지만 그저 UI, UX의 입체화를 통한 서비스의 확장만으로 한정한다면, 메타버스는 찻잔 속의 태풍처럼 의미없는 것이 될 수도 있습니다.

메타버스의 필수조건인, '내가 주도적인 경험을 만들어가고 다른 이들에게서 인정받을 수 있는 환경'을 만들려면, 단순한 게임 기반 소통 창구에서 벗어나 다양한 콘텐츠의 확대가 이루어져야 합니다.

콘텐츠의 확대는 디지털 콘텐츠에 대한 소유권의 인정과 리소스를 투여한 만큼의 보상을 통해 가능합니다. 대학생들만 해도 메타버스 플랫폼 서비스를 이용하지 않고 있다는 응답이 60%가 넘습니다.

당장 앞으로의 메타버스는 고성능 디바이스와 유료 서비스의 구매·사용이 모두 가능한 연령층이 주도할 가능성이 높습니다. 그렇다면 확대해야 할 콘텐츠가 어떤 종류인지는 자명하게 다가옵니다.

메타버스는 아직은 검증되지 않았습니다. 기술적 측면인 홀로그램, 정책적 측면인 디지털화폐 통용까지는 구현하지 못할 수도 있습니다.

그러나 인터넷이 처음 등장하고 지금에 이르렀듯, 메타버스 또한 여러 굴곡을 거쳐 마침내 누구나 이해할 만한 아웃라인을 갖추게 될 것입니다.

제가 바라는 것은 인터넷이 인간에게 주었던 정보혁명은 몇몇 거대 플랫폼 독점을 가져왔지만, 메타버스로 명명되는 세상만은 개인의 감성과 스토리 텔링이 부각되고, 제대로 인정받을 수 있는 세상이 되었으면 한다는 겁니다.

나심 탈렙이 저서 「안티프래질」에서 언급했듯이 현재 무한한 보상이 있는 분야는 무작위성에 노출되고 자가증식성이 강하게 작용하지만 승자독식의 세계, 이른바 **극단의 왕국***입니다. 극단의 왕국에서는 무작위성과 자가증식성을 근간으로 기하급수적인 보상이 가능합니다. 디지털 가상세계의 모든 콘텐츠는 이런 속성을 가지고 있습니다.

하지만 무작위적이고 자가증식성이 강한 세계에서도 승자독식이 아닐 수 있는 메타버스 환경을 지향해야 합니다.

린디효과

나심 탈렙이 저서 「스킨 인 더 게임」에서 언급한 용어입니다. 지금껏 생존해 온 기간이 길수록 기술, 사상, 기업 등의 기대수명이 더 길어지는 효과가 나타나는 것을 가리킵니다.

다시 말해, 인간의 기술이 오래된 것일수록 앞으로 더 오래도록 활용될 것으로 기대됨을 설명하는 것이 린디효과입니다.

예를 들어, 책을 이야기할 때 출간 이후 수백 년째 사람들에게 읽힌 것이라면 앞으로도 수백 년 동안 계속해서 읽힐 것이라고 예상해 볼 수 있다는 것입니다. 즉 시간이 흐른 뒤에 그 바닥에서 생존해 있는 사람이 전문가란 소립니다.

극단의 왕국

나심 탈렙이 그의 저서 「안티프래질」에서 설명한 용어입니다. 무작위성과 자가증식성에 무방비로 노출되는 세상으로, 극단의 왕국에서는 위너가 모든 것을 독점합니다. 양극화가 첨예하고 평범의 왕국 임금 근로자보다 못한 급여를 받으며 연명해 가야 할 수도 있는 세상입니다.

평범의 왕국은 기하급수적이지 않은 산술급수적 성장과 예측 가능한 미래·호봉제·루틴한 일상 등으로 이루어진 세상이며, 주로 노동을 제공하고 페이를 받는 임금근로자 대부분이 이 세상에서 살아가고 있습니다.

지금의 세상은 극단의 왕국과 평범의 왕국이 혼재되어 있는 상황입니다. 저 역시 처음에는 깨닫지 못했었는데 나심 탈렙의 책들을 읽으면서 확실히 개념을 잡게 되었습니다. 그리고 레버리지를 이용한 투자는 극단의 왕국의 엔트리 레벨의 투자행위란 것도 깨닫게 되었습니다.

하지만 나심 탈렙은 개인들이 처음부터 극단의 왕국에서 시작하는 것을 추천하지 않았습니다. 평범의 왕국에 두 발을 딛고 서서, 극단의 왕국을 지향하라는 메시지를 주고 있습니다.

그는 미국 역사상 부를 가장 많이 창출했던 부문은 거의 완전히 시행착오에만 의존하는 기술 기반 산업이었다고 보고 있습니다. 전기차, 우주개발, 친환경 산업 등이 포함될 것이고, 현재는 여기에 추가해서 유튜브 방송, 출판, 엔터산업, 플랫폼 사업 등등의 영역에서 부가 창출된다고 보아야 합니다. 즉 디지털 극단의 왕국에 해당하는 모든 서비스와 기술이 메타버스로 통칭되고 있는 것입니다.

특히 메타버스 가상화폐(코인)의 득세는 화폐가치의 추락에 기인하는 바가 큽니다. 화폐가치의 회복을 위해서라도 돈이 흘러 들어갈 덩치 큰 신산업군이 필요한 시점입니다.

물러서지 않는 MZ세대, 지속가능한 메타버스

메타버스 세계 지속가능성의 또 다른 주요한 요인인 MZ세대*의 특성과, 물러서지 않는 소수가 어떻게 세상 변화의 주도권을 가질 수 있는지를 살펴볼 필요가 있습니다.

「돈공부」의 저자 신진상은 MZ세대 특성을 '과보호에 따른 에고의 강화와 독립성의 부족'으로 보고 있습니다.

더하여 에고가 강하고, 독립성이 떨어지면 상식적으로 공정성에 대한 가치는 낮아져야 하는데, 90년대생이 여느 세대보다도 공정성을 중시한다는 건 아주 놀라운 변화이며 때로는 모순적이라는 생각도 든다.'고 언급합니다.

저도 회사 생활을 통해 MZ세대들과 같이 일하며, MZ세대와 40대 이후 세대가 극심하게 갈등하는 접점 중 하나가 바로 '회사 내 반복적인 일에 대한 접근 방식'이라는 것을 느꼈습니다.

물론 저도 행정적인, 즉 사변적 · 반복적 · 단순노동적 업무에 치여 정작 담당 사업의 완성도와 다른 관점에서 생각하기 등을 소홀히 한 적이 있습니다.

하지만 행정적인 부분 역시 내 업무 영역에 넣고 어떤 식으로든 기존 체제를 따르며 이슈 없이 업무를 마무리하려는 성향이 강합니다.

이에 반해 MZ세대는 현시대 기술력으로 충분히 개선이 가능한데도 불구하고, 조직 내 이해관계와 불필요한 역학관계로 인해 90년대식 비효율적 반복업무를 지속해야 하는 것에 많은 좌절을 느낍니다. 그리고 이를 공식적인 방법이든, 비공식적인 방법이든 표출하려는 성향이 강합니다.

한편 신진상은 50대 이상의 연령층이나 20대의 청춘이나 기업의 성장에 돈을 투자하여 소득에서 근로소득의 비중을 줄이고 자본소득의 비중을 늘리는 미국식 사회로 전환되는 과정에서 세대 간 공통점이 생기며 소통이 이뤄지고, 그러면 사회 통합도 이뤄질 수 있다고 보고 있습니다.

마찬가지로 저도 기성세대와 MZ세대의 접점을 투자에서 찾고 있습니다. 투자야말로 세대 간 소통 가능성이 높은 분야가 아닐까 싶습니다. 실제로 4050 세대와 2030 세대가 유일하게 열정적으로 관심을 가지는 공통 분야가 투자, N잡, 파이어족 등의 키워드와 관련된 영역입니다.

마지막으로 신진상은 부동산 시장은 신세대의 접근이 원천적으로 불가능하고 주로 기성세대 돈 있는 사람만이 투자할 수 있는 시장으로 바뀌면서 더욱더 불공정한 시장으로 비판받을 수 있으므로, MZ세대는 소액으로 투자가 가능한 주식 시장을 부동산보다 훨씬 더 공정한 시장으로 느낀다고 하였습니다.

저는 여기에서 더 나아가 이들에게서 공정성과 개인주의적 성향이 결합되어 물러서지 않는 트렌드, 즉 가심비를 만들어냈다고 생각합니다. 80년, 90년대의 마이카, 아파트 소유로부터 시작된 소유욕과 과시욕의 끝자락에서 감히 범접할 수 없이 높은 가격 장벽을 느낀 MZ세대가 택한 행동 양식이 바로 가심비에 기반한, 선택적 양극화 소비입니다. 자신들이 원하거나 꼭 필요한 물건, 서비스에는 아낌없이 돈을 쓰지만 그렇지 않은 것에는 극도로 돈을 아끼는 세대가 탄생한 것입니다. 따라서 소유와 유지를 위해 큰 비용을 지불해야 하는 자동차와 시간을 잡아먹는 직접 대면 서비스의 대명사인 은행 업무등은 이런 가심비 세대에게는 다소 비합리적인 서비스가 되는 것입니다.

그러한 환경에서 필요할 때 필요한 만큼 사용한 뒤 사용한 만큼 비용을 지불하는 '쏘카', '타다' 등의 차량 공유 서비스와 비대면 핀테크 서비스가 만들어지는 것은 지극히 당연한 것이며, '가심비 세대'가 열광을 하지 않을 수가 없습니다.

이런 맥락에서 가상화폐(코인) 투자 열풍과 메타버스 세상을 바라보아야합니다.

저는 회사 내 젊은 직원들과 투자와 현금흐름의 다양화에 대해 항상 얘기합니다. 그리고 요즘에는 퍼스널 브랜딩의 중요성과 세상사 대부분이 콘텐츠가된다는 얘기도 단골 주제입니다.

향후에는 공정성, 가심비, 주도권(퍼스널 브랜딩) 등의 가치가 녹아있는메타버스 영역에 물러서지 않는 MZ세대가 대거 포진할 것입니다.

MZ세대는 이미 세월에 따른 경험치가 있어야 유리한 위치를 차지할 수 있는부동산, 주식에서 주도적으로 포지셔닝할 수 없음을 알고 먼저 새로운 세상으로 넘어가고 있습니다.

나심 탈렙은 저서 「스킨 인 더 게임」에서 물러서지 않는 소수와 유연하게사고하면서 양보하는 다수가 부딪히면, 전자가 승리하게 마련이라고 주장하였습니다. 소수에 의한 장악 가능 여부는 두 가지 측면에서 영향을 받는다고언급했습니다.

첫째, 소수가 다수의 사람과 같은 물리적 구역에서 생활한다면, 유연한 다수는 물러서지 않는 소수의 행동 양식이나 트렌드에 영향을 받게 됩니다.

둘째, 소수가 주장하는 행동 양식에서 비용이 크게 증가하지 않거나 오히려 낮아진다면 다수가 소수의 트렌드를 받아들이고 공부하여 주류 행동 양식이 될 것입니다.

결론을 말씀드리자면, 부모보다 가난하며 절박한 세대인 MZ세대는 메타버스와 가상화폐(코인)에서 재미를 찾고 투자도 할 것이며 자신들의 일 중 비대면 업무 영역에 지속적으로 메타버스를 조인시키려는 노력을 할 것입니다. 절박하며 물러서지 않는 소수의 행동 양식 중 다수에게 비용을 크게 전가시키지 않는 선택은 주류 행동 양식이 될 것이고, 이런 식으로 MZ세대는 주도권을 잡아나갈 것입니다.

MZ세대

1990년대 생은 과보호에 따른 에고의 강화와 독립성 부족을 특징으로 합니다.

그런데 에고는 강하고 독립성이 떨어지면 상식적으로 공정성에 대한 가치는 낮아져야 하는데, 90년대생이 여느 세대보다도 공정성을 중시한다는 게 때로는 모순적이라는 생각도 듭니다.

우리 사회의 세대 간 갈등은 심한 양극화 현상을 보이고 있습니다. 이러한 세대 갈등에 어떻게 대응해야 할까요? 대응법은 바로 투자라고 생각합니다. 정치·사회·문화적으로 극과 극을 달리는 두 세대가 만나는 지점이 있습니다. 바로 '돈'입니다. 50대 이상의 중장년층은 평균 퇴직연령인 57세보다 더 오래 일하고 싶어 합니다. 더 많이는 아니더라도 더 오래 벌고 싶은 욕구가 있습니다. 20대 역시 마찬가지입니다. 결혼과 가족을 구성하는 일에는 예전 세대보다 덜 적극적이지만 경제 활동을 통해 경제적 자유를 누리고 싶어 합니다.

하지만 정부가 일자리로 이 두 세대를 만족시킬 방법은 없습니다. 기성세대를 더 오래 일하게 만들려면 은퇴 연령을 늦춰야 하고, 젊은 세대의 일자리를 늘리려면 기성세대의 은퇴 연령을 앞당길 수밖에 없는 딜레마가 생깁니다.

둘 사이에 낀 정치 집단은 어떤 선택을 할까요. 저는 주식 시장이 세대 갈등의 조정장이 되지 않을까 생각합니다. 50대 이상의 연령층이나 20대의 청춘이나 기업의 성장에 돈을 투자하고 자신이 버는 돈의 비중에서 근로소득의 비중을 조금씩 줄이고 자본소득을 조금씩 늘리는 미국식 사회로 전환되면 기성세대와 신세대 모두 만족할 수 있는 길이 열릴 것이라 생각합니다.

두 세대 간 공유가 생기면 소통이 이뤄지고, 그러면 사회 통합도 이뤄질 수 있습니다. 부동산 시장은 신세대의 접근이 원천적으로 불가능하고 주로 기성세대 돈 있는 사람만이 투자할 수 있는 시장으로 바뀌면서 더욱더 불공정한 시장으로 비판받을 수 있습니다.

그러나 소액으로 투자할 수 있는, 본인이 공부할수록 수익을 창출할 수 있는 주식 시장은 부동산보다 훨씬 더 공정하고 공평한 시장입니다. 세대 갈등은 자연스럽게 부동산에서 주식으로 부의 대이동을 부추깁니다.

「돈공부」, 신진상, 미디어숲, 2021

세대 간의 소통

그들이 사는 세상

여기 이 팀장이 있습닌다.

이 팀장은 대기업 IT부서, 정확하게 사내 시스템 유지보수팀에서 잔뼈가 굵었습니다. 40대 후반인데 약간 펑퍼짐하고 벗겨진 머리때문에 그냥 보기에는 10살은 더 많아 보이는 스타일입니다. 이는 IT업무 특성상 야근과 휴일 근무를 밥먹듯이 한 결과입니다.

이후 주 40시간 칼 근무와 워라밸의 거센 물결 덕에 지금은 평일 저녁과 주말에는 온전히 가족과 시간을 보낼 수 있게 되었습니다.

이 팀장은 최근 2년차 신입 사원에게 맡은 업무에 대한 진척 상황을 물었습니다.

그런데 시원한 대답을 듣지 못했고, 심지어 자신이 내린 오더가 잘못된 것 같다는 투로 말을 하자 화가 머리끝까지 폭발하고 말았습니다.

중요하다고 실컷 강조한 것들은 모두 시원치 않게 처리해서 이팀장이 직접 마무리했고, 고작 문서작업과 행정업무를 깔끔하게 하지도 못하는 신입이 책임을 전가하는 모습까지 보이자 참을 수가 없었던 것입니다.

이 팀장의 닦달에 잠시 움찔하던 신입은 자신의 자리로 가서 열심히 컴퓨터 타이핑에 몰두합니다. 동기들과 함께 흉을 보는 것이 틀림없습니다. 이 팀장이 '나때는'으로 말을 시작하지 않으려 완곡하게 돌려 말한다는 것을 신입은 이해하지 못합니다. 어떻게 소통해야 할지 생각 끝에 두통이 몰려옵니다. 이 팀장은 아내, 아들(고등)과 딸(초등)과 함께 가족을 꾸려 어느 정도 안정된 경제력에 중산층들이 모여 사는 아파트에 거주하고 있습니다. 평온하고 아무 일도 일어나지 않는, 그저 가십거리에만 이리저리 기웃대는 삶이 이어지고 있습니다.

사실 이 가정은 한국 사회 전체로 봤을 땐 중산층 가정입니다. 그런데 비슷한 가정들이 모여 사는 아파트에서의 삶은 이웃과의 비교로 인한 상대적 박탈감이 알게 모르게 쌓여가는 삶이었습니다.

이런저런 이유로, 연령과 수준이 맞는 사람들을 찾아 가족들은 이미 각자 여러 디지털 커뮤니티에서 활동을 하기 시작했습니다. 메타버스에서 보내는 시간이 늘어난 상황이었습니다.

어느 날 이 팀장은 큰마음을 먹고 캠핑에 도전하기로 하고, 가족들에게 이야기했습니다. 가족들은 마지못해 대답하긴 했지만, 아빠의 큰 결심을 응원했습니다.

어느 휴일 아침, 캠핑을 가자고 말하는 순간 이 팀장은 아들의 강한 반발에 놀라게 됩니다. 자기 방에서 뒹굴거리고 있는 아들은 지금 중요한 모임을 하고 있다고 하고, 아내는 딸의 원격수업을 돕느라 도통 일어날 생각을 하지 않았습니다.

막 마이카 붐이 일었던 어릴 때 아버지와 함께했던 드라이브와 여행, 조악했던 캠핑에도 행복을 느꼈던 때를 떠올리는 이 팀장은 도대체 뭐가 잘못됐는지 알 수가 없었습니다.

어디서 공감대를 형성할 수 있는가

투자는 필수가 되었다(껄무새가 되지 말자)

한국 부동산이 쉴 새 없이 상승하던 2021년 하반기, MZ세대는 부동산 매수에 본격적으로 진입했습니다.
그러나 이들은, 자신들의 청약점수로 들이댈 수 있는 분양물건이 없다는 것을 인지했습니다. 그리고 진즉 부동산 매수를 하지 않은 것을 후회했습니다.

자신들을 가리켜 자조적으로 '껄무새'라 칭하며, 일명 '영끌'로 부동산 매수에 진입했습니다.

껄무새는 타이밍이 왔을 때 투자든 뭐든 적절한 액션을 취했어야 한다는 액션 부재의 후회를 나타냅니다.

⬆ 자조적 용어 – 껄무새

MZ세대는 힘들고 짜증나는 상황을 희화화하는 특유의 능력이 탁월한 세대인 듯합니다. 이런 특성은 본인들의 잘못으로 상황이 나빠진 것이 아님을 인지하고, 다소 객관적인 시각으로 부동산 시장을 보는 것에서 기인한 게 아닌가 싶습니다.

아파트 공급 부족으로 인해 많은 사람이 아파트 외 빌라에도 눈길을 돌리고 있고, 증여를 통한 10대 유주택자가 늘어나는 상황에 대한 불안감, 혹은 반작용으로 MZ세대가 주택 매수에 열을 올렸던 것으로 보입니다.

게다가 데이터 서치가 손쉬운 세대이니만큼 글로벌 추세까지 확인했을 것입니다. 저 또한 한국만의 문제가 아니고 무한 양적 완화로 돈의 가치가 낮아졌음을 느끼고 있습니다.

이들은 6억 이하 주택을 타깃으로, 자신들이 가용할 수 있는 대출(보금자리 2% 후반대 고정 금리)을 최대한 끌어모아 폭염에도 식은땀을 내며 매물을 보러 다녔습니다.

실제로 휴가를 내서 부동산 매물을 살펴고, 임장을 하며 끊임없이 생각을 합니다. 그리고 유튜브 등 집단지성의 관점도 참고합니다.

이러한 정보를 얻기 위해서는 자신의 재무상태를 어느 정도 밝혀야 한다는 부담도 존재하는데, MZ세대는 개인적인 정보를 밝혀서라도 좋은 견해를 들을 수 있다면 그 또한 거리낌이 없습니다.

'부동산 막차'를 타고자 하는 MZ세대들에게 저는 이렇게 이야기하고자 합니다.

매물을 시세보다 1, 2천만 원 저렴하게 매수할 수 있으면 좋겠지만, 적절하게 매수만 했더라도 절반은 성공이라고 말입니다. 이런 경험이 있어야 후일 좋은 투자환경에서도 액션을 취할 수 있다는 가이드를 드리고 싶습니다.

MZ세대와 기성세대가 소통할 수 있는 통로는 투자를 통해서일 것이라는 추측으로, 조언을 해주었고 그들은 놀랍게도 제 조언을 행동으로 옮겼습니다.

MZ세대는 불평불만이 많아 보이지만, 막상 상황을 받아들이겠다는 생각이 들면 행동은 상상 그 이상으로 빨랐습니다. 놀라울 정도였습니다.

개개인의 특성이 다름을 감안하더라도, 그들은 결심이 서면 인생 최고액 쇼핑인 부동산 상품 구매를 '질러'버립니다.

이런 사례로부터 기성세대와 MZ세대의 접점을 투자와 퍼스널 브랜딩에서 찾는 것은, 소통의 문을 열어주는 접점임을 인지하고 있습니다.

생각한다. 고로 나는 존재한다. 정말로

회사 내 젊은 직원들과 투자와 현금흐름의 다양화에 대해 이야기하며, 세상사 대부분이 콘텐츠가 된다는 말이 나왔습니다.

미국의 인권운동가 마틴 루터 킹은 그 어떤 것도 그냥 받아들이지 않고, 자기만의 관점과 세계관을 가지고, 합리적으로 의심하고 비판하는 회의주의적 능력만이 인간성을 지켜 줄 수 있다고 말했습니다.

이는 메타버스 세상에서 꼭 필요한 덕목입니다. 그 누구도 어떤 사건에 대해 완전히 똑같은 견해를 가지지 않습니다. 자라온 환경과 경험치에 따른 신선하고 독특한 생각이 나올 수 있어야 합니다.

문제와 사건에 대해서 지속적으로 자신만의 관점으로 생각하는 작업을 해보지 않는 한 이런 콘텐츠는 나올 수가 없습니다.

생각할 필요가 점점 없어지는 메타버스 세상에서 인간을 AI와 차별화할 수 있는 유일한 무기가 바로 '생각하는' 것입니다. 우리는 메타버스 세상에서 AI가 인간처럼 될까 걱정하기보다 인간이 컴퓨터처럼 될지를 더 걱정해야 합니다.

편안한 내 방에서 내 관점으로 주도적인 활동을 하고, 더군다나 보상까지 받을 수 있다면 이를 마다할 MZ세대는 별로 없습니다.

MZ세대는 메타버스 세상에서 단순히 물건을 구매만 한다기보다는 직접 적극적으로 경험하고 온·오프라인을 막론한 유료서비스 이용에 있어서도 적극적 참여 행태를 보입니다.

자신이 속한 회사와 개인이 같이 성장하기를 원하는 MZ세대에게는 퍼스널 브랜딩이 동기부여가 되고, 이들이 생산하는 독특한 콘텐츠가 메타버스 세상에 쌓여 임계점에 닿는다면 콘텐츠 소비자이면서 동시에 생산자로서 존재하는 삶이 일반적인 삶이 될 수 있습니다.

여기서 개인과 기업의 메타버스 참여가 가속화되는 접점을 찾을 수 있습니다.

04 돌풍에 올라타는 방식

메타버스 바다에서 서핑을 해보자

이 책에서 반복적으로 언급하는 큰 틀이 있습니다.

내가 이해하지 못한 무언가에 대한 접근 방법 중 가장 효과적인 것은, 내가 받을 영향 즉 '기댓값'을 살피고 이에 따른 전략을 다각도로 세우는 것이라는 겁니다. 그중에서도 가장 손쉬운 바벨 전략을 채택하여 적은 금액, 자투리 시간을 투자하여 직접 경험을 해보는 겁니다.

한두 권의 책과 한두 가지 메타버스 플랫폼의 체험만으로 방대한 메타버스 생태계를 이해하겠다는 것은 욕심이라고 생각합니다.

메타버스 플랫폼에서 직접 개인적인 관점을 생성한 후 지속적인 모니터링과 활용을 통해 경험치를 올려야 합니다.

지속성이 담보되기 위해서는 우선 재미가 있어야 하고, 작더라도 보상이 있는 영역에서 시작하는 것이 좋습니다.

재미와 보상이 있는 영역에서 경험한 것들은 주관의 기반이 되고, 끊임없는 사색을 통하여 메타버스에 대한 관점의 폭을 넓힐 수 있습니다.

이에 더해 자신의 돈이 직접 투여되는 메타버스 ETF 투자까지 해본다면 메타버스 생태계를 이해하는 데에도 큰 도움이 될 것입니다.

메타버스 생태계는 지속해서 진화해 나갈 것입니다.

그리고 투자적 관점에서는 최종적으로 발전된 단계의 메타버스 기술을 채택하는 것이 가장 안전합니다.

하지만 최종 진화 혹은 어느 임계점 이상의 발전을 이룬 메타버스 기술이 무엇인지 알아채기 위해서는, 메타버스를 미리 삶에 조금씩 녹이며 각자에게 익숙한 영역으로 만드는 것이 중요합니다.

이를 위한 방법론으로 애자일 프로토타입을 탑재한다면 시간이 지날수록 스트레스 없이 변화를 자연스레 받아들이고 있는 자신을 발견하게 될 것입니다.

정말로 줄어들고 있는 회사형 인간들

근로를 줄이고 시간(자유)을 사고 있다

세대가 낮을수록 '회사의 노예 → 이직을 노리는 회사의 노예 → 르네상스형 크리에이터 순'으로 하고자 하는 일의 형태가 다르고, 회사형 인간의 수도 점점 줄어들고 있습니다.

자신이 호기심을 느끼는 영역에 직접 몸을 담고 **스킨 인 더 게임***을 하면서 지식과 경험을 업그레이드하고, 이를 콘텐츠화 하는 경향이 짙어졌습니다.

이후 지속적으로 자신의 분야를 모니터링하고 발전해 나가는 것입니다.

스킨 인 더 게임

나심 탈렙은 그의 저서 「스킨 인 더 게임」에서 **회사형 인간의 종말***에 관하여 우화적으로 설명하고 있습니다.

스킨 인 더 게임이란, 본인이 직접 해당 영역에서 일하며 경험치를 쌓아가는 것을 말합니다. 이는 결정에 대한 책임을 지지 않는 간섭주의자와 대리인들을 신랄하게 비꼬는 용어로 쓰이고 있습니다.

투자에 있어 조언을 하는 사람들은 자신들의 포트폴리오를 전부 공개한 뒤 분석이나 전망을 해야 하여, 이때 비로소 진정한 책임 있는 분석이 이루어진 다는 얘기입니다.

회사형 인간의 종말

내가 생각하는 회사 인간은 다음과 같다. 회사 인간은 회사 인간으로서 행동하지 않으면 커다란 상실감을 느낀다. 회사 인간으로서 행동할 수 있는 것 그 자체가 회사 인간에게 핵심 이익이다.

이제 특정 회사 맞춤형 인간은 사라졌다. 사람들은 이제 어느 회사에서라도 일할 수 있는 '고용될 수 있는 인간'이 되기 위해 노력하고 있다. 개개인 특히 회사형 인간으로서는 상황이 더 나빠진 셈이다. 사람들은 전문 기술을 필요로 하는 산업계의 어느 회사에서라도 일할 수 있도록 준비하고 있다. 이제는 지금 일하고 있는 회사에서의 평판뿐만 아니라 업계에서의 평판까지 신경 써야 한다.

하지만 고용에 대한 회사의 리스크 측면에 관해서는 중요하다고 판단하지 않는다. 상시 고용된 직원의 존재는 리스크 관리 전략의 핵심적인 요소다. 경제학자들이 역사에 관심을 갖는다면, 고대 로마 시대에도 관리해야 할 동산과 부동산이 많은 가문들은 가문 외부의 자유인이 아니라 가문 내의 노예에게 재산 관리를 맡겼다는 사실을 알게 될 것이다.

왜 그랬을까? 이는 바로 리스크 관리 전략의 일환이었다. 재산 관리 과정에서 부정이 발생하면 자유인보다는 노예를 가혹하게 벌줄 수 있었기 때문에, 노예 쪽에서 부정 사건이 발생하는 경우가 훨씬 더 적었다.

로마 시대에는 노예에게 벌을 내릴 때 법체계를 따를 필요가 없었다. 생각해 보라. 가문의 재산 관리를 하던 자가 가문의 재산을 소아시아의 비티니아로 빼돌리면 가문이 파산에 이를 수도 있다. 하지만 노예의 경우, 자신에게 닥칠 최악의 벌을 생각하기 때문에 이 같은 부정을 저지를 가능성이 현저하게 줄어든다.

사실 아히카르의 이야기에는 늑대가 아니라 야생 당나귀가 등장한다. 야생 당나귀는 자유를 선택하지만, 나중에 사자에게 잡아먹히는 것이 원전의 결말이다. 자유는 리스크를 수반한다. 자유라는 선택에 책임을 져야 하는 것이다. 자유는 결코 자유롭게 얻을 수 있는 것이 아니다. 실제로는 개 목걸이에 묶여 있으면서도, 자신이 자유로운 늑대라고 믿는 사람들이 있다. 자신이 정말로 자유를 누리는 늑대인지 제대로 살펴봐야 한다.

직원은 태생적으로 회사 바깥보다는 회사 안에서 더 값진 존재다. 즉 시장보다는 회사에 더 값진 존재다. 그러나 세상은 회사에서조차 시장에서 값진 존재를 더 원하고 있다.

나심 탈렙, 「스킨 인 더 게임」발췌수정, 비즈니스북스, 2019

특히 2020~2021년 자산 가치가 극적으로 상승하는 데 비해 낮은 노동의 가치와 회사형 인간에 대한 회의적인 시각이 급격히 대두되었습니다.

일례로, 미국 유명 커뮤니티 사이트 레딧에서 '안티워크(반노동)' 회원이 급증하고 있습니다. 이들은 스스로를 게으름뱅이라고 부르며 일 역시 최소한의 생활비를 벌기 위한 수준으로 축소하고, 자신의 일상에 초점을 맞추려는 경향이 강합니다.

2021년 11월 기준 미국의 퇴직자는 453만 명으로 2000년 통계를 작성한 이후 최대치입니다.

파이낸셜 타임즈는 근로자가 더 나은 직장으로 옮긴 것보다는, 더 많은 노동자가 일터에 복귀하지 않은 것이 원인이라고 분석했습니다.

특히 코로나 19 팬데믹은 MZ세대에게 일과 삶의 경계를 모호하게 만들었고, 전통적인 근로 형태(출퇴근·대면 등)에 대한 의구심을 갖게 했습니다. 회사 굳이 출퇴근을 하지 않아도 업무 시스템이 돌아간다는 것을 알아챈 것입니다.

이런 각성은 원할 때만 일하는 플랫폼 노동자라는 자발적 비정규직을 증가시켰고, 끝내 회사형 인간으로의 삶을 회의적인 시각으로까지 보게 만들고 있습니다. 그리고 MZ세대 워너비 중 하나인 조기은퇴(파이어족) 경향과 강력하게 맞물려 돌아가고 있습니다.

미국 온라인 투자 플랫폼 '로빈후드'는 3400여 명의 직원 대부분에게 영구적인 원격근무를 허용하겠다고 발표했습니다. 로빈후드는 원격근무 퍼스트 회사로 전환하는 것이 우수 인력 채용에서도 유리하다고 판단했습니다.

🔺 원격근무(재택근무)

중국 MZ세대 역시 단순하고 덜 물질적인 삶을 추구하기 위해 직장 경력 등을 포기하는 '눕기(Lay Flat)' 운동이 유행처럼 번지고 있습니다.

일본 역시 마찬가지입니다. MZ세대를 중심으로 조기 은퇴를 하지만 파트타임 등으로 일정 수입을 얻는 '세미 리타이어' 열풍이 불고 있습니다.

이런 연유로 기업들은 급여를 올려도 사람을 충분히 구하지 못하고 있습니다. 이러한 현상은 글로벌 경제에 장기적 위험이 될 것이고, 이를 타개하기 위한 새로운 경제 형태가 속출할 것입니다.

세상이 바뀌는 방향

지금까지 메타버스가 우리 생활에 어떻게 스며들었고 확대되고 있는지, 그리고 이런 구조적 변환기에 경제적으로 기업과 개개인이 어떤 방향으로 나아가고, 어떻게 이득을 취할 수 있는지를 살펴봤습니다.

완벽하지는 않지만 몇 가지 점들을 이으면 선이 만들어지고, 이 선이 가리키는 방향이 이후 세계의 방향성을 나타냅니다.

물론 메타버스 역시 한순간의 춘몽처럼 소리소문없이 사라질 수도 있습니다. 하지만 또 다른 용어로 바뀌어 어떤 식으로든 글로벌 환경은 점점 디지털 퍼스트로 변화될 수밖에 없습니다.

메타버스는 승자독식의 극단의 왕국이 되지는 않을 것입니다. 하지만 창조형 인간들이 만드는 콘텐츠의 **자가증식성과 무작위성***이 적나라하게 드러나게 될 세상임은 확실합니다.
자신의 주관적인 삶 자체를 스토리 텔링 하도록 유도하는 세상이 도래하는데, 한쪽 발이라도 담그고 있어야 하지 않겠습니까?

주관적인 SSUL

자가증식성과 무작위성

노동을 파는 노동인간, 거래나 약간의 노동의 형태로 지적 산물을 파는 아이디어인간은 구분된다. 아이디어인간은 자가증식성과 무작위성에 노출되어 있고, 제대로만 하면 노동 총량의 한계에 종속되지 않는 상당한 자유 시간을 허락받는 직업군을 말한다.
하지만 나심 탈렙은 자가증식하지 않는 직업을 선택하라고 조언한다. 이유는 자가증식하는 직업은 성공하는 경우에만 좋은 승자독식의 세계이며, 나머지 대다수는 빈털터리 신세이기 때문이다.

미국의 포지셔닝

거리낌 없이 고정관념을 뒤집어 보거나 마음껏 시행착오를 되풀이하는 것에 대해 너그러움. 세계화 덕분에 미국은 창의적인 일들, 즉 컨셉, 아이디어의 생산에 더욱 몰두할 수 있게 되었다. 이런 분야야말로 글로벌 밸류체인에서 자가증식성이 큰 부분들이다.

05

우리는 어디로 가야 하나?

실패사례는 소리소문없이 사라진다

저는 회사 업무 때문에 스타트업, 그것도 초기 엑셀러레이팅 단계의 스타트업 대표분들과 미팅을 종종 합니다.

이런저런 얘기 끝에 IPO 단계 직전까지 투자를 받고 스포트라이트를 받는 스타트업 외 90% 이상이 실패하고, 이후에는 통계에도 잡히지 않고 그저 사라진다는 얘기를 적나라하게 들었습니다.

이를 보면 알 수 있듯, 투자를 하든 기업을 경영하든 눈에 보이는 추상적 성공 사례에만 천착한다면 이후 파국을 피할 수 없습니다.

메타버스 투자에서도 새롭게 등장한 서비스를 경험해 보며 자신만의 관점을 구축하는 것이 중요합니다.

물론 메타버스 영역에서의 창업은 나이가 30대 중반 이하이고, 애자일 방법론 관점에서 빠르게 실패할 각오를 한다면 성공이든 실패든 좋은 경험이 될 것을 믿어 의심치 않습니다.

하지만 동시에 직장인·투자자·창업자 외에도 다른 길이 분명히 있음을 다시 강조하고 싶습니다.

자본이 있지만 긴 시간이 필요한 투자자, 많은 이슈를 딜링하고 주 100시간 이상 일해야 하는 창업자, 그리고 안정성은 있지만 자신의 시간을 파는 직장인 외에도 다른 길이 분명히 존재함을 인지해야 합니다.

르네상스형 인간들이 살아갈 세상

그 옛날 회사가 없고 개인이 자본도 가지기 힘들 때 사람들은 여러 가지 창의적인 활동을 통해 이득을 얻고 경제적인 지속성을 이뤄냈습니다.

물론 그 기반에는 힘든 일들을 전담하는 노예제도가 있었지만, 현재 그런 일들은 점점 기계가 대신해 가고 있습니다.

르네상스형 인간은 르네상스형 경제활동을 할 때에만 빛을 발할 수 있습니다. 하지만 르네상스가 모두에게 찾아오는 것은 아닙니다. 이런 변혁에 적응하지 못한 이들은 어떤 기록에도 없이 사라졌습니다.

코로나 팬데믹이라는 역사적인 변곡점의 시대에 적극적으로 인생을 개척하고 재구조화한 사람들만이 제2의 르네상스를 맞이할 것입니다.

이를 위해 필요한 것은 세상을 바라보는 지극히 주관적인 나만의 시각과 극히 평범한 모든 것들을 재구조화 해보는 시도입니다.

퍼스널 브랜딩을 목표로 자신의 관점을 녹인 콘텐츠를 노출할 기회가 무궁무진해졌습니다. 피곤하고 힘들지만 자유로운 늑대로 살지, 안전하고 배부르지만 매여있는 개로 살지 온전히 자신들이 선택해야 할 시대가 왔습니다.

역설적이게도 기술 발전의 집약체인 메타버스 세상에서는 기술에 집착하는 태도를 멀리해야 합니다. 오히려 기술의 가능 여부와 상관없이 스토리 텔링이 가능한 모든 상상이 구현될 것입니다. 메타버스 세상은 그동안 헛소리로 치부됐던 것들이 또 다른 흥밋거리가 되어 보상이 주어지는 데까지 이르게 된 세상입니다.

과학자들이 얘기하는 우주에 대해 알아가고 상상하는 것과 개발자들이 얘기하는 메타버스에 대해 알아가고 상상하고 경험해보는 것이 개인에게 무슨 차이가 있겠습니까?
어차피 방대한 두 세계 모두 개인이 모든 것을 직접 체험하고 입체적으로 알기는 힘듭니다. 다만 어딘가에서 얻은 정보를 토대로 주관적으로 상상해볼 뿐입니다.

메타버스라 불리는 가상세계는 고사성어 '백문 불여일견(百聞 不如一見)'을 잘 나타내줍니다. 여러분도 적절한 메타버스 플랫폼에서 즐거운 요소를 찾아 활동해보면 일부분일지언정 감을 잡을 수 있을 겁니다.

참고로 스타트업 이야기를 마무리하자면, 최근에는 셀럽의 인용문을 수집하는 기업과 AI기술로 가상 아바타 캐릭터를 제작 운영하는 기업의 협업 자리가 만들어졌습니다.

이를 통해 셀럽의 가상 아바타에 말투를 투사하여 재미있는 대화를 가능케 하도록 제작 중입니다. 물론, 아직은 초기 프로토타입에 불과합니다.

하지만 이런 다른 생각과 관점을 연결하고 실제로 시도해 보는 단계를 거치면 이런 일들이 생각지도 못한 영역으로 확장되고, 생명력을 지니며 어떤 식으로든 결과를 가져다 준다는 것입니다. 스토리 텔링이 된 셀럽 아바타는 팬덤을 등에 업고 뜻밖의 사업성과를 보여줄 수도 있습니다. AI가 각 셀럽의 이슈에 대한 문장을 생성하여 즐거움을 주는 콘텐츠가 만들어질 수도 있습니다.

손해볼 것이 없다. 해보자

대부분 직장인이 물질적으로 남는 게 별로 없다는 걸 알면서도 조직을 떠나지 못하고 집착하는 건 그 정신적 안정감과 존재감이 주는 만족에서 벗어나지 못하고, 조금이라도 더 연장시키기 위해 노력할 수밖에 없기 때문입니다.

사회적 동물인 인간은, 특히 조직생활에서의 성취감과 만족도가 큰 사람은 비록 물질적인 대가가 작아도 조직생활 자체가 인생에서 가치가 있다고 느끼고 매몰됩니다.

그러나 조직생활이 주는 안정감과 존재감을 갖게 해주는 다른 형태의 조직, 멤버십으로 대체되는 무엇이 구체성을 띠고 확산된다면, 회사에 매이는 삶의 형태는 다양하게 분화되고 바뀔 것입니다.

회사형 인간의 종말과 함께 대부분의 부가가치가 창출될 디지털 메타버스 세계에 익숙해지지 않으면 개인은 점점 회사에 매이게 되고 기회는 작아질 것입니다.

내가 메타버스를 '스킨 인 더 게임' 하는 것이 어렵다면, 자녀들이라도 메타버스 세상에 익숙해지도록 유도할 필요가 있습니다.

그러면서 자연스럽게 세대 간 공통 화제가 생기고, 소통의 허들도 완화될 것입니다.

그런데 말입니다. 사실 이 정도의 이득이면 내가 직접 '스킨 인 더 게임' 해 보는 것도 좋지 않을까요?

참고문헌

■ 다중우주론, 윤신영, 과학동아, 16p

■ 슈뢰딩거의 고양이, 「공식의 아름다움」, 미디어숲, 2021, 17p

■ CES관련 주요 내용, 한국경제, 50p

■ MS 인수합병 리스트, 미래에셋증권 리포트, 69p

■ 블록체인 원리, 강성호, 플랫폼경제와공짜점심, 미디어숲, 2021년, 75p

■ NFT 관련 내용, 유진투자증권 리포트, 138p~140p

■ 스마트 계약 메커니즘, 2021년 7월 KISA 리포트 NFT와 스마트 컨트랙트 리포트 중

■ 「디지털 자산 거래와 메타버스 생태계」 발췌, 189p

■ 트윈코리아 셀 분양 열기, 한국경제, 203p

■ 안티프래질, 나심탈렙, 와이즈베리, 「안티프래질」, 2013, 229p

■ 행운에 속지 마라, 나심 탈렙 「행운에 속지 마라」, 중앙일보플러스, 2019, 245p, 246p

■ 한국 ETF 스펙/액티브 ETF/글로벌 ETF, 한국거래소 블로그, 250p, 254p, 256p

■ 바벨전략, 나심탈렙, 와이즈베리, 「안티프래질」, 2013, 263p

■ 투자에서 악화가 양화를 구축하는 것, 나심탈렙, 와이즈베리, 「안티프래질」, 2013, 267p

■ 참과 거짓의 기댓값, 나심탈렙, 와이즈베리, 「안티프래질」, 2013, 269p

■ 한국 프롭테크 업체 리스트, 국토부 보도 자료, 291p

■ 린디효과, 나심 탈렙, 스킨인더게임, 비즈니스북스, 2019, 299p

■ MZ세대, 신진상, 「돈공부」, 미디어숲, 2021, 304p

■ 회사형 인간의 종말, 나심 탈렙, 스킨인더게임, 비즈니스북스, 2019, 315p

기타 이미지 & 내용출처

- https://cobak.co.kr/community/1/post/289453, 리브라 생태계 이미지, 8p

- https://www.youtube.com/c/NVIDIA, 엔비디아 모듈러스, 10p

- https://www.youtube.com/channel/UCpMole-yL6XHhBr4Sd34D3A, 테슬라 자율주행, 19p

- https://www.youtube.com/watch?v=FXnhf1DlEso, 언리얼 엔진 영상, 20p

- https://blog.naver.com/dunamupr/222623990351, 골든 디스크 어워즈 이미지, 40p

- www.ldcc.co.kr, 펜트 하우스 이미지, 51p

- https://www.naverlabs.com/, 아크버스 이미지, 63p

- https://earth.google.com, 구글 어스 이미지, 65p

- https://www.youtube.com/watch?v=0TD96VTf0Xs, 아바타 환영받는 팀쿡 이미지, 71p

- https://www.larvalabs.com/cryptopunks, 크립토펑크 이미지, 83p

- 홀로그램 관련 이미지, 한국경제, 102p

- 세컨드라이프 이미지, 세컨드라이프 사이트, 143p

- 로블록스 이미지, 로블록스 공식 유튜브, 152p

- 제페토 이미지, 제페토 앱, 154p

- 포트나이트 이미지, 포트나이트 공식 유튜브, 155p

- 마인크래프트 이미지, 마인크래프트 공식 유튜브, 157p

- 동물의숲 이미지, 닌텐도 공식 유튜브, 158p

- 디센트럴랜드 이미지, 디센트럴랜드 사이트, 169p

- 더 샌드박스 이미지, 더 샌드박스 공식 유튜브, 170p

- 메타버킨 이미지, 오픈씨, 183p

- 어스2 이미지, 어스2 사이트, 198p

■ 메타 ETF 투자 현황 이미지, 미래에셋증권 리포트, 220p

■ 주식 기본 용어 이해, 슈카월드, 223p

■ 김래아 이미지, 김래아 인스타그램, 276p

■ rtfkt 이미지, rtfktstudio 인스타그램, 292p

그래서, 메타버스가 도대체 뭔데?

개정1판1쇄 발행	2023년 06월 15일 (인쇄 2023년 05월 23일)
초 판 발 행	2022년 04월 05일 (인쇄 2022년 02월 25일)
발 행 인	박영일
책 임 편 집	이해욱
저 자	피어슨(김재욱)
편 집 진 행	김은영 · 김신희
표지디자인	조혜령
편집디자인	채경신 · 채현주
발 행 처	시대인
공 급 처	(주)시대고시기획
출 판 등 록	제10-1521호
주 소	서울시 마포구 큰우물로 75 [도화동 538 성지 B/D] 9F
전 화	1600-3600
홈 페 이 지	www.sdedu.co.kr

I S B N	979-11-383-5263-5 (03000)
정 가	19,000원